Webサービス時代の
経営情報技術

Enterprise Information Technology in Web Service Era

松本正雄　編著

社団法人 電子情報通信学会

編集委員長・編著者

松本　正雄：九州産業大学情報科学部　　　　　（全章編集，及び第 1 章，第 6 章執筆）

副編集委員長

小林　　允：愛知学泉大学非常勤講師　　　　　（全章編集）

編集委員

安藤　秀樹：日本アイ・ビー・エム・サービス株式会社　（全章編集及び用語集）

堀米　　明：NTT コミュニケーションズ株式会社　　（全章編集及び用語集）

執筆者（執筆順）

坪井　公載：株式会社 GKT　　　　　　　　　　　（第 2 章）

新川　芳行：龍谷大学理工学部情報メディア学科　　（第 3 章）

宮西洋太郎：宮城大学事業構想学部　　　　　　　（第 4 章，付録）

片岡　信弘：東海大学情報通信学部　　　　　　　（第 5 章）

家田　信吾：西日本電信電話株式会社 法人営業本部　（第 7 章）

まえがき

　情報技術（Information Technology：IT）の経営改革と業務遂行へのかかわり方が，新しい時代を迎えつつある．組織改革の課題に対して，これまでのITは後追い的存在であった．しかしWebサービスを活用した経営情報技術は，そこから脱して主導的役割を果たす．これは一体どのようなことか，順を追って説明しよう．

　経営への応用を意図したITは経営情報技術と呼ばれる．これまでその技術による情報システム（Information System：IS）の構築は相当の時間を要していた．経営方針が示され具体化された後，ISを構築して運用にこぎつけるという，一般に知られたアプローチがとられてきた．そのアプローチでは，例えば企業合併などの変化や新たなビジネスモデルの発案などに呼応してISを用意することは難しかった．変化の激しい時代にISはついていけなかったのである．

　本書に述べるWebサービス時代の経営情報技術を使えば，経営企画とIS実現が時間的にも内容的にも大幅に接近し，両者は本書でアラインメントと呼ぶ一心同体化する．Webサービスを活用した経営情報技術によれば，どのようなビジネスでも戦略構想に基づいたIS実現がただちに可能になる．これは大きな歴史的転換を意味する．歴史は時に皮肉な姿を見せるといわれるが，いみじくも金融危機によってこの事実が暴露された．金融危機の場合はマネーゲームのビジネスモデル改革像を迅速にIS化して実践したのである．

　その本質点は，思いのままにビジネス構想をビジネスプロセスも含めて立案し，業務展開をIT援用の形態にしていけるということである．そうした形態にすることが可能であるだけでなく，即座にしかも正鵠にできることが，肝心な点である．これは人類が今まで手にしなかった技術であるが，一般の人は金融危機が起きた後も，その技術の本質やインパクトを理解できないでいる．理解不足のままでいることは非常な不利益をかこつことになる．もはや知らないでいることは，自らを危険に晒すことになるといっても過言ではない．なぜなら，これからは各種の危機や変化が重畳して起きても不思議はなく，すぐにも累が身に及んでくるからである．またこの技術を過小評価することも賢明とはいえない．ビジネスモデルだけでなくあらゆる仕組みや活動プロセスをIT援用化することができるので，これまで構想倒れの感のあった改革も現実味を帯びてくるからである．

　長年仕事に携わっている人はもちろん，ITを学んでいる新進気鋭の人も，本書で経営情報技術の来し方とWebサービス時代の行く末をじっくりと学んで，その底知れない潜在力を一日も早く分かってほしい．金融や自動車等製造流通業の危機の例ではっきりしたように，Webサービス時代の経営情報技術の使用効果は，従来の経営とITのかかわり方の概念を根本的に変えつつある．

企業や公共機関におけるITのウエイトが経営的に見て飛躍的に増すとともに，情報技術者の役割も経営戦略上更に重要になる．今後は情報技術者や経営企画分析者は経営の単なる召使であってはならない．むしろ倫理をわきまえたビジネスの価値創造者であることが大いに期待される．それほど本技術はパワーを有している．

本書の内容は何か

経営とITの双子の革新が続く中で，本書は経営戦略にISを一致させる技術を取り上げる．ITの立場から経営システムの在り方に貢献する経営情報技術の新しい側面を説明している．新しい側面とは経営とISのアラインメント（整合性）を前進させる技術であり，本書では従来からの基盤技術に加えてWebサービスを活用した新たな経営情報技術まで言及する．

本書でいうアラインメントの確保とは，経営構想に対してISの稼動が遅延したり内容的に正鵠を得ない問題を解決することである．その一方法としてWebサービスを活用した経営情報技術がある．その技術を理解してもらうために，経営改革手法やIS技術を基礎から説き起こし，Webサービス（今後のWeb環境に投入されてくるサービスコンポーネント）を活用したISの実現方法まで説明している．

技術自体の説明としては，経営モデル化，経営改革像に基づくIS実現，モデル間の正当性の検証，マッシュアップ（Mashup）やSOA（Service[1]-oriented Architecture）を活用したIS実現方法などである．技術の適用の説明としては，マッシュアップのエンタプライズ情報化への適用，SOAの電子自治体への適用，経営改革事例などである．技術の基盤とWebサービス活用側面が分かるように技術発展の経緯を踏まえて解説している．技術基盤の重要点を掘り起こし，最新技術とのつながりがじっくりと理解できるだろう．

なぜ本書を公開したか

ITに対する経営側からの指弾が従前から手厳しい．日本も例外ではなく，むしろ余計厳しい．いわく経営の要請にISが追随しない，ITの投資効果を正当化できない，CIO（情報担当取締役）が機能不全である，などの非難が渦巻いている．大企業といえども経営にITが満足に機能しているとは言いがたい．一方，中小企業は日本の企業総数の大多数を占めるが，ITの活用に関して人材面や投資面は依然として高嶺の花のままである．これが今までの状況であり，解決策が示されなければならない．Webサービスを活用した経営情報技術は一つの解といえるが，金融危機に端を発した世界激動の震源ともなったその技術は，経営とITのかかわり方を大きく変えようとしている．

以上のような状況下において非難や糾弾ばかりしていても事態は一向に前進していかない．実行すべきことは，かかる問題の解決が期待できそうな技術を実際に適用してみることである．倫理が欠如し技術だけが先行したが，サブプライムローン金融モデルのように既に適用して実働させた事例もある．もちろん金融以外の事例も世界では多数報告されている．本書に述べる経営情報技術は，いかなるビジネスモデルも即座にIT援用形態にすることができる．そうした技術を習得した人は，従来のIT専門家のように経営の召使ではもはやない．倫理観を忘れず技術の適用と更なる革新を継続させる良循環系の構築を担うビジネス創造者へ職務役割を高めてほしい．本書はそのような願いから電子情報通信学会SWIM（Software

---

[1] Serviceを複数形で書いた原典も存在するが，多用されている単数形表記に本書では統一した．

まえがき

Interprise Modeling）研究専門委員会の有志によって書かれたものである．

本書はだれ向けか

激動の時代を乗り切るには，基盤を見据えた技術革新の書が，ベテランにも学生などの新進気鋭の人にも等しく必要とされよう．ITと経営の二つの技術革新の相乗性を述べた良書は多くない．その基盤から説き起こしてWebサービス活用という最新内容まで含む書籍は更に少ない．本書はそのまれな部類に入る，もしかすると読者にとって人生を変える一冊かもしれない．

経営情報に何らかの関与を有する人や，これから関与する積もりの人を対象とする．経営システムや企業情報システムを大幅に改善したいと思っている人には必読の書である．企業，自治体，公共機関，大学などの関係者で，組織規模は問わない．投資や人材の不足でこれまで満足にITを経営に活用できなかった中小企業や財政難にあえぐ自治体や公共機関などの関係者必読の書である．職種や職位は限定しない．情報通信技術職，経営企画職，管理職，CIOなど経営者，直接間接業務職，研究職，学生（MBA，情報技術関係）などITに何らかの関係を有するすべての人にとって"灯台"となってくれるだろう．

本書を読む効果は何か

金融危機を境に，それ以前と以後では経営情報技術は様相を大きく変えたが，根本の基盤は従来を継承している．本書によって基盤と今後が理解でき，更には経営改革へのITの課題を解決し，激動の時代を乗り切る知恵と技術を習得できることを期待する．

本書の経営情報技術を正しく活用すれば，ITが経営要請に追随できるようになるだけでなく，IT関係者は経営企画立案とよく協働し，経営改革により寄与貢献できるようになる．もちろんアラインメントの保証も含めたIS自体の責任も全うできるようになる．上述した問題を克服して情報化を更に前進させることができる．すなわち追随型のITから先導型のITへ脱皮していける．ここでいう経営課題とは利潤追求だけでなく，地球環境改善も含めた社会貢献も当然含む真の課題である．ぜひ一読の上，技術の本質的限界を知り，その正しい適用に邁進して頂きたい．

謝辞

本書は，企画において鹿田實氏（NEC），査読において幡鎌博氏（文教大学情報学部），成凱氏，稲永健太郎氏，安武芳紘氏（九州産業大学情報科学部），梶功夫氏（宮城大学事業構想学部），高橋浩氏（宮城大学食産業学部），松田順氏（綜研テクニックス）の絶大な後ろ盾，査読協力を頂いた．それなくして本書は世に出ることはなかった．ここに標して深謝します．また編集面では稲川弘明さん（電子情報通信学会出版課），佐藤公子さん（編集室なるにあ）に大変お世話になった．

2009年1月

松本　正雄

目　次

1　序　論　*1*

1.1　本書のねらい　*1*
- 1.1.1　なぜアラインメントが必要か　*2*
- 1.1.2　もっと深い意味　*3*

1.2　本書の構成　*4*
- 1.2.1　全体的な説明の流れ　*4*
- 1.2.2　各章の位置付けと関係付け　*5*

1.3　生き残りを目指そう　*5*
- 1.3.1　ビジネス発展の柱としての CIO　*6*
- 1.3.2　ビジネス改革と IS のアラインメントの分かる IT 管理者層　*6*
- 1.3.3　格段に存在価値が増す IS スタッフ　*6*

1.4　IEICE SGC-SWIM とは　*7*

2　ビジネス改革の概念，実際の手法，事例　*8*

2.1　現代の経営環境におけるビジネスのモデル化　*8*
- 2.1.1　現在の経営環境　*8*
- 2.1.2　代替弾力性　*8*
- 2.1.3　ビジネスモデルとは　*9*
- 2.1.4　ビジネスモデルの必要性の増大　*11*
- 2.1.5　非連続的なビジネス改革と連続的なビジネス改革　*11*
- 2.1.6　良いビジネスモデルとは　*12*
- 2.1.7　ビジネスモデルの組織への浸透の難しさと事業目標　*12*

2.2　ビジネスモデルの事例　*13*
- 2.2.1　ミスミとアスクルの事例　*13*
- 2.2.2　ビジネス改革へのビジネスモデルの役立て方　*14*

2.3　ビジネス改革のためのビジネスプロセスモデル化　*15*
- 2.3.1　ビジネスプロセスモデルの定義　*15*
- 2.3.2　ビジネスプロセスアプローチを生んだ背景　*16*

   2.3.3 ビジネスプロセスアプローチが有利な点 *17*
   2.3.4 現場への浸透力 *17*
 2.4 ビジネスプロセスモデル化手法 *17*
   2.4.1 ビジネスモデルにおけるビジネスプロセスの位置付け *17*
   2.4.2 各種のモデルの特長 *18*
   2.4.3 UML によるビジネスプロセスモデル化手法 *18*
   2.4.4 BPMN によるビジネスプロセスモデル化手法 *20*
   2.4.5 コミットメントネットワークモデルによるビジネスプロセスモデル化手法 *21*
   2.4.6 エリクソンとペンカーの UML の拡張によるビジネスプロセスモデル化手法 *21*
   2.4.7 情報システムの実現に至るまでの五つのモデルとその使い方 *22*
 2.5 まとめ *23*

3 モデル化における正当性検証 *24*

 3.1 はじめに *24*
 3.2 モデル化における正当性とは *24*
   3.2.1 正当性, 無矛盾性, 整合性, 完全性, 適合性 *24*
   3.2.2 外部的正当性と内部的正当性 *25*
   3.2.3 構文的正当性と意味的正当性 *26*
   3.2.4 モデル内正当性とモデル間正当性 *26*
   3.2.5 静的正当性と動的正当性 *26*
 3.3 正当性の検証方法 *26*
   3.3.1 検証の概要と形式化の必要性 *27*
   3.3.2 形式化手法の例 1：ペトリネット *27*
   3.3.3 形式化手法の例 2：プロセス代数 *31*
   3.3.4 形式化手法の例 3：モデル検査 *33*
   3.3.5 CCS についての補遺 *38*
 3.4 正当性検証とモデル化プロセス *38*
   3.4.1 検証可能なモデル構築のためのプロセス *39*
   3.4.2 ユースケース駆動での具体例 *39*
 3.5 展　望 *40*
   3.5.1 検証の自動化 *40*
   3.5.2 モデルエラーの検出と修正 *40*
   3.5.3 その他 *41*
 3.6 まとめ *41*

4 ビジネス改革像に基づくソフトウェア実現　43

- **4.1** ビジネス改革像　44
- **4.2** ビジネス改革像からソフトウェア実現への方法　45
- **4.3** 個別システム開発によるソフトウェア実現　48
  - 4.3.1 個別システム開発の歴史と概要　48
  - 4.3.2 構造化分析設計技法における作業　52
  - 4.3.3 オブジェクト指向分析設計技法における作業　62
  - 4.3.4 その他の技法　68
- **4.4** パッケージ利用によるソフトウェア実現　69
- **4.5** SOA活用によるソフトウェア実現　71
- **4.6** まとめ　72

5 ソフトウェア技術革新——マッシュアップ——　74

- **5.1** はじめに　74
  - 5.1.1 マッシュアップ技術とは　74
  - 5.1.2 マッシュアップの実現方式の概要　76
  - 5.1.3 ここまで来ているマッシュアップ利用　77
  - 5.1.4 Mash up Award（マッシュアップ競技会）　77
  - 5.1.5 エンタプライズでのマッシュアップ利用の現状　78
- **5.2** エンタプライズでの利用加速化　80
  - 5.2.1 領域1：外部サービスの社外（顧客）への提供　81
  - 5.2.2 領域2：内部サービスの社外への提供　81
  - 5.2.3 領域3：内部サービスの社内への提供　82
  - 5.2.4 領域4：外部サービスの社内への提供　82
  - 5.2.5 各領域分類のまとめ　83
- **5.3** エンタプライズでのマッシュアップ利用の業務分類　83
  - 5.3.1 支援系への利用　83
  - 5.3.2 フロント系への利用　85
  - 5.3.3 情報系への利用　86
  - 5.3.4 基幹系への利用　86
- **5.4** マッシュアップ実現方式　88
  - 5.4.1 実現方式　89
  - 5.4.2 マッシュアップ開発事例　91
- **5.5** マッシュアップの利用の課題　93
  - 5.5.1 ライセンスの問題　93
  - 5.5.2 SLA（Service Level Agreement）の問題　96
  - 5.5.3 無償Web APIに対する取組み姿勢　97
  - 5.5.4 Web APIの拡充対策　97
- **5.6** まとめ　97

6 サービスコンピューティングの核心　99

- 6.1 用語の混乱　*100*
- 6.2 SVC と SOA の違い　*101*
- 6.3 SVC の柱：SOA　*102*
  - 6.3.1 大いなる誤解　*102*
  - 6.3.2 SOA の意味定義　*102*
  - 6.3.3 SOA 技術の特長　*103*
  - 6.3.4 SOA の技術構成　*105*
- 6.4 サービス　*110*
  - 6.4.1 サービスの一般的な階層　*110*
  - 6.4.2 提供サービス　*110*
  - 6.4.3 サービスの呼出し方　*111*
  - 6.4.4 サービス再利用管理支援（ESB）　*111*
  - 6.4.5 サービス作成のノウハウ　*111*
  - 6.4.6 サービスとコンポーネントの違い　*113*
- 6.5 SOA たる条件　*114*
- 6.6 メッセージ制御環境　*114*
  - 6.6.1 形　式　*114*
  - 6.6.2 ESB に要求される機能　*115*
- 6.7 BP の設計から実装の記述　*116*
- 6.8 SOA に関する五大教訓　*120*
- 6.9 まとめ　*121*

7 SOA の電子自治体への適用事例　123

- 7.1 電子自治体システムの現状と課題　*123*
  - 7.1.1 自治体の業務と情報システム　*123*
  - 7.1.2 地方自治体における情報化の課題　*123*
  - 7.1.3 電子自治体システムのモデル化　*124*
- 7.2 電子自治体システムのあるべき姿　*126*
- 7.3 UML を利用したシステム最適化の試み　*127*
  - 7.3.1 共同化と EA の取組み　*127*
  - 7.3.2 EA と UML との関連性　*130*
  - 7.3.3 住民基本台帳業務の分析　*132*
- 7.4 SOA による分散開発の推進　*132*
  - 7.4.1 SOA とは　*134*
  - 7.4.2 サービスとインタフェース　*134*
  - 7.4.3 エンタプライズサービスバス（ESB）　*134*

　　　　7.4.4　トヨタ生産方式（TPS）と SOA との関連性　*135*
　　　　7.4.5　SOA 開発のための人材育成　*136*
7.5　SOA による新たなビジネスモデル　*136*
　　　　7.5.1　自治体業務と SOA との整合性　*136*
　　　　7.5.2　SOA に基づく電子自治体システムの将来像　*137*
　　　　7.5.3　期待される SOA 適用効果　*138*
　　　　7.5.4　今後の SOA への期待　*138*
7.6　ま　と　め　*139*

付録　情報システムの発展経緯　*140*

付録1　情報システムと情報システム工学　*141*

付録2　情報システム工学と制御工学におけるモデル化の対比　*142*

付録3　経営における情報システムの役割　*146*

付録4　情報システム構築技法の過去から現在まで　*153*

付録5　ま　と　め　*158*

用　語　集　*160*

索　　　引　*168*

1 序　　論

1.1 本書のねらい

　コンラート・ツーゼ（Konrad Zuse）のZ1コンピュータ[1]出現[1]からちょうど70年，情報技術はその後，通信技術とも融合しICT（Information and Communication Technology，以下単にITと略す）として発展を続け，今日Web 2.0期を迎えるところまできた．この間，半導体の価格性能比は飛躍的向上（ゴードン・ムーアの法則[2]によれば10年ごとに十万倍（ただし，価格は10年ごとに100分の1とした））を続け，だれも予想しなかった驚異的なコンピューティングパワーが大衆の手中に収まり，地球上のだれとでも意思疎通を図ることが可能になった．これから本格的なユビキタス社会への道が切りひらかれようとしている．

　一方，現実世界の営み（活動）の代表例の一つである経営は，その元来の特質上絶えず革新を続けてきた．本書はITと経営の二つの"大陸"で進行している革新と両者の合体という古くて新しい問題を扱う．経営は原材料石油エネルギーの需給，金融，地球環境保全などの困難な問題に直面している．以前から底流では，世界経済に及ぼすオイルマネーの影響，BRICS諸国の産業振興と資源戦略，IT活用を前提とした経営（ビジネスモデルやビジネスプロセス）改革，e-ビジネスやコンテンツ流通業の躍進，コンプライアンス規制とグローバル競争の質的変容，など変化要因が多い．Oxford Dictionaryに「落差の大きい変革が数多く，しかも短期間の間に集中して起生し，社会の様々な仕組みが一変することを革命（revolution）と呼ぶ」とある[5]．今日の状況を18世紀に起きた産業革命と区別して第二次産業革命または情報革命と呼ぶゆえんはそこにある．

　情報革命の行き着く先の検証は後世の歴史家にゆだねるが，現代に生きる我々がしなけれ

---

[1] Konrad Zuse が1938年に製作した電子計算機．彼は Technische Hochschule Berlin-Charlottenburg（現在のベルリン工科大学）土木工学科を1935年に卒業し，Henschel aircraft factory デッサウに就職したが，プログラム可能な機械を製作するために退職．両親の家で1938年ツーゼはZ1と呼ばれる機械を製作した．電気駆動の機械式計算機で，若干のプログラムが可能であり，命令をさん孔テープから読み取る方式．Z1は部品の精度不足のため完全動作には至らなかった．Z1とそのオリジナルの青写真は第二次世界大戦中空襲で破壊された．Z3は現代のスーパコンピュータのアーキテクチャに匹敵するものであったことが後世になって確認された．

ばならないことを一つ挙げるとすれば，それはこの激動の時代を生き抜く知恵を体得しなければならないということであろう．あらゆる問題を処する知恵は膨大で手が届かないが，最低限体得しなければならない知恵はもっと特定のものである．それは経営改革の要請に合った情報化を遅滞なく達成するノウハウである．今 IT と経営の二大陸で同時に起きている革新を乗り切り，生存権を確保することが，何にも増して必要である．生存権を確保するためには，経営課題を遅滞なく正鵠(せいこく)に情報化して実務を実働させ経営の実を上げることがかぎとなる．

「経営課題を遅滞なく正鵠に」を英語で "On-demand Business" とキャッチフレーズ化して呼んできた．そのことを，今までの経営情報技術で達成することは不可能ではなかったが，能力に裏打ちされた工数の不足や投資可能額の限界などによって無視できない遅延が発生したり，正鵠性が欠如することがしばしばであった．この 2 面の問題は今までの技術の延長だけでは解決しにくく，新たな技術革新が必要である．本書に述べる Web サービス時代の経営情報技術はまさにその回答になる．経営課題を遅滞なく正鵠に情報化する技術とは，経営と IT をアライン（align）させる技術であり，Web サービスを活用することで現実のものとなってきた．その技術を身に付けることは喫緊の課題になってきている．

現在，解決が必要な問題は経営目標設定から実務プロセス改革像の決定を経て，情報システム（Information System，以下 IS）稼動に至るまでの道程が長すぎる点である．例えばサプライチェーンカウンシルの参照プロセスモデル [6] に見る数段階の階層化の考え方は間違ってはいないが，最上位から IS までの道程が長すぎて経営ニーズを遅滞なく正鵠に満たせない場合が多い．誤った情報化は断固是正されるべきだが，企業活動階層の上位から下位まで逐次正しく"翻訳"されたか否か不確かなままの情報化は，時間や手間の掛かりすぎる方法と同様，抜本的に改革されなければならない．遅滞なく正鵠にという条件を満たさない仕方は，たとえ理論的には正当であっても実践的には妥当ではない．

本書に述べる Web サービス時代の経営情報技術はまさに生き残るための技術で，遅滞なく正鵠にというアラインメント（alignment）条件を満たすものである．

1.1.1 なぜアラインメントが必要か

経営の意図や目標を情報化するための経営情報技術において重要な要件は，"IS が経営とアラインしていること"である．これは「経営の要請に IS を意味的にも時宜的にも一体化させる技術」であり，今までも必要とされてきたが，依然として遅滞あり正鵠に欠ける状態が続いている．

本書は情報系の専門家に重要性が増してきたアラインメント技術について述べる．更にビジネス企画系の専門家にも情報化のこれまでの限界が突破され得ることを知ってもらいたい．最近は IT アーキテクトだけでなくビジネスアーキテクトや MBA 保持者の活躍が目立ってきているので，そうした経営情報の専門家の方々にも，経営と情報の橋渡しから更に前進した両者の共革新（co-innovation）の実践に本書を役立てて頂きたい．

アラインメント技術といっても何段階かある．経営に IS を単に整合させていくだけの追従型から，経営の考え方を直ちにシミュレートして見せる即応型までスタンスは何通りもある．ここで，シミュレートとは，従来から行われている財務等のシミュレーションだけでなく，ビジネスプロセスのモデルを実働（enact）させて目の前で見せることである．経営方針が打ち出された後，実務展開の具体像が固まってから IS を構築する静的対応型から，経営企画と機を同じくして IS 実行をシミュレートし企画案の良き策定に協働する動的対応型ま

1.1 本書のねらい

で，幅がある．そうした最新の技術が使える状況に今なってきたので，アライメント技術は知らなければならない経営情報の中核の課題といえる．以下これらについて順を追って説明する．

経営と IS の時宜的な遅延や内容的な差異はかなり以前から問題視され，経営者の不満が噴出していた[3]．経営ニーズは大別して経営課題と実務上の課題の 2 面があり，一緒に語られてきたが，区別されなければならない．実務上の IS 要求事項は件数が多く，価値観次第で取捨選択されるべきである．一方，経営上の IS 要求事項は真に受け止めるのが当然だが，経営課題を IS 化する方法は対症療法的なものが多く，受身的であるために即応できない場合が多い．技術的な限界がこれまであったにせよ，経営課題への時間差や内容差のない IS の対応が強く望まれてきたことは確かである．IS が構築された後でも，経営環境の変化や経営モデル自体の変化への対応はないがしろにできない．

今日の技術的な状況として

- システムの広域接続や全体最適化が進行している．IS は個別部門に閉じてはおらず，部門間連携や接続の広域化が進んできている．
- ERP などパッケージ活用が進み暗箱（ブラックボックス）の部分が多くなってきている．
- IS 業務のアウトソーシングやオフショア開発が進行し，IS の技術側面に精通する要員が減少しつつある．

などの変遷が見られる．これらのことから，経営ニーズへの IS での対応はより厳しさを増し，経営と IS のアライメントの確保も困難視される．このような状況が更に進むと組織活動の持続すらも危うくなろう．

しかしよく考えると IS での経営とのアライメントが確保できれば，大きな差別化をもたらす．上述した IS の今日の状況は行き先の違う二つの道の分岐点といえる．一方はアライメントを確保していく道で，経営革新を IS 面から現実のものにしていくことができ，逆転の機会をつかむこととなる．他方はアライメントを確保しようとしない道でますます厳しさが増していく．より進んだアライメント技術が，今利用が見込めるところまできており，正しく活用できれば競争優位性をもたらす一大勝因になろう．

1.1.2 もっと深い意味

今後は更に高度なアライメント性が要求される．今後は追従型のアライメントではなく，先導型のアライメントが尊重される．そのようなことが可能になりつつある．IT の進歩である Web サービス技術が追い風になっている．Web サービスは広義には仮想空間で使用可能な機能である．狭義には通信や実行環境の一定の標準に準拠していることという制約条件が付くが，本書では章の必要箇所でその旨断る．

（1） 単なる整合性の時代は終わった

経営からの要請が出てきたので，IS はそれに応ずるという構図は，IS の追従性そのものである．追従なので時間差と程度差のあることが多い．これでは，経営は IS に制約されて意図することを実現できない．IS の限界に束縛されない経営展開が強く望まれている．

（2） ダイナミズム系における連動

IS は追従するのではなく，経営戦略の具体化と機を同じくして，実務展開や経営指標の達成具合をシミュレートして関係者に示すことが望まれる．そしてその結果が良ければ即座に戦略を実行に移す．これは経営と IS が同一のダイナミズムで動くということである．連動が

可能となってきたのは，サービスコンピューティング（SVC）の進歩の中で，SOA（Service-oriented Architecture）やマッシュアップ（Mashup）などの技術が現実のものとなってきたからである．新旧のやり方を対比すると分かりやすい．まずこれまでのやり方はおよそ次のようである．

- 経営目標と達成戦略が決まり，
- 経営要請内容が語れる程度に固まってから，
- それを実務水準の展開にまで翻訳し，
- その翻訳結果に準拠して IS を構築した後，

初めて実務開始が可能になり，ある期間実務を実行して業績の程度が判明する．

これでは，とてつもなく時間を要する．そうした静的なエンタプライズモデルと IS 対応ではなく，もっと動的な対応が要請される．今後は，

- 経営戦略検討，特に付加価値の向上に留意する，
- ビジネスモデル策定の段階で IS での What-If シミュレーションを行う，
- 具合が良ければ直ちに経営戦略に基づいて実務展開を開始する，

という動的なインタプライズ（インターネットベースのエンタプライズ）モデルを IS によって支えることが可能である．もちろん，経営目標が変更されたら直ちに IS も即応するように変更できる．

ビジネスモデル策定の段階で従来からキャッシュフロー分析など経営シミュレーションも行われているが，今後は最適ビジネスプロセスと一体化した IS を経営企画検討段階で検証可能になった点が大きな前進といえる．

本書では，そのような経営と IS のアラインメント技術について述べる．経営と IS の協働は今や夢物語ではなく，現実のものになった．

1.2 本書の構成

1.2.1 全体的な説明の流れ

本書は経営と IS のアラインメント技術を次の章と付録で詳説している．

① 第 1 章 序論
② 第 2 章 ビジネス改革の概念，実際の手法，事例
③ 第 3 章 モデル化における正当性検証
④ 第 4 章 ビジネス改革像に基づくソフトウェア実現
⑤ 第 5 章 ソフトウェア革新技術—マッシュアップ—
⑥ 第 6 章 サービスコンピューティングの核心
⑦ 第 7 章 SOA の電子自治体への適用事例
⑧ 付録　情報システムの発展経緯

読者は必ずしもこの順序に読み進まなくても構わない．しかし，原則として若い章は後章の露払いの説明をしていることが多いので，分かりにくいと思ったら，前に戻って必要箇所を読まれることを薦める．また用語の説明は初出箇所に詳しい．用語集にすべて登録されているとは限らないが，重要な用語は登録されているので，そちらを参照することもできる．

分かりやすく解説するように配慮していて，実際の適用事例の紹介に比較的多くの紙数を

表 1.1 章と章の関係

	第1章	第2章	第3章	第4章	第5章	第6章	第7章	付録
第1章	－	序論	序論	序論	序論	序論	序論	序論
第2章	各本論	－	検証への1入力候補	ソフト実現への前段	ビジネス改革	ビジネス改革	ビジネス改革	ビジネス改革
第3章	各本論	検証対象の1候補	－	検証理論面	検証理論面	検証理論面	検証理論面	検証理論面
第4章	各本論	ソフト実現方法	検証対象の1候補	－	基礎	基礎	基礎	ソフト実現方法
第5章	各本論	IS実装の1方法	IS実装の1方法	IS実装の1方法	－	IS実装の別方法	IS実装の別方法	IS実装の別方法
第6章	各本論	BP実働化方法	BP実働化方法	BP実働化方法	BP実働化方法	－	BP実働化方法	
第7章	各本論					適用事例	－	
付録				IS実現手法史	IS実現手法史	IS実現手法史		－

あてている．適用の方法やその背景基盤の技術は企業や行政の実務家にとって貴重なノウハウとなろう．

1.2.2 各章の位置付けと関係付け

表 1.1 の縦と横に本書の各章を番号で示している．ます目は縦の章が横の章の何に相当しているかを示している．一方向の関係だけを示し，逆方向の関係は示していない．すなわち横の章から縦の章への関係は示さない．

この表の読み方を2行目を例に説明すると，第2章の作業結果は第3章の手法への1入力候補になり得る．また第2章の手法は第4章の手法の前段をなしている．更に第5章，第6章，第7章におけるビジネス改革の概念説明になっていることを示している．章だけでなく付録についても同様である．読む際の参考にしてほしい．

1.3 生き残りを目指そう

動的なインタプライズモデルを動かし，組織活動の実を上げる急所は三つに要約できる．第1は経営目標を達成する戦略の卓越さ，第2にそのもとでのビジネスモデルの秀逸さ，第3に経営戦略実行の支えとしての IS の準備と実行である．すべてにおいて技術がいる．アイデアだけでは画餅にすぎない．それらすべての間のアラインメント性の確保は当然のことである．一言では上流過程へのシフトであり，経営方針策定への IS 側からの積極的な貢献が注目されるようになる．このような変化につれて，情報システムのスタッフの役割も変わる．以下に3階層の役職ごとにその主任務を説明する．

1.3.1 ビジネス発展の柱としての CIO

CIO（Chief Information Officer，情報統括役員，以下 CIO）の主任務は，情報技術の専門職の仕事とは異なり，経営ダイナミズムの中に IS を正しく位置づけることである．経営目標と戦略を確かなものとすること，そのもとでビジネスモデルを秀逸なものとすること，経営執行の支えとしての IS 具体像を提示することである．これが十分行えることに尽きる．これができないと，部下のスタッフは所在がなくなり，任務を果たせなくなる．従来のように追従型の IS 実現や品質問題対応に時間や精力を費やすだけが能ではない．アラインメントが適正かつ継続的に保持できていることを保証することは CIO 任務の一つに当然含まれる．優れたビジネスモデルの発案やビジネス執行の仕方であるビジネスプロセスの改革を発案するのに情報の視点は好都合である．特定の事業部門の立場であると，その事業に偏重した発案になってしまう．

1.3.2 ビジネス改革と IS のアラインメントの分かる IT 管理者層

IT 管理者層の主任務は，確かな経営目標と戦略のもとでの秀逸なビジネスモデルの検討に IS シミュレーションの面から協力することである．従来からの労苦の多い IS 実現が主戦場ではなくなる．すべての懸案の間のアラインメント性の検証に注意する必要性が大いに高まる．アラインメント保証に関する CIO の任務を補佐するために，アラインメント保持の状態を常に監視し必要ならば種々の調整を行う．

1.3.3 格段に存在価値が増す IS スタッフ

追従型のアラインメントではなく即応型の（できれば先導型の）アラインメントが要求されるので，IS の実現だけでなく経営ニーズの正確にして積極的な理解に基づくアラインメントの確保が主任務となる．全体最適で広域にわたるシステムに関して，各部門や経営企画スタッフなどとの協働が望まれる．

総じて情報部門のスタッフは付加価値創造等経営企画の中枢業務に関与するようになる．

そうなって当然であるがこれまでともすれば，経営改革，上流遵守，経営ニーズへの IS 即応に，ややしり込みしがちな傾向が否めなかった．これからは心機一転が必要である．

経営ダイナミズムと機を同一とする IS の重要性を認識し，アラインメント保証責任を負うべきである．技術業務のアウトソーシングやオフショア開発を順風ととらえるべきである．

以上，CIO はじめ IS 関係者が担うべき今後の役割について述べた．経営にアラインした IS さえ実現できれば，それ以上はできなくてもよいのかという問いかけがあろう．それ以上に経営へ貢献できれば，それに越したことはないが，経営にアラインした IS を実現できること自体も口でいうほど容易ではない．これまでの経営と IT の進歩のエッセンスを今一度踏まえた上で，更にアラインメントに役立つ最新の技術を理解する必要がある．最新の技術とは経営に関してはビジネス改革の手法であり，IT に関しては Web サービス時代のマッシュアップや SOA を含むサービスコンピューティングである．これらの技術のこれまでと現状を本書で述べ，経営にアラインした IS を実現する上で，どのようにそれらの技術を活用していけばよいかを詳述する．

1.4 IEICE SGC-SWIM とは

　本書で述べるような技術の研究と適用を12年間推進してきた組織が電子情報通信学会のSWIM研究専門委員会である．SWIM とは Software Interprise Modeling の略語で「ソフトウェアを意識したインタプライズのモデル化」を意味している．ここでインタプライズ（Interprise）とは Internet と Enterprise を組み合わせた造語である．経営改革手法はもちろん Internet などの情報技術の粋を併せ適切に活用したエンタプライズを意味し優位性，連携性，透過性などの向上を目指す．インタプライズを実現するにはその実態をモデル化（本質を明示）して革新像を探索する．そうして得た革新像を実働させるにはソフトウェアが必要である．経営と IS のアラインメント技術の根幹とは，まさに Software Interprise Modeling にほかならない．

　事の始まりは日本のソフトウェアの競争力（Software Global Competence：SGC）が本来の力量を発揮していない問題を直視したことである[4]．研究専門委員会名は SGC であった．それだけにとどまらず，IT の進歩が経営改革に役立つ面の研究に着目して，多くの人たちがこつこつと努力を積み重ねてきた．1999年以降は時限研究会ではなくなり，委員会名称も SWIM と改め上述のように，時代の要請にこたえる技術の研究と普及を担ってきた．今後もますます盛んに研究されていくことであろう．SWIM 研究専門委員会の URI は[7]なので閲覧してほしい．この研究会は，Web 新時代の経営情報技術の革新を活発に発表討議し合う場である．そのため，やれ経営だ，やれ情報技術だと垣根を高く張りめぐらせて縄張り争いをするのでは決してない．互いに自由に研鑽し合い，欧米や BRICS にひけをとらない新たな技術を切り拓こうというスタンスである．本書もそのような土壌を活力源として編まれた．

参　考　文　献

[1]　H. Zuse, "Konrad Zuse," http://ja.wikipedia.org/wiki/, 最終確認 080901, wikipedia, 以下リンク
- The Life and Work of Konrad Zuse（ホルスト・ツーゼ教授（コンラートの息子）による伝記）
- Konrad Zuse Internet Archive
- Konrad Zuse, inventor of first working programmable computer
- Zuse's thesisof digital physics and the computable universe

[2]　G.E Moore, "Cramming more components onto integrated circuits," Electronics Magazine, pp.114-117, April 1965.

[3]　ジョン J. ドノバン（著），松本正雄（訳），第二次産業革命，凸版プレンティスホール，1997．

[4]　松本正雄，"ソフトウェアと日本の社会—特徴を強みに変えてゆくには，"情報処理学会，電子情報通信学会共催 Forum on IT（FIT2004 イベント企画パネル）予稿集，講演1，2004．

[5]　E. J. Jewell, F. Abate, and E. McKean, The New Oxford American Dictionary, 2nd ed., Oxford University Press, 2005.

[6]　United States Supply Chain Council, "Supply-chain operations reference-model," Ver.9.0, 2008.

[7]　SWIM 研究専門委員会のホームページ http://www.ieice.org/iss/swim/jpn/（確認年月日：2008年11月18日）

2 ビジネス改革の概念，実際の手法，事例

2.1 現代の経営環境におけるビジネスのモデル化

　現代の経済状況は数十年前とその様相を大きく変えている．特に大量生産，大量消費が中心であった高度成長期の日本経済と比べると，現代は多品種少量生産，グローバル分業が進展するなどその相違は大きい．また，この経済状況に適応するために，いっそうのビジネス改革が迫られている．本節では，このビジネス改革に役立つモデル化について考察する．

　ビジネスモデルとビジネスプロセスモデルとは異なるものである．ビジネスモデルは，ビジネスを成り立たせる基本的な要素とその要素同士の関係をモデル化し，利益を出す仕組みを明示したものである．一方，ビジネスプロセスモデルは，仕事を作業レベルまでブレークダウンし，業務遂行方法を明示したものである．ここで，ビジネスモデルでしか明らかにできないことがある．一方，ビジネスプロセスによるアプローチがビジネス改革に大変有効な場合がある．ビジネスモデルとビジネスプロセスモデルとの関係は単純ではないが，概念的には，ビジネスモデルがビジネスプロセスモデルの上位にあると考えることもできる．

2.1.1 現在の経営環境

　この数十年で企業の経営環境は大きく変化した．グローバル化，市場経済化，消費者重視，IT活用の進展などの傾向を挙げることができる．これらの傾向は相互に関連をもっている．例えば，市場経済の拡大がグローバル化の進展をもたらすとともに，競争が世界規模で激化し，変化の速度がますます大きくなってきている．

2.1.2 代替弾力性

　現代の経営環境を説明できるものとして，経済学に代替弾力性（Elasticity of Substitution）という考え方がある．二つの財の価格の比率の変化による，財の需要量の変化の比率を示すものである．この考え方を援用する．経営資源の代替の容易さや困難さを測るものとして活用してみたい．ここで経営資源とは資本，労働，技術，ノウハウなどである．これらの要素が代替しやすい状況は，いわば市場の機能が強まった経営環境ともいえる．最近，大豆や小

麦などの穀物と燃料との間の代替弾力性が高まってきている．現代では，様々なビジネスが生まれては消え，ビジネスの構想，ビジネスモデルも多数生まれ，多数消える．すなわちビジネスのライフサイクルもビジネスモデルのライフサイクルも短くなってきている．企業のビジネス改革の件数も増え，展開も速くなってきている．国内の高価な設備による生産体制を海外の安価な労働力による生産体制に代替したり，鉄やガラスに代わって強化プラスチックを自動車部品として代替したりするなど，様々な代替可能な経営資源をいかに組み合わせ，競争に勝つかが企業経営の課題として突き付けられている．またビジネスモデルの良し悪しが，企業業績に直結しているともいえる．なお，ここでいう「ビジネス」とは，民間企業だけでなく，政府，自治体，NPO（Non Profit Organization：非営利団体）など利益追求を目的としない団体も含む広範囲の活動概念を指している．

2.1.3　ビジネスモデルとは

ビジネスモデルとは，その事業（ビジネス）を成り立たせる決定的な事項，すなわちいかに社会に求められる価値を提供できるのかを表すものと定義される．これは社会が事業の存在を認める根拠ともなる．広義のビジネスモデルの定義としては，その要素として目的，目標，ビジョン，戦略，価値，組織，プロセス，人，商品などの経営資源やルールなどを含む．

ここで，ビジネスモデルの一例について考察するために，T型フォードの例を挙げる．約百年前，同一車種で累計1500万台を販売したT型フォードのビジネスモデルには顕著な特徴がある．自動車を金持ち向けの商品から一般市民のための実用品に転換したこと，大量生産により自動車の価格を大幅に下げたこと，その実現手段として流れ作業という生産方式を生み出したこと，従業員の賃金を当時の賃金相場のほぼ2倍の日給5ドルという設定をしたこと，これらはT型フォードのビジネスモデルの特徴的な面と思われる．このビジネスの生みの親であるヘンリー・フォード自身は，農民に頑丈な車を，安く提供するという目標にこだわりをもっていたといわれる．T型フォードのビジネスモデルは，ヘンリー・フォードの価値観，明確な市場の定義，商品の低コスト化など，ビジネスモデルの重要な要素を含んでいる．このT型フォードのビジネスモデルは，20世紀の初期としては，時代に合ったビジネスモデルであった．しかし，現代の経済状況には適合しがたいビジネスモデルである．このような単一車種の大量生産は，先進国の自動車産業のビジネスモデルとは大きく異なる．

トヨタ自動車は同一の生産ラインで複数の車種を生産し，生産されるすべての車が受注生産であること，また，受注から完成までの期間が従来の大量生産と比べて極めて短期間であることが特徴である．これらの点で，トヨタ自動車のビジネスモデルはT型フォードのビジネスモデルとは大きく異なっている．

次に，現代のビジネスモデルが具体的に記述された身近な例として，有価証券報告書と事業計画書を挙げる．有価証券報告書は投資家のために企業の内容をタイムリーにかつ正確に記述したものである．記述すべき事柄と記述の構成が，法令（金融商品取引法 第24条並びに企業内容等の開示に関する内閣府令）により指定されている．投資家に対して開示すべき事項とその記述の骨格が示されており，これらは一つのモデルといえる．すなわち，記述のためのひな型であり，その内容として財務から設備までの多くの事項（企業の概況，主要な経営指標等の推移，沿革，事業の内容，対処すべき課題等）の記載が求められている．例えば，富士銀行の平成12年3月期の有価証券報告書においては，「3. 対処すべき課題」の欄で，「お客様に最高水準の金融サービスを提供する」と述べるとともに，経営目標として，「日本

を代表するグローバルトップ5になる」その上「お客様満足度トップとなる」と記載されている．更に，「4. 経営上の重要な契約等」においては，第一勧業銀行，日本興業銀行との合併契約が記載されている．有価証券報告書には財務諸表から設備など，多岐にわたる記述があるが，このように顧客に提供する価値と事業の目標についての言及も多い．

企業の事業計画書においては，事業への意思，ビジョン，顧客に提供する価値などが冒頭に書かれていることが多いが，これは決して飾り物ではない．同じ事業計画書に財務の計画，商品とサービスの戦略なども書かれており，これらが事業計画書として記述されたビジネスモデルの要素である．事業計画書は事業を設計するモデルといえる．事業計画書にも含まれる財務諸表は，定型化した記述方法によってモデル化に寄与することができる．更に実務上，企業収益等の分析に役立つ，一つの普及したモデルといえる．

ここで，ビジネスモデルの重要点の一つであるもうけの仕組みの一例として，フリーペーパーを取り上げて説明する．事業者の収入は広告を出す事業者から得られる．通常の出版物と異なって読者から収入が得られるわけではない．しかし，読者と収入とが関係ないわけではない．多くの読者がそのフリーペーパーを手に取ってくれることで，広告収入が集まる．この仕掛けがビジネスモデルの核心である．このフリーペーパーの例のような仕掛けをモデル化するのが価値交換モデルである．

（1）価値交換モデル

ここで，価値交換モデル，事業目標モデル，財務モデルについて，その使われ方について述べてみたい．これらの各モデルはビジネスモデルの要素である．まず，価値交換モデルはその事業が社会に存在し得る事業かどうかを明らかにするものである．ビジネスの当事者のうち，一者のみが利益を享受するというビジネスのモデルは成り立たない．しかも交換される価値は社会的に認められるものでなければならない．郵便，電話においては発信人が一方的に費用を負担するが，発信人にも発信の結果として何らかの価値が得られることでビジネスとして成り立っている．このように提供し合う価値交換の様態や当事者同士の関係を明らかにするのが価値交換モデルの役割である．また価値の内容を特定するのも価値交換モデルの役割である．現代，奴隷貿易はビジネスとして成り立たない．それは人身を商品として売買することが，反社会的であるという社会的合意があるからである．交換する価値に社会的に許容する価値があるかどうかを明らかにすることも価値交換モデルの役割である．

（2）事業目標モデル

次に事業目標モデルは事業の主要な目標を明らかにし，この目標を実現するための副次的な目標，更にこの副次的な目標を実現するための目標を明らかにするものである．事業目標は，このように次々にブレークダウンして階層構造にすることができる．事業の最大の目標とその達成手段である目標の構造を明らかにするのが事業目標モデルである．事業目標の達成手段としては，目標同士の因果関係を明らかにする戦略を策定することも実際上多く行われている．戦略は何らかの目標を実現するための手段である．しかし，戦略がまた副次的目標を設定することも多い．戦略と関係をもちながらも，矛盾のない目標の構造を明らかにしたものが事業目標モデルである．この事業目標モデルを，単なる願望の羅列でなくすることが重要である．

次に財務モデルは多くの事業に必須のもので，営利企業にとっては重要なものである．非営利的事業，例えばオリンピックにおいても，オリンピックという事業の目標上，優先順位は下がるものの，財務モデルは不可欠である．行政機関においても財務モデルは営利企業と

同様に重要である．が，営利企業のように一定の財務の基準を達成しないと事業の存続自体が厳しく問われるということはない．行政機関の財務モデルは記述方法も一般の営利企業とは異なり，複式簿記への移行が始まったばかりである．国の財政は景気浮揚のためには意図的に赤字で運営されるなど，営利企業と異なる運用の原則がある．しかし，長期的には大きな赤字が許容されないのは，多くの事業と同様である．営利企業の財務モデルには共通した記述方法があり，複式簿記の方法として大変普及している．

価値交換モデル，事業目標モデル，財務モデル，これらのモデル同士はそれぞれに関係がある．ビジネスのターゲットの市場を決めるのは，主として価値交換モデルと事業目標モデルによる．例えば，どのような顧客にどのような価値を提供し，ビジネスとして成り立つかは事業の目標としたい規模や期待利益との関係で検討される．また商品を選択していく際は事業目標モデルと財務モデルが関連する．例えば，どの程度の原価で商品を用意できるか，財務モデルで大まかな予測を立て，その原価での事業の目標としたい規模や期待利益を，どの程度に想定するかを検討することになる．一方，非営利事業を考えてみると，万国博覧会という事業であれば，その事業目標の最大のものは，博覧会自体の収益ではなく，広い地域での産業の振興にあるので，財務モデルもその目標に従うことになる．

このように価値や目標はビジネスモデルの要素のうちでも重要なものである．これらの表現の難しい価値や目標を記述しようとすると，その記述方法は文章によることになる．目標がない企業は，ステークホルダや他の企業，団体，消費者などからも認知されず，また社員も活動しにくい．目標を体系化し，目指すべき価値を目標の体系に従って整理するという事業の目標作りが，事業の開始前に必要である．

2.1.4 ビジネスモデルの必要性の増大

今日の企業において，自社のビジネスについて記述されたビジネスモデルの存在と，その開示の必要性が増大しつつある．その原因は以下のようなものである．
① ビジネスの仕掛けが複雑になった．
② 投資家や消費者に対してビジネスの内情を開示し，可視化する必要が高まった．
③ ビジネスの開始前に採算性などを評価する必要が高まった．
④ ビジネス改革の検討の際，ビジネスモデルの優位性が求められるようになった．
ビジネスの変化が速くなり，ビジネスの仕掛けも単なる売買や大量生産ではなくなり，ますます複雑なものとなってきた．

2.1.5 非連続的なビジネス改革と連続的なビジネス改革

非連続的なビジネス改革というのは一例として会社支配権の変更を伴うM&A（Mergers and Acquisitions：合併と買収）を指す．現代の経営環境ではこのような非連続的なビジネス改革が多くなっている．日本でも1993年に407件だったM&A件数が，2004年には2200件を超えるようになった[1]．現代経済では工場や労働力あるいは技術と資本が激しく代替することになり，M&Aなど非連続的なビジネス改革が多くなった．

合併などの非連続的なビジネス改革では，ビジネスモデルが重要である．その理由はM&A効果の評価はビジネスモデルの検討からなされるからである．しかもそのモデルとして，合併前と合併後の財務の比較というモデルが重視される．いわば財務面での事業の抜本的変革が非連続的改革の代表といえる．このような場合に使用されるビジネスモデルが財務

モデルである．

これに対して，連続的ビジネス改革とは，株主などの会社の支配者が劇的に変わるのではなく，会社が自律的かつ継続的に続けていくビジネス改革である．トヨタ自動車のいわゆる「カイゼン」は連続的ビジネス改革の典型的な例といえる．

どちらの改革が事業に良い結果をもたらすかは，一概にはいえないが，この連続的及び非連続的な二つの改革を組み合わせながら，ビジネス変革を続けていく必要がある．

2.1.6　良いビジネスモデルとは

このようにビジネス改革の必要性が高い経済状況の中で，どのようなビジネスモデルが求められるのだろうか．ビジネスが生み出す価値を記述できる必要がある．更に，その価値を具体的に実現するための目標と，その目標を達成するための戦略が求められる．そして，このようなビジネスの基本的な要素を整理したモデルが必要とされる．それが2.1.3項で挙げた事業目標モデルである．

更に，そのビジネスモデルが，一定の手法と記法で作成されていれば，事業の連続的な改革において，属人性を克服して役に立つことになる．ビジネスモデルの事例は次項以降で紹介する．複雑なビジネスでも，明確な手法によってビジネスモデルが表現されていることが望まれる．更に，良いモデル化ができることが重要である．実務的には事業計画書などが，モデル化による記述例にあたると考えられる．限られた専門家だけにしかモデル化作業ができないのでは価値が減じてしまう．

2.1.7　ビジネスモデルの組織への浸透の難しさと事業目標

事業目標は企業にとって基本的なものである．この事業目標はビジネスモデル形成の一つの項目としてとらえることができる．事業目標を達成するためには，戦略が必要である．また，その戦略を達成するためには，もう一つ下のレベルの目標を必要とする．このようにして，「目標」を達成するための「方策（戦略）」は，一つ下の観点からは「目標」となり，階層構造となっている．事業の全体の目標を先頭にして，多くの目標が多段階に階層構造をなして，目標の体系を形成する．例えば，利益100億円という最上位の事業目標があるとする．この100億円の目標のもとには，下位の目標として売上500億円という目標や原価を前年度比5%低減という目標が立てられる．更に売上500億円という目標の下位にはマーケットシェアの3%向上という目標が設定される．マーケットシェア向上の下位には，代理店の数の5%増大が掲げられる．営業部には代理店の数の5%増大が目標として与えられ，営業マン個人にも一人当り，代理店の数の5%増大が掲げられる．このように事業目標は組織全体にわたる目標の構造をもつことになる．

事業目標は企業の組織に浸透している必要がある．事業目標が企業の組織に浸透する二つの経路について，浸透の状況を見てみたい．

一つの経路として財務の事業目標を考える．財務の数値目標は日常的で，身近なものである．通常，企業の全組織に強力に浸透している．財務の結果が企業の存続を直接左右し，毎年の納税額にも直結しているのであるから当然といえる．

次に，もう一つの経路として，人事の制度で普及率の高い目標管理制度というものがある．この制度では，社員一人ひとりの年度ごと（または半年ごと）の業務目標が上司との相談の上で決定される．そして，社員はその目標の実現に頑張ることになる．その結果は，社員の

給与の決定と，昇進などの処遇に直結するという制度である．資本金5億円以上でかつ，従業員500人以上の企業の8割がこの制度を導入しているといわれる[2].

この制度について，社員が個人の目標を会社の中期計画や予算管理と，どの程度関連をもたせているかという興味深い調査結果がある．小倉昇教授（筑波大大学院ビジネス科学研究科）の調査結果[2]によると，会社の予算管理と個人目標管理とのリンクについては，予算管理から個人目標管理へのリンクが64%，逆の個人目標管理から予算管理へのリンクが53%とある．また個人目標管理と会社の中期レベルの経営計画である中期計画とのリンクについては，中期計画から個人目標管理へのリンクが42%，個人目標管理から中期計画へのリンクが43%とある．

以上の調査結果からすると，約半数の社員が，会社の中期計画とはやや離れて，自分の1年間（または半年間）の業務目標を決定していることになる．また，1年分の予算管理についても，個人目標の決定とリンクする率は前述のとおりである．

どうしてこのようなことが起きるのであろうか．個人の活動目標が会社の計画との間で強く関連していないという実態がある．この原因として，一つの可能性を挙げてみたい．それは，会社の計画のブレークダウンがなされていないので，個人目標との対応がとれないということである．

ビジネスモデルの課題として，事業の目標がうまく計画へとブレークダウンされている必要がある．複数の事業目標間の関係，その構造が理解しにくいと事業計画の組織への浸透は不十分になる．構造化された事業目標モデルが現場の活動時の判断基準となるように，現場に浸透していることが必要である．現場が目先の問題への対処に忙殺されているときでも，より重要で優先順位の高い目標があることを現場の人間がよく認識し，その優先順位に基づいて活動できることが重要である．

2.2 ビジネスモデルの事例

2.2.1 ミスミとアスクルの事例

ミスミは機械工具の問屋であった．メーカの製造した工具を仕入れて在庫し，小売店やエンドユーザに販売していた．特注品の場合はメーカに製造依頼していた．ミスミは，この一般的な問屋としてのビジネスモデルを改革した．「購買代理店」というコンセプトを掲げ，自らをエンドユーザがメーカから購買する際の代理商であると定義した．そして，「お客様の求める工具を調達します」と言明した．汎用的な工具は，その在庫をホームページ上に公開した．ミスミの事例の特徴は，メーカの販売機能の代行をする販売代理店という自らの位置付けを大きく転換したことである．メーカとエンドユーザの間で交換される価値に，新しい価値を付加した．すなわちエンドユーザの欲するものを，探し出し，流通させることに価値を見出したわけである．販売代理という伝統的な役割を「購買代理」という新しい役割に転換したのである．また，インターネットの普及が，その転換を支えるビジネスモデルの改革を可能にした．インターネット上に，販売可能な商品の在庫を公開するということは，旧来の機械工具問屋としては大胆な改革だった．購入したい顧客は直接，インターネットから購入ができ，入手できるまでの日数も分かる．このビジネスモデルの改革はITによって可能になった．

このビジネスモデルは顧客を特定し，その顧客にどのような価値を提供するかということを明確にしている新たなビジネスモデルである．機械工具の卸しという，昔から存在する業界の企業であるミスミの場合，顧客は機械工具のユーザである．顧客は変わらないが，提供する価値の内容が大きく変わったわけである．ビジネスモデルは，この価値観と顧客の特定，顧客に提供する価値の定義が中心となって成立している．

次にアスクルの事例を見てみる．アスクルのビジネスが成功する以前，事務用品の購入ルートは二つあった．一つは事務用品店の店頭での購入である．もう一つは，御用聞き型のセールスからの購入で，これは大企業だけに可能なものだった．中小企業は御用聞きには訪問してもらえず，勤務時間内に無理をして外出し，事務用品店に行って購入していた．アスクルのビジネスモデルの核心は，この中小企業を顧客と設定したこと，及び，カタログによる通信販売という販売方法をとったことである．そして，インターネットの登場で，カタログによる通信販売にインターネットによる方法を追加した．その結果，販売高は短期間で急増した．これはビジネスモデルの改革による成果の一例である．

2.2.2 ビジネス改革へのビジネスモデルの役立て方

ビジネス改革へのビジネスモデルの役立て方を，いくつか列挙してみる．顧客への新たな価値を見出したビジネスモデル，市場を再発見したビジネスモデルにより，付加価値の高いビジネスへと改革できることが多い．ビールのスーパードライという商品が販売を伸ばしビール業界を大きく変動させたが，この成果は販売戦略によるよりは，顧客へ新たな味という価値をもたらしたことによるものである．また，宅配便というビジネスは，新たな市場を発見したケースといえる．

次に，ビジネス改革の手法の例として，バランススコアカード（Balanced Score Card）と価値交換モデルという二つの手法について述べてみたい．バランススコアカードは「財務の視点」「顧客の視点」「成長と学習の視点」「内部プロセスの視点」という四つの視点をもっている．この四つの視点で戦略目標同士の因果関係を明らかにし，それを戦略マップの形にまとめる．つまり事業の最終目標の達成のために必要な目標を四つの視点ごとに設定する．こうして設定された目標を戦略目標とするとともに戦略目標同士の関連を明確にし，因果関係としてとらえた戦略マップとして記述する．そして，戦略目標の具体策の実行の評価ポイントを業績評価の仕掛けに反映させ，Plan Do See サイクルにのせてビジネス改革をしようという手法である．

バランススコアカードは実際にどのように使われているのだろうか．以下，東京都千代田区を例にとり「バランススコアカード徹底活用」[2] から引用する．

行政機関である千代田区には営利企業の売上高にあたるものがない．それで財務の視点をなくし，顧客の視点と内部プロセスの視点と学習と成長の視点から戦略マップを策定した．この結果として，課長会の場でも戦略マップをもとに議論ができるようになった．また業績評価もやりやすくなったという．それはビジネスモデルにあたる戦略策定に多くの人とエネルギーを費やすこと自体が多くの人の戦略に対する理解を深めることになり，その戦略の実行の基盤作りになったからである．

もう一つのビジネスモデルは価値交換モデルである．価値交換モデルはビジネスの複数の当事者が，だれにどのような価値を提供し，見返りにだれからどれほどの価値を受け取れるかというモデルである．価値の提供が，片方向だけの一方的なものであっては，ビジネスと

して成立しない．当事者を列挙し，その当事者の間で，すべての当事者が納得できるビジネスであることを描き出すのが価値交換モデルである．顧客と企業，企業と従業員，企業と資金提供者，企業と仕入れ先などの取引先との間で交換される価値に，当事者が満足できることを明らかにするのが価値交換モデルである．交換される価値には非経済的な価値も含む．やりがいや事業への関与者であることの誇りなどが挙げられる．はるか将来に見返りがくる教育に対する負担や，環境保全への貢献なども交換される価値に入る．このように価値交換モデルで交換される価値は，財務モデルで扱う金銭的価値より広い範囲を含む．価値交換モデルにより，社会的に存在が許容される事業であると判断されて，次に，より具体的に財務モデルとして計算の上で成り立ち得るかを検討することになる．価値交換モデルでも，詳細で具体的な価値の貨幣基準での評価ができれば，それは望ましい．しかし資本コストや労務のコストなどは，具体的なステークホルダが列挙できない段階では，詳細な計算ができない場合が多い．斬新なアイデアのビジネスモデルの場合は，財務モデルの作成に進む前に，そもそも主要な当事者が満足できるかということを検証することが必要である．この役割を果たすのが価値交換モデルである．このモデルが確定できれば，あとは想定コストの算出を可能にするビジネスプロセスの問題となる．

　その他のビジネスモデルとしては，特に財務モデルと事業目標モデルについても言及したい．ビジネスモデルは多様であるが，現在，圧倒的に使われ，今後も使われるのは財務モデルである．これは当然のことである．事業目標モデルについては，その重要性は認識され，ビジネス改革に生かすための様々な努力がなされている．しかし，組織活動上，事業目標モデルがビジネス改革によく寄与しているとはいえない現実がある．財務モデルも欠かせないモデルであるが，変革の筋道を人の活動にして記述できないという欠点がある．人の活動の目標が，ビジネス改革の筋道とどうつながるかを記述できるモデル化の技術は重要と考える．次節以降で，このことを述べる．

2.3　ビジネス改革のためのビジネスプロセスモデル化

2.3.1　ビジネスプロセスモデルの定義

　ビジネスモデルとともに語られることの多いビジネスプロセスモデルにも触れてみる．その定義は，ビジネスの活動の連鎖であり，個々のビジネスプロセスは一つ以上の入力（input）から，顧客に対して価値のある出力（output）までを伴うものである．ビジネスプロセスモデルはビジネスモデルほど多様なものではない．使われ方やモデル化の手法，記述の仕方には一貫性が見られる．

　情報システムの構築のためにビジネスプロセスモデル化の手法と記法が次第に普及しつつある．ビジネス改革においては，ビジネスモデルによる市場の定義と顧客に評価される提供価値の創出，そして目標の設定とその目標を達成するための戦略の準備等が必要である．その上で，目標とする生産性や品質を達成するためのビジネスプロセスモデル化が求められている．ビジネスモデルとビジネスプロセスモデルをうまく連携させてビジネス改革に取り組むことが有効である．以下，この点を明らかにしていきたい．

2.3.2 ビジネスプロセスアプローチを生んだ背景

ビジネスプロセスによるビジネス改革へのアプローチの必要性は社会の要請により高まってきた．ビジネスプロセスによるアプローチとは，ビジネスプロセスの流れを基準にして組織横断的に業務を見直してビジネスを改革しようというアプローチのことである．近年はこのビジネスプロセスによるアプローチによって実行されるビジネス改革が増えてきた．またビジネスプロセスによるアプローチは，多くのしかも多様な人々によって推進されるものなので，分かりやすい可視化されたビジネスプロセスモデルが存在することが必要である．

（1） 市場経済化により経済資源間の代替性が高まった

現代経済はあらゆるビジネスの要素において，大きな変化が起きやすくなっている．これらの変化は，技術進歩や消費者嗜好の多様化といった経済の秩序が変化していることに起因していると考えられる．これらの変化に適応するため，実務の現場ではビジネス上の作業の分割，作業の内容の変更，作業順番の入換えといった改善を実現しなければならない．つまりビジネスプロセスの改善が必要になる．

（2） 消費者重視

先進国では，消費者は商品の品質や安全性について知る権利を求めるようになった．これに伴い商品の生産プロセスや流通プロセスに始まり，企業の内部プロセスまでもが，可視化されていることが求められるようになった．食品では原材料から加工の仕方，流通の様態までの追跡可能性（トレーサビリティ）が求められている．製造や流通で，どのような経路を経たか，またどのようなビジネスプロセスあるいはサプライチェーンを経由して消費者の手元に届いたか，消費者に可視的に説明できることが求められている．

（3） 働く現場の重視とベストプラクティス

ビジネスの多くの要素の中で，人の働く現場は，時代を追うごとに重要視されるようになってきている．大量生産のためのベルトコンベアによる生産にも人間工学的配慮が加味され，生産効率の向上にも，人間の仕事へのモラルややる気が重視されるようになった．現在では，現場は単なる作業場ではなく，ベストプラクティスは現場から生まれ，それが競争力の大きな源泉となるという考えが広まり，重要なものと認識されるようになった．

ビジネスプロセスのアプローチは現場重視につながる．そして現場の暗黙知から生まれるベストプラクティスが，事業活動に生かされるのはビジネスプロセスを通してである．このことをシーリー・ブラウンは「ビジネスプロセスは組織の柱，つまりプラクティスにおける自発的行動の中心となる柱を与えてくれる」といっている[3]．また「ビジネスプロセスに命をふき込みプロセスに価値を与えるのは，結局，組織で働く人たちの実践（practice）だ」[3]ともいっている．

そして何より，ビジネスの実践は生身の人間である現場の人間の活動によるということである．いくら業務命令を出しても，実際の業務を遂行する人間のやる気がなければ，より良いパフォーマンスの仕事ができるはずがない．現場の活性化を引き出す可能性のあるアプローチが，ビジネスプロセスのアプローチである．よってビジネスプロセスを切り口とするビジネス改革は，現場の力を発揮させ得るビジネス改革のアプローチであるということができる．

2.3.3 ビジネスプロセスアプローチが有利な点

1980年代にBPR（Business Process Reengineering）を提唱したハマーとチャンピーは，ビジネスプロセスアプローチがBPRのために有利な点として，次のような点を主張している．情報技術を活用することにより，一つは職能別組織の壁を破れることであり，もう一つは大量生産時代の管理方法の限界を超えられるということである．ビジネスプロセスのアプローチがビジネス改革に大きく影響するのは，どのような場合であろうか．ビジネスプロセスの改革によるビジネス改革のためには，モデル化によるビジネスプロセス全体の可視化が必要である．従業員が自らビジネスプロセスを抜本的に改革し，それでも全体的な整合性が保たれるためにはビジネスプロセスモデルの存在は不可欠である．現代の組織は大量生産時代の職能的ピラミッド型組織から，フラットな組織へと性質を変えつつある．ヒエラルキー型の管理体系と職能的ピラミッド型組織の限界を超えて，ビジネスプロセスの改革を行うためにも，それに先立つモデル化は必須である．モデル化により，ビジネスプロセスに関する関係者の理解が共有できる．更に，ビジネスプロセスを変更した場合の影響も考察することができる．社外とのより良いインタフェースのためにもビジネスプロセスモデル化は重要である．

2.3.4 現場への浸透力

事業における価値や事業目標というものが現場へ浸透する力が最も強いのは，財務管理を通した場合である．一方，ビジネスプロセスのアプローチはどうであろうか．ビジネスプロセスは日々の業務の活動を具体的にどう行うかということに直結する．ビジネスプロセスには多くの人が重大な関心を寄せている場合が多い．事業目標を組織に浸透させるためにも，ビジネスプロセスの変革を行うことは有効である．

2.4 ビジネスプロセスモデル化手法

ビジネスプロセスモデル化手法には多くのものがある．フローチャートや1970年代から使われているIDEF0（元ICAMプロジェクトでのICAM DEFinition，転じてIntegration Definition 0）という表記の手法がある．これは別名，機能モデリング手法とも呼ばれ，組織や企業における業務を機能面からとらえてモデリングを行う．また，業務パッケージソフトウェアと関係の深い商用のモデリング手法もある．フローチャートは，長方形と矢印と判断を表す菱形で表現をするもので，多くの人が読みこなすことができる．

なお，IDEF0はフローチャートより更に理解がしやすいという特徴をもっていて，ビジネスの現場で使われている．ビジネスプロセスモデル化手法には，ITの分野から生まれたものも多い．以下，ソフトウェアのモデル化の技法から発展したものを中心に言及する．

2.4.1 ビジネスモデルにおけるビジネスプロセスの位置付け

ハンス・エリクソン，マグヌス・ペンカー，クリス・マーシャルの掲げるビジネスモデルの要素には共通するものがある．ペンカーはビジネスモデルの要素として，プロセス，リソース，ゴール，ルールを挙げている[4]．マーシャルはビジネスモデルの要素として，プロセス，エンティティ,目的,組織を挙げている[5]．このペンカーとマーシャルの各々の著作物のページ数の大部分はビジネスプロセスモデル化に関する言及で占められており，ビジネスモデル

においてビジネスプロセスの位置付けは重要視されていると考えられる．ビジネス改革のためのビジネスモデルとビジネスプロセスの位置付けについて，実践的な見方からの事例研究を以下に挙げる．

トーマス・ダベンポートはビジネス改革の例として，DEC（ディジタルイクィップメント）社の分散システム製造グループ（以下 DSM 事業本部と表記）の事例研究を発表している[6]．1985年，DEC 社において，新たな DSM 事業本部のトップが就任することとなった．そのトップには，粗利益率を毎年 10 ポイント改善することなどが目標として課された．この目標は根本的なものであったが，全社のビジネスモデルの全面的な変革を一挙に目指すものではなかったとダベンポートはいう．ダベンポートは「DEC 社の場合でも，重要なことは同社のリストラが最初から全社レベルで一気にスタートしたのではなく，むしろ事業本部の一つである DSM から始まったということである」といっている[6]．そして目標となる変革レベルは根本的なものであるべきであるともいっている．DSM の場合の目標についての記述は，次のようなものである．「製造サイクルタイムの 50% 削減，製品開発期間の 50% 削減など，目標の達成基準は測定可能なものであった．これらを支える下位的な行動目標も数多く定義された」という[6]．DSM 事業本部のトップは，多くの活動プログラムからなる計画を立案した．それは，意思決定の機能を下部の組織に降ろすことと，プロセスでの分業を廃止することなどを含んでいる．そしてプロセスチームが自社のプロセスを改善できるのだということを確信させなければならないといっている．1988年に，この事業本部長が DSM を去ったとき，プロセスパフォーマンスと財務上の業績は劇的に改善されていたという．ダベンポートは改革を進める技術的な側面にも言及し，「イノベーション活動において，現行プロセスの改善に使えそうなツールや技法に重点をおくべきである．例えば，フローチャートのようなプロセスダイアグラムは，これらのうち最も有益なツールの一つである」といっている[6]．

2.4.2 各種のモデルの特長

様々な種類のモデルには，それぞれに適した使い方がある．これに着目して種々のモデルの特長を考えてみたい．企業の財務状態を分析できる財務諸表は分析に適したモデルといえる．しかしビジネスの変革の活動のプロセスを読み取るのは難しい．BPMN（Business Process Modeling Notation）は実務家に分かりやすく，多様な人がビジネスプロセスについての記述を読むことができる．UML（Unified Modeling Language）は，元来はソフトウェアのモデル化に使われるものであったので，その特徴が残っている．

各手法を多くの人々が，見聞きしたと思われる順番に説明する．

2.4.3 UML によるビジネスプロセスモデル化手法

元来 UML はオブジェクト指向によるソフトウェアのモデル化の手法で，オブジェクト指向を考え方の基礎としている．オブジェクト指向については第 4 章を参照されたい．オブジェクト指向によるソフトウェア開発が広がるにつれ，この UML の記述法を理解する人が増えた．しかし，オブジェクト指向の考え方が，経営者やビジネスの実務家に普及しているわけではない．近年，UML のアクティビティ図を用いて，ビジネスプロセスモデル化ができるように手が加えられてきている．

（1）ユースケースモデルの概要

ユースケースモデルには二つの記述方法がある．ヤコブソンがはじめに提案したユース

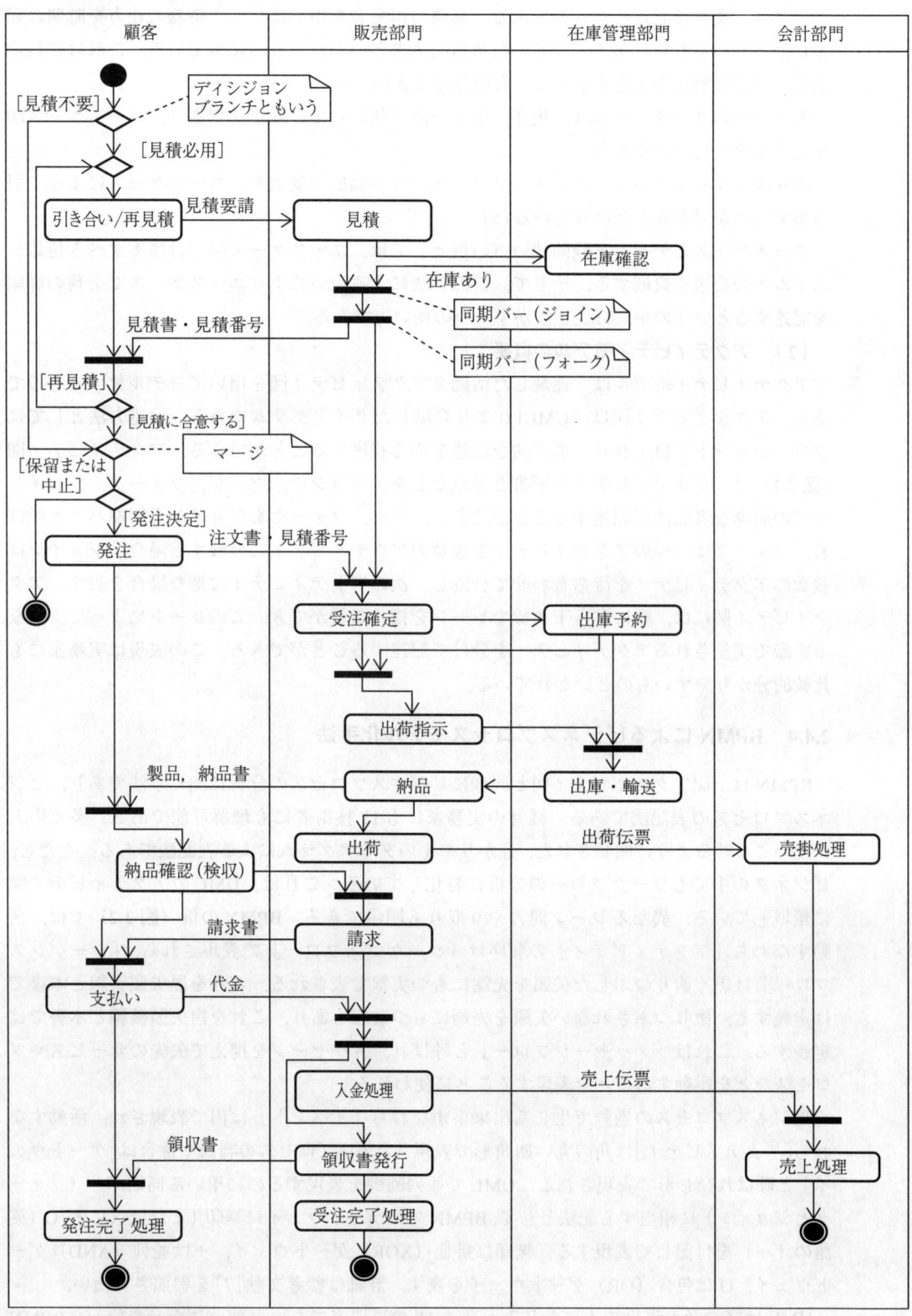

図 2.1 UMLアクティビティ図の例(ある商品の引き合い―受注―納品―請求処理の例)

ケースは，文章で記述したものである．業務の担当者を中心にして，業務の仕方を時間の順番に沿って書くものである．一般的な業務記述書といわれるものに似ている．これは自然言語で，自由な形式で記述するので，表現力は大きい．

もう一つのユースケースは，現在，広く一般に使われている手法であり，ユースケース図を使うモデル化手法である．

クリス・マーシャルは「ビジネスプロセスのもつ幅広い要求を，ユースケースによって引き出すことができる」といっている [5]．

ユースケースモデルの実践的使い方の例としては，ユースケース図では構築すべき情報システムへの要求を概観する．そして，自然言語による記述によりユースケースで業務の詳細を記述するというのが，特長を生かす一つの使い方である．

（ 2 ） アクティビティモデルの概要

アクティビティモデルは，連続した活動をアクティビティ図を用いてモデル化するものである．アクティビティ図は，UML1.0 より登場したダイアグラムである．記述方法としてはフローチャートに似ており，形式的な記述をある程度することができる．アクティビティ図（**図 2.1**）は，アクティビティの順番と分岐などを，ブランチ，マージ，フォーク，ジョインなどの簡潔な表記法で記述することができる．なお，フォークもジョインも同期バーと呼ばれ，フォークは一つのアクティビティが複数のアクティビティに分岐する場合，ジョインは複数のアクティビティを待ち合わせて合流し，次のアクティビティに進む場合を表す．アクティビティ図には，縦に書き下す線でレーンを描くことができ，このレーンによって，異なる組織で実施されるアクティビティを分けて記述することができる．この表現は実務家にも比較的分かりやすいものといわれている．

2.4.4 BPMN によるビジネスプロセスモデル化手法

BPMN は上記アクティビティ図と同様にビジネスプロセスの分析に向く手法であり，ビジネスプロセスの表記法である．経営の実務家にも IT 技術者にも理解可能である．多くの人に使いこなせるように開発された，分かりやすいダイアグラムによる表記法である．ただし，ビジネスの中でもワークフローの分析に特化している．これは，UML のアクティビティ図に類似している．異なるレーン間のやり取りも明示できる．BPMN の例（**図 2.2**）では，活動すなわち「アクティビティ」の順序は「シーケンスフロー」で表現される．「シーケンスフロー」は黒く塗りつぶした矢頭を先端にもつ実線で表される．これを黒矢頭実線と本書では定義する．塗りつぶされない矢頭を先端にもつ破線もあり，これを白矢頭破線と本書では定義する．これは「メッセージフロー」と呼ばれ，メッセージを携えて矢先のサービスやプロセスなどを駆動することを表現することに使われる．

ビジネスプロセスの過程で生じる出来事すなわち「イベント」は円で表現され，活動すなわち「アクティビティ」は角の丸い四角形で表現される．プロセスの判断や併合は「ゲートウェイ」と呼ばれひし形で表現される．UML で並列制御を表現するのに用いる同期バー（フォークとジョイン）に相当する記法として，BPMN ではゲートウェイに無印（または X），+，O（英語のオー）を付記して表現する．無印は排他（XOR）ゲートウェイ，+ は並列（AND）ゲートウェイ，O は包含（OR）ゲートウェイを表す．詳細は参考文献 [7] を参照されたい．

UML は経営者や現場の人になじみが薄く IT の専門家でないと使いこなせないが，BPMN は多くの人に直感的に理解しやすい．また上述のようにプロセス間のメッセージのやり取り

2.4 ビジネスプロセスモデル化手法

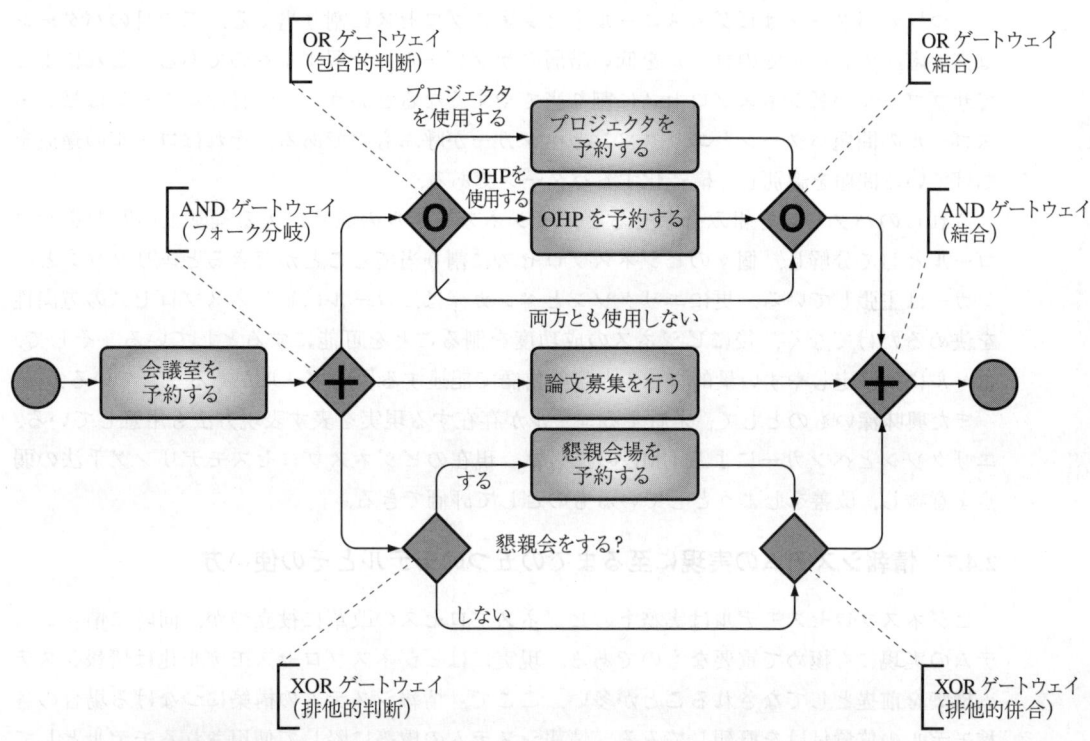

図 2.2 BPMN (Business Process Modeling Notation)（研究会開催準備の例）

を，白矢頭破線で記述することができる．

　BPMN はデータの流れを表現できるものの，UML とは異なり，コンピュータを前提とするすべての情報のモデルを記述できるわけではない．しかし経営の実務家がビジネスプロセスを分析するのには適した手法である．

2.4.5 コミットメントネットワークモデルによるビジネスプロセスモデル化手法

　サールなどの言語行為論[8]によると，人が言葉を発するのは単にテキストを発しているのではなく，その背景の文脈の上で発言している．しかも，行為に関しては，約束や依頼という行為につながる発話がなされる．よって発話とは行為であるととらえることができる．このサールの言語行為論は，後の時代にビジネスを対象に適用された．ビジネスにおいては，約束や依頼という行為につながる発話が再現性のあるパターンでなされ，それを依頼する顧客とそれを行う実行者が存在する．コミットメントネットワークモデルは協調作業の連携に焦点を当て，業務の実行目的や，顧客と実行者の役割と行為などをモデル化するものである．ビジネスプロセスの一連の行為を顧客と実行者間の会話とみなし，モデリングを行うところに特徴がある．

2.4.6 エリクソンとペンカーの UML の拡張によるビジネスプロセスモデル化手法

　エリクソンとペンカーはビジネスシステムを定義するための概念として，ゴール，リソース，プロセス，ルールを挙げている．ゴールのモデルはビジネスの開発，改善の全プロセスに影響を与えるとしている．そしてゴールのモデルのパターンとして三つを挙げる[4]．

一つ目のパターンはビジネスゴールをビジネスプロセスに割り当てる．二つ目のパターンは高い階層のレベルでのゴールを低い階層のサブゴールに分解するものである．これによってサブゴールがビジネスプロセスに割り当てやすくなるという．三つ目のパターンはビジネスゴールの問題パターンとエリクソンとペンカーが呼ぶものである．それはゴールの達成を妨げている問題を識別し，構造化するパターンである．

これらのパターンを組み合わせると，ビジネスモデルの範疇に入る経営上の問題をサブゴールとして分解し，個々のビジネスプロセスに割り当てることができるとエリクソンとペンカーは主張している．更にエリクソンとペンカーは，ゴールはビジネスプロセスの方向性を決めるだけでなく，後にビジネスの成功度を測ることを可能にするとしている．そして，ゴールには測定しやすい量的ゴールと自然言語で記述する質的ゴールがあるとしている．

また興味深いものとして，矛盾するゴールが存在する現実を表す表現方法も用意している．エリクソンとペンカーによる UML の拡張は，現在のビジネスプロセスモデリング手法の弱点を意識し，改善をしようとしているものとして評価できる．

2.4.7 情報システムの実現に至るまでの五つのモデルとその使い方

ビジネスプロセスモデルは実務上のビジネスプロセスの改革に役立つが，同時に情報システムの実現にも極めて重要なものである．現実にはビジネスプロセスモデル化は情報システム構築を前提としてなされることが多い．ここで，情報システムの構築につなげる場合の各種モデルの位置付けを概観してみる．情報システムの構築に際して使用されるモデルとしてビジネスモデルとその事業目標モデル，ビジネスプロセスモデル，要求モデル，ソフトウェアモデルを挙げる．

（1） ビジネスモデル
（2） 事業目標モデル
（3） ビジネスプロセスモデル
（4） 要求モデル
（5） ソフトウェアモデル

事業目標モデルとはビジネスモデルの一部である．企業に目標は複数あるものであり，その目標の構造が明確でないと組織は混乱し，人は行動できない．一見して矛盾すると感じられる目標もあり，表記の方法としては，階層構造として言葉で表現するのが一般的である．上位の階層の目標が，下位の階層の目標より優先されることになる．事業目標モデルは企業内でのあらゆる判断の基準になる．事業目標モデルは単なる目標の羅列ではなく，どのように目標を体系化するかで，いわばある程度，戦略を表現していることにもなる．

この事業目標モデルをビジネスプロセスモデルと関連づけようとする努力が続けられている．ペンカーはゴール（目標）がサブゴールに分割され，ビジネスプロセスに割り当てられることになるとしている [4]．そしてビジネスプロセスはそれぞれのゴール（目標）をもつとしている．

要求モデルとは，あるべきビジネスプロセスを現場のオペレーションと情報システムに分割し，情報システムへの要求を抽出したものである．その要求モデルをもとにソフトウェアの設計がなされ，ソフトウェアモデルが作られる．要求とは事業としての要求である．業務の現場における作業の利便性の要求ではない．情報システムでは，要求モデル作りがなかなかうまくいっていない．要求モデルの表現方法は一般に文章によるものである．要求モデル

をだれが作成するかというと，経営者ばかりでなく，実務の担当者も作成に参加する．経営者だけでは，情報システムに必要な要件のすべてを把握できていないからである．実務の担当者が参加すると，その担当者の視点は，経営者と全く同じではない．その担当者も参加して，事業目標の優先順位に沿って要求モデルを作成することが重要である．

要求モデルをもとに，ソフトウェア設計を行って作られるのがソフトウェアモデルである．本章では，ビジネスを記述することに配慮した UML を紹介したが，本来 UML はソフトウェアのモデル化の記述体系であった．

ビジネスプロセスをモデル化しようとすると，一つの会社につき数十以上のモデルができる．一つの会社には 400 を超えるビジネスプロセスがあるという報告もある．財務のビジネスプロセス，労務のビジネスプロセス，設備保全のビジネスプロセス，資材の廃棄のビジネスプロセス，法務のビジネスプロセス，そして顧客へ価値を提供する業務のビジネスプロセスなどである．一人の生身の人間が，多くのビジネスプロセスが重複する仕事の現場で，優先順位を付け行動する．その優先順位は，企業の目標とする優先順位と同一であるべきである．

2.5 まとめ

ビジネスモデルは目的によって多種多様である．現代におけるビジネス改革のためには，事業の目標を企業が体系化する手法や，顧客へ価値を提供することをモデル化する手法が注目される．日々のビジネス活動を実行する人たちの現場は，ビジネスプロセスという見方で認識できる．よってビジネスプロセスからアプローチするビジネス改革は，改革の実現を現場にもたらす可能性が大きい．ビジネスプロセスモデル化と IT の関係は緊密化しつつある．現状からの経営情報技術の展望としては，急速に変化するビジネス環境に対して，必要十分な精度で効率的なモデル化が行え，それをベースに迅速かつ低コストで，信頼性の高い情報システム，すなわちソフトウェアが実現できることが喫緊の課題であり，そのための情報技術の発展が強く求められている．

参考文献

[1] 前川南加子，野寺大輔，松下 円，M&A の基本，日本経済新聞社，2005．
[2] 小倉 昇，笹川忠志，石山泰男，末吉 進，林 攝子，高橋義郎，バランス・スコアカード徹底活用，日経 BP 社，2005．
[3] ジョン シーリー ブラウン，ポール ドゥグッド（著），宮本喜一（訳），なぜ IT は社会を変えないのか，日本経済新聞社，2002．
[4] ハンス エリクソン，マグヌス ペンカー（著），鞍田友美ほか（監訳），UML によるビジネスモデリング，ソフトバンクパブリッシング，2002．
[5] クリス マーシャル（著），児玉公信（訳），企業情報システムの一般モデル，ピアソン・エデュケーション，2001．
[6] トーマス H. ダベンポート（著），卜部正夫，杉野 周，伊東俊彦，松島桂樹（訳），プロセスイノベーション，日経 BP 出版センター，1994．
[7] http://www.jsys-products.com/iwaken/bpmn/pub/BPMN.pdf，BPMN Version 1.0 について（確認年月日：2008 年 8 月 22 日）．
[8] ジョン サール（著），坂本百大，土屋 俊（訳），言語行為—言語哲学への試論，勁草書房，1986．
[9] 加藤正人，BPMN によるビジネスプロセスモデリング，ソフト・リサーチ・センター，2006．
[10] 小林 隆，ビジネスプロセスのモデリングと設計，コロナ社，2005．
[11] 戸田保一，飯島淳一，ビジネスプロセスモデリング，日科技連，2000．

3 モデル化における正当性検証

3.1 はじめに

モデルは現実世界における事実や要求を表現するものであり，これらの構成要素とその間に成り立つ関係を何らかの方法で明示する．ビジネス領域及びそれにかかわるソフトウェアのモデル化のための標準的記述言語としては UML（Unified Modeling Language）が非営利団体である OMG（Object Management Group）により制定されている．UML は多彩な表記法により優れた表現力を有する反面，機能や制約の記述に自然言語を用いるため形式性や表記の一貫性に欠ける部分があり，作成されたモデルの正しさを評価しにくいという問題を抱えている．

本章では，UML により記述されたモデルの正しさ（正当性）をどのように定義し評価するかを考える．

3.2 モデル化における正当性とは

作成したモデルが正しいかどうかは，正しさをどうとらえるかにより変化する．例えば，UML の文法に従わない表記をしているモデルは，UML の視点では間違ったモデルとなるが内容的には正しいかも知れない．一方，UML の文法に従って作成されたモデルも内容的に間違っていれば正しくないモデルとなるが，これも視点により評価が異なってくる．一例として，「承認」というプロセスが職務階層を上から下に流れるモデルは，「プロセスが停止しない」という観点からは正しいモデルとなるが，承認は上位階層により行われるというビジネスルール上は間違ったモデルとなる．このように，正しさは視点により変化するものであるため，これを議論するには視点や正しさの定義をまず厳密に決めておく必要がある．

3.2.1 正当性，無矛盾性，整合性，完全性，適合性

ソフトウェアの世界において正しさを示す用語は多数あり，それぞれの意味は一応定義されているが，正しさ自体は必ずしも明確な定義がなされないまま様々な文脈で使用されている．ここでは比較的よく使われる「正当性」，「無矛盾性」，「整合性」，「完全性」，「適合性」

3.2 モデル化における正当性とは

について概念と定義を述べる.

まず,「正当性」は「Correctness」の訳として使われることが多いが,ソフトウェアにおいては作成したプログラムやアルゴリズムが意図したとおりに動作するかどうかを表す基準を指す.例えばホーア論理（Hoare logic）というプログラム検証の体系ではプログラムの前後で宣言された表明（Assertion）と呼ばれる条件がプログラムにより保存されるか否かを推論規則により証明できることを正当性の定義とする[1].

「無矛盾性（Consistency）」は論理学では,公理系においてある命題とその否定が同時に証明可能とならないという性質として定義される[2].ソフトウェアの世界では,この用語が厳密に定義された概念として使われることはないようである.

「整合性（Integrity）」は,データベースの正しさに関して使用されることが多く,データ項目の値が求められる制約を満たすこととして定義される[3].データベースには「Consistency」という類似の概念があり,「一貫性」と訳される.整合性がある瞬間の正しさを指すのに対し,一貫性は時間的変化を考慮に入れた正しさを指すと考えられ,トランザクション処理において重要となる.

「完全性（Completeness）」は,論理学の世界では公理系において恒真な命題がすべて証明可能となるという性質を指すが,ソフトウェアでは要求されるものがすべてそろっているという一般的な用語として使うことが多い.

「適合性（Compliance 若しくは Conformance）」は,ソフトウェア品質において,標準や規格への適合という意味で使われている.Compliance を標準適合性,Conformance を規格適合性として区別する場合もある.また,適合性という用語はより広く,目的に合っているか否かという意味で使用される場合もある.この場合「合目的性（Suitability）」という用語も使われる.

以上のように,正しさを表す用語はソフトウェアの世界でも統一がとれておらず,様々な言葉や概念が混在しているが,本章では,正当性を整合性や適合性など,モデルやソフトウェアがもつ望ましい性質という広義の用語として使用する.以下,UML で記述されたモデルの正当性について,いくつかの異なった観点から分類を行う.これらの検証に関しては後の節で詳述する.

3.2.2 外部的正当性と内部的正当性

モデル化を行う場合,対象を外から観察した場合の動作や特徴に焦点を当てた外部モデルと,内部の構成や振舞いに焦点を当てた内部モデルという対照的な2種類のモデルを考える必要がある.UML 2.0 ではモデル表記のために 13 種類のダイアグラムが定義されているが,これらは対象の構造を記述するための静的ダイアグラムと,振舞いを記述するための動的ダイアグラムに分類される.静的ダイアグラムは構造を表すためのものであるから,基本的に内部モデル化のために使用される.一方,動的ダイアグラムは対象の振舞いという,外部及び内部モデル化がともに可能な概念を扱うため,どのダイアグラムをどちらに使用するかを明確に決める必要がある.各ダイアグラムともどちらのタイプのモデル化にも使用可能であり,明確な規定があるわけではない.しかし,外部モデル化に適したダイアグラムとして,アクターや組織などの外部要因に注目する「ユースケース図」,「アクティビティ図」,内部モデル化に適したダイアグラムとして,オブジェクトやクラスなどの内部構成要素に注目する「シーケンス図」,「ステートマシン図」,「コミュニケーション図」,「相互作用概念図」,「タ

イミング図」が用意されている.

対象をシステム（情報システムだけでなく経営システムなども含む広義の）と考えると，外部モデルはそれが外部に示すべき動作や特徴を規定するものであるから，システムに対する我々の要求を表していると考えることができる．一方，同一対象に対する内部モデルは，上記の動作や特徴を実現するためのシステムの構成や振舞いを表し，要求を実装するための仕組みであると考えることができる．

この立場から，モデルの外部的正当性は「我々のシステムに対する要求がモデルで正確に表されていること」，内部的正当性は「外部的正当性が確認されたシステムを実現できる仕組みがモデルにより示されていること」とそれぞれ定義できる．

3.2.3 構文的正当性と意味的正当性

モデルは複数の人間が概念や仕組みを共有するために共通の表記法に基づいて作成される必要がある．この表記法（本章では UML）はモデル作成のためのルール（文法）をもち，これに適合することがすべてのモデルに要求される．このようにモデルが表記法の文法に従っていることを構文的正当性と呼ぶ．一方，作成されたモデルは対象とする世界（ソフトウェアやビジネス）におけるルールに従わなければならず，このルールを満たすことを意味的正当性と呼ぶ．

論理学などの論理体系と同様，モデル化においても構文論と意味論の区別が必要となる．

3.2.4 モデル内正当性とモデル間正当性

モデル化対象が大きくなるとただ一つのモデルで表現することは難しくなり，いくつかの部分に分けてモデル化することになる．この場合個々のモデルの正しさだけでなく，複数のモデル間に矛盾がないことも正しさの基準として考えなければならない．前者をモデル内正当性，後者をモデル間正当性と呼ぶ．モデル間は，同一のダイアグラムで記述された複数のモデル間正当性と，異なるダイアグラムで記述された複数のモデル間正当性に分けて考えることができる．前者を同種モデル間正当性，後者を異種モデル間正当性と呼ぶことにする．

3.2.5 静的正当性と動的正当性

3.2.2項で述べたように，UML には対象の静的な側面をモデル化するためのダイアグラムと動的な側面をモデル化するためのダイアグラムが複数用意されており，これらにより表現されるモデルをそれぞれ静的モデル，動的モデルと呼ぶこととする．静的モデルは時間的変化を考慮しないモデルで，対象の構成要素やその間の関係，及びデータ変換ルールを明らかにすることを目的とするのに対し，動的モデルは対象の時間的変化を表すために用いられ，対象における活動の順序関係に関するルールや状態変化を明らかにすることを目的とする．

したがって，静的正当性は，構成要素や構成要素間の関係に付随するデータ及びその変換ルールが矛盾なく表現されていることを指し，動的正当性は活動の順序関係や状態変化が矛盾なく表現されていることを指す．

3.3 正当性の検証方法

前節の正当性概念は何らかの方法で検証される必要がある．正当性概念は様々な視点から

3.3 正当性の検証方法

成り立っているため，膨大な組合せを考えないといけない．例えば前節の分類では 16 種類の組合せになる（同種モデル間と異種モデル間を区別すると 24 種類）．この組合せのうち，取扱いの難しい意味的・動的・異種モデル間正当性を中心に本節で考察する．

3.3.1 検証の概要と形式化の必要性

異種モデル間正当性検証では，異なる表記法で表された，互いに関連するモデル間に矛盾がないことを何らかの方法で確認することになる．ここでは，UML で記述された動的なモデルを対象とするが，UML は視点の異なる 7 種類の動的ダイアグラムを用意し，各々が多種多様なモデル要素と要素間の関係を独自に定義している．これらのモデルを「外部-内部」，「部分-全体」という視点で分類すると表 3.1 のようになる．

各象限より「ユースケース図」，「アクティビティ図」，「ステートマシン図」，「シーケンス図」を選び，これらの間の意味的・動的・異種モデル間正当性を考えてみる．なお，これらの UML 図に不案内な読者は第 4 章の参考文献 [8]，[9] を参照されたい．

異なるダイアグラムで記述されたモデル間正当性検証は，異なるモデル要素間の対応や要素間の関係の対応を事前に厳密に定義する必要がある．しかしながら，UML 自体の形式性が低く，モデル要素や要素間の関係が厳密に定義されていない場合もあるため，この作業は困難なものとなる．

この解決策の一つに，モデルをより形式性の高い表記法に変換してから正当性を検証するという方法が考えられる．形式化により，モデルは簡潔で抽象度が高く意味が厳密に定義されたものとなるため，正当性の検証は UML に比べ容易なものとなる．変換に際し，もとのモデルに含まれる情報が欠落する可能性があるため，正当性の検証にかかわる本質的な情報が欠落しないことが形式化の条件となる．

以下，いくつかの形式化手法が UML の意味的・動的・異種モデル間正当性の検証に有効かどうかを検討する．

3.3.2 形式化手法の例 1：ペトリネット

ビジネスプロセスなどの動的な振舞いを表現するには，最低限
① 動作の基本要素であるアクションの種類
② 様々な環境下でのアクションの実行順序関係

を記述しなければならない．ペトリネット (Petri-net) [4] は「プレース」，「トランジション」，「アーク」，「トークン」という四つの要素でこれを表現する．ペトリネットは広範囲の分野でのモデル化が可能な汎用的ツールであるが，ここではビジネスプロセスのモデル化に限定して話を進める．

表 3.1　UML 動的ダイアグラム分類

	部分	全体
外部	ユースケース図	アクティビティ図
内部	ステートマシン図 タイミング図	シーケンス図 コミュニケーション図 相互作用概念図

トランジションはモデル化対象世界での事象（イベント）若しくは事象に基づく処理を表し，トークンは処理されるべきリソースを表す．プレースはトークンを保持するための場所であり，組織や装置などを表す．アークは事象生起に必要なリソースをトランジションに供給し，事象に基づき処理されたリソースを他の場所に移動するためのもので，プレース-トランジション間及びその逆を結ぶ矢印として表される．なお，トランジションによりトークンが処理されることをトランジションの「発火」と呼ぶ．

図 3.1 は，簡単なペトリネットの例である．プレースは楕円，トランジションは長方形，トークンは小さな黒丸，アークは矢印で表されている．トランジションは入力となるプレースのすべてにトークンがあるとき（必要なリソースがすべてそろったとき）発火可能となる．トランジションの発火によりトークンは入力側プレースから出力側プレースへ移動し，次に発火可能となったトランジションが発火する．発火したトランジションを時間系列に沿って並べたものを発火系列と呼ぶ．図 3.1 のように，一つのプレース「P1」を二つのトランジション「T1」，「T2」が共有する場合，二つのトランジションは競合するといい，どちらが発火するかは非決定的である．このように，ペトリネットで表されるシステムは非決定性であり，ソフトウェアやビジネスプロセスを表すにはやや不便な面がある．ペトリネットで決定性システムを表現するには，その拡張版である「カラーペトリネット（Colored Petri-net）」[5] を使用することができる．ペトリネット，カラーペトリネットは以下 PN，CPN と記す．

CPN は，PN のトークンに「カラー」と呼ばれるデータ型をもたせ，トランジションの発火をトークンの値により制御できる「ガード関数」，及びトランジションによるトークンの値の変換を表す「アーク関数」を PN に付加することにより，ペトリネットによる決定性システムの表現と，具体的な機能の表現を可能にする．図 3.2 は，簡単なカラーペトリネットの例であり，文字列型のトークン x の先頭文字が「A」ならトランジション T1 に関係づけられたアーク関数 A3 より文字数を求め，それ以外は T2 に関連づけられたアーク関数 A4 によりそのままトークンを流すというシステムを表している．

今回，形式化の対象とした「ユースケース図」，「アクティビティ図」，「ステートマシン図」，「シーケンス図」の中の動作や振舞いを表す本質的な部分は，CPN に変換することができる[6]．この変換は表 3.2 に示す CPN と UML の対応をもとに行う．例えば，図 3.3 左側のシーケンス図は右側の CPN に変換される（カラーやガード関数の記述は省いてある）．この例のように，送信側イベントオカレンスに CPN トランジション，受信側イベントオカレンスに CPN プレース，その間で送信されるメッセージに CPN アークが対応する．また，ループはガー

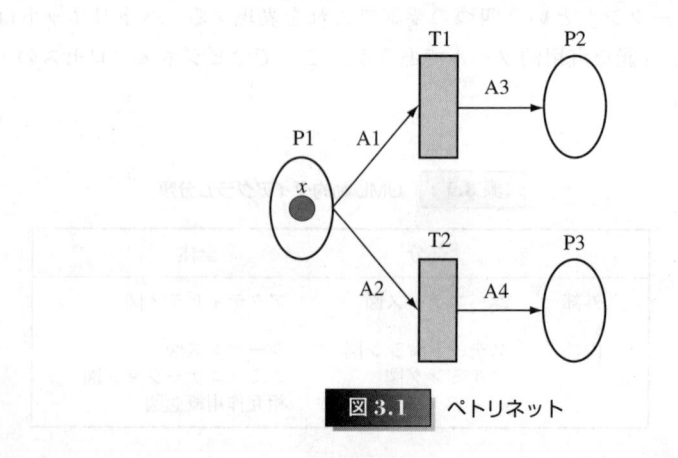

図 3.1 ペトリネット

3.3 正当性の検証方法

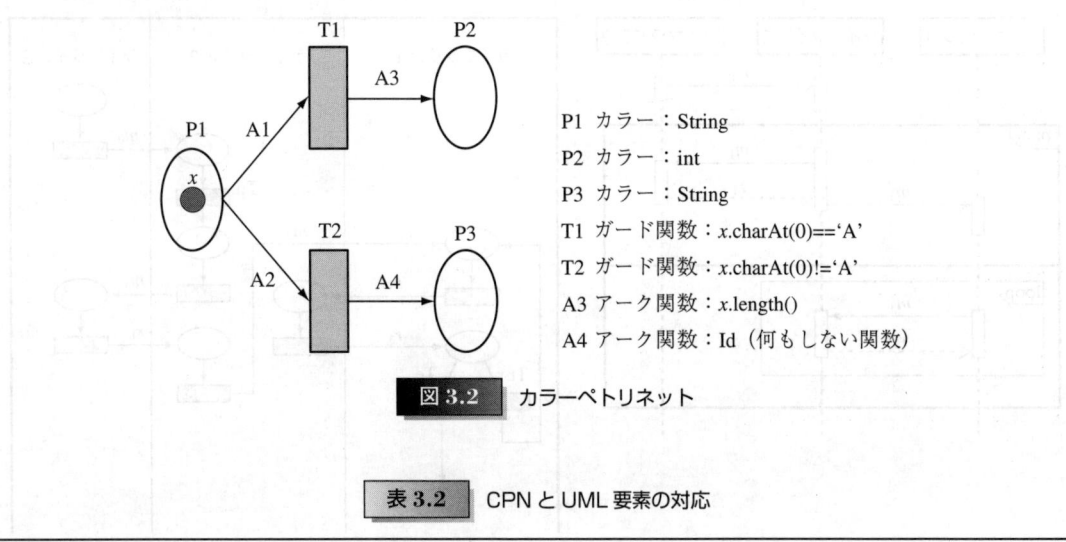

P1 カラー：String
P2 カラー：int
P3 カラー：String
T1 ガード関数：x.charAt(0)=='A'
T2 ガード関数：x.charAt(0)!='A'
A3 アーク関数：x.length()
A4 アーク関数：Id（何もしない関数）

図 3.2 カラーペトリネット

表 3.2 CPN と UML 要素の対応

CPN 要素	ユースケース	アクティビティ	シーケンス	ステートマシン
トランジション	アクション（ユースケース記述）	アクティビティ／アクション	イベントオカレンス	―
プレース	アクター	アクティビティパーティション	ライフライン	状態
アーク	ユースケース記述ステップ間	コントロールフロー	メッセージ	遷移
トークン	―	オブジェクトフロー付随オブジェクト	メッセージ付随操作名の引数	―
カラー	―	オブジェクト	メッセージ付随操作名の引数の型	―
ガード関数	―	ガード条件	ガード条件	選択点のガード条件
アーク関数	―	<<precondition>> <<postcondition>>	メッセージ付随操作名	遷移付随アクティビティ名
直列	ユースケース記述ステップ列	アクティビティ／アクション列	メッセージ列	遷移の列
プレース分岐	ユースケース記述代替コース	デシジョンノード	オルタナティブ複合フラグメント	選択点
トランジション分岐	―	フォーク／ジョイン	パラレル複合フラグメント	フォーク／ジョイン
フィードバック（ループ）	―	iterative 拡張領域	ループ複合フラグメント	遷移

ド関数によるアークの分岐により実現される．

CPN に変換されたこれら 4 種類のモデル，すなわち「ユースケース図」，「アクティビティ図」，「ステートマシン図」，「シーケンス図」のモデル間正当性は次のように評価可能である．

（1）ユースケース-アクティビティ間

UML のユースケース図はシステムが外部に提供する個々の機能を簡潔に表現するものであるのに対し，アクティビティ図はある業務を遂行するための連続した活動のフローである

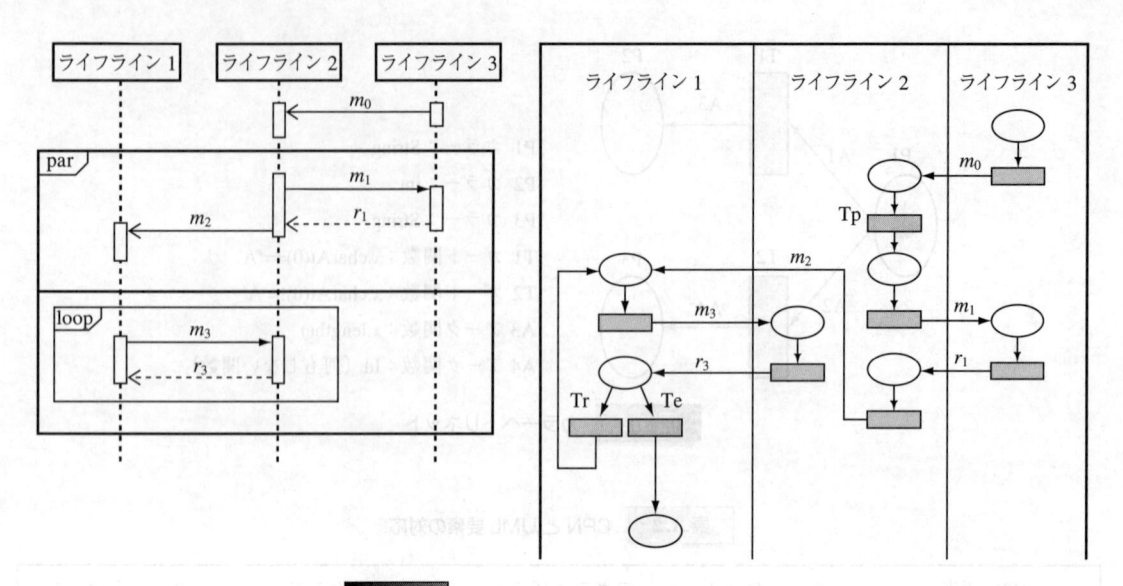

図 3.3 シーケンス図と変換された CPN モデル

といえる．この活動にはユースケース図が表すシステムの機能も含まれる．すなわち表 3.1 に示すように，ユースケース図とアクティビティ図は対象の部分と全体をそれぞれ表していると考えられる．これらに対応する CPN モデルはユースケース記述の各ステップ，及びアクティビティ図のアクションをトランジションに対応させて構成される．ユースケース側のトランジション発火系列は，ユースケース記述で表されるステップの実行順序であり，この発火系列が関連するアクティビティ側に現れない場合，アクションが正しい実行順序で行われないことを意味する．したがって，すべてのトークンの値に対し，ユースケース側の CPN のトランジション発火系列が，アクティビティ側の CPN に含まれることが正当性の条件となる．

(2) アクティビティ–シーケンス間

アクティビティ図とシーケンス図は対象の外部的振舞いと内部的振舞いを表していると考えることができる．表 3.2 に示したように，CPN のトランジションはアクティビティ図のアクティビティ若しくはアクション，及びシーケンス図のイベントオカレンスすなわちオブジェクト間のメッセージ送受信に対応する．これらはいずれもシステムに対する何らかの操作を表す．一般に，外部モデルと内部モデルは構成要素の粒度や境界が異なり，単純な比較は難しいが，CPN に変換した場合，共通部分をもつ操作に対応するトランジションについては，アクティビティ側 CPN モデルのトランジション発火系列がシーケンス側 CPN モデルにも存在する必要がある．逆に，同一発火系列が存在すれば，上記共通要素が同じ振舞いをすることになり，内部と外部の振舞いに矛盾がないことが示される．したがって，これを正当性の条件とできる．

(3) シーケンス–ステートマシン間

シーケンス図とステートマシン図は，モデル化対象内部の全体と部分をそれぞれ表している．CPN トランジションに変換されるのは，シーケンス図の受信イベントオカレンスとステートマシン図の遷移であり，これらはともにメソッド呼出しにより実現される．同一対象をモデル化した場合，同じメソッド呼出しの系列が両モデルに存在しなければならず，これらは

CPN モデルではトランジションの発火系列として実現されるため，同一発火系列が両 CPN モデルに現れることが，正当性の条件となる．

3.3.3 形式化手法の例 2：プロセス代数

前項の CPN は UML 同様に視覚性も高く，また機能や制約を関数や論理式で表せるため形式性も備えた表記法ではあるが，モデル間正当性の評価をトランジションの発火系列の比較という，単調で手間のかかる手段によらなければならない．CPN Tools [7] というモデルの編集と発火系列のシミュレーションを行えるシミュレータがデンマークの University of Aarhus より提供されているが，個別に発火系列を比較するのは手間の掛かる作業となる．

対象の振舞いを表現する別の形式化手法としてプロセス代数（Process Algebra）と呼ばれるものがある．

プロセス代数では，振舞いを「A + B」のような代数式で表現する．構成の違いにより CCS（Calculus of Communicating Systems）[8]，CSP（Communicating Sequential Processes）[9]，ACP（Algebra of Communicating Processes）[10] などがある．ここでは，プロセス間の等価性概念が豊富で比較的扱いやすく，また LOTOS [11] などの仕様化言語の基礎ともなっている CCS をベースに議論を進める．CCS では対象の振舞いは，アクションと呼ばれる基本動作を演算子で結合した代数式（プロセス動作式）で表される．プロセス動作式により，並行動作を含む様々な振舞いの表現が可能となる．CCS によるプロセス動作式は，アクションがどのように実行されていくかを表しており，アクションと既存のプロセス動作式から新しい動作式を合成するためのルールが厳密に決められている．このルール自体は以下のようなシンプルなものである．

① アクション a とプロセス動作式 E から $a.E$ という動作式が作り出せる．これはアクションプレフィックスと呼ばれ，a の後に E という動作が行われることを意味する．

② 二つのプロセス動作式 E_1, E_2 から E_1+E_2 というプロセス動作式が作り出せる．これは和と呼ばれ，E_1 若しくは E_2 で表される動作のどちらか一方のみが実行されることを意味する．

③ 二つのプロセス動作式 E_1, E_2 から $E_1|E_2$ というプロセス動作式が作り出せる．これは，合成と呼ばれ，E_1 と E_2 の両方が同時並行的に実行することを意味する．

④ プロセス動作式を表す変数 $x_1, \cdots, x_n$ を含むプロセス動作式 $E_1, \cdots, E_n$ があり，

$$x_i = E_i$$

という連立方程式が解をもつとき $\mu x_j.[x_i = E_i]$ というプロセス動作式が作り出せる．これは再帰と呼ばれ，動作の繰返し実行などの表現に使う．

前項で UML の「ユースケース図」，「アクティビティ図」，「ステートマシン図」，「シーケンス図」は CPN に変換可能であると述べたが，CPN モデルは CCS による表現が可能であり，UML のこれらのダイアグラムを CPN を経由して CCS 表現することができる [12]．これらを直接 CCS に変換することも可能であるが [13]，いったん CPN 表現しておく方が，モデル間の共通的な構造を視覚的にとらえることができるという利点がある．**表 3.3** に CPN を CCS に変換するための対応関係を示す．

CPN モデルによるモデル間正当性は，トランジションの発火系列の一致という形で評価されたが，CCS では二つのプロセス動作式が等価かどうかを，双模倣（Bi-simulation）という

表 3.3　CPN と CCS の対応

CPN 構造	CCS 表現
トランジション	アクション
プレース	—
アーク	アクションプレフィックス
トークン	—
カラー	抽象データ型（LOTOS）
ガード関数	ガード（LOTOS）
アーク関数	—
直列	アクションプレフィックス
プレース分岐	和
トランジション分岐	合成
フィードバック（ループ）	再帰

プロセス間の関係を用いて評価する．プロセスは前述のプロセス動作式で表されるため，プロセス間の関係とは，プロセス動作式の集合 $\mathbf{P}$ の直積 $\mathbf{P} \times \mathbf{P}$ の部分集合 S と考えることができる．この S に属する二つのプロセス動作式 P と Q がどのような性質を満たせば二つの動作式が等価となるかを決めるのが双模倣の概念である．双模倣の厳密な定義は 3.3.5 項にあるが，本項では直感的に理解しやすい形で述べる．CCS では二つの動作式が「等価である」ということを，「同一のアクション系列が実行可能であり，その結果行き着いた状態も等価」な動作式と定義する．

同一のアクション系列として，内部アクションをどう扱うかで，何種類もの等価性を考えることができる．内部アクションとはプロセス動作式が表すプロセス若しくはシステムの外部から観測不能なアクションを意味し，CCS では「τ」という記号で表す．アクション系列に「τ」を認めない等価性を強双模倣，認めるものとして弱双模倣及び観測合同という等価性が定義できる．これらの等価性の厳密な定義は 3.3.5 項にあるが，ここでは直感的な定義を用いて説明する．強双模倣では内部アクションを認めず，二つのプロセスが完全に同じアクション系列を実行可能であるときにプロセスが等価であると考える．一方，弱双模倣と観測合同では，内部アクションを除けば二つのプロセスが完全に同じアクション系列を実行可能であるときにプロセスが等価であると考える（この二つの等価性の違いは 3.3.5 項を参照）．したがって，この二つの等価性は強双模倣に比べ，

① アクション系列に任意数の内部アクションを含んでよいため，外部モデルと内部モデル間，全体モデルと部分モデル間において互いに感知できない動作を表現するのに都合がよい．

更に観測合同の場合

② プロセス動作式 E_1 と E_2 が観測合同の場合，任意のアクション a に対し，$a.E_1$ と $a.E_2$ が観測合同に，また，任意のプロセス動作式 E に対し $E + E_1$ と $E + E_2$，$E|E_1$ と $E|E_2$ が観測合同となる．すなわち，プロセス動作式の一部を観測合同な別の式に置き換えることができる．弱双模倣と観測合同の違いは 3.3.5 項の図 3.10 に示す．

以上の理由により，観測合同を用いることが，ビジネスプロセスのモデル化において妥当と考えられる．

前項で述べた，3種類のモデル間正当性，すなわち，ユースケース-アクティビティ間，アクティビティ-シーケンス間，シーケンス-ステートマシン間について，各モデルが CCS のプロセス動作式で表現されている場合，それらが観測合同となることを正当性の条件とすることを，CPN における発火系列による評価に置き換えることができる．二つのプロセス動作式が観測合同となるかどうかを判別する方法はいくつかある．最も単純な手法は，両プロセスの実行可能なアクション系列を列挙し，一方で実効不能となる系列が存在するか否かを確認するというものである．このほか，3.3.5 項に示す推論規則を順次適用し，二つの式が等価となることを証明するというやり方もある．

3.3.4　形式化手法の例 3：モデル検査

これまでは複数モデル間の正当性を考えたが，単一モデルの正当性検証，すなわちモデル自体の検査のためには，そのモデルが満たすべき何らかの条件にモデルが適合するかどうかを評価する仕組みが必要となる．この仕組みとして，最近ソフトウェアの検証で注目されているモデル検査 [14] という手法及びツールを取り上げ，UML モデル正当性検証への適用について本項で述べる．

モデル検査では，状態遷移系として記述された対象システムの遷移をコンピュータでト

図 3.4　SPIN によるモデル検査の概要

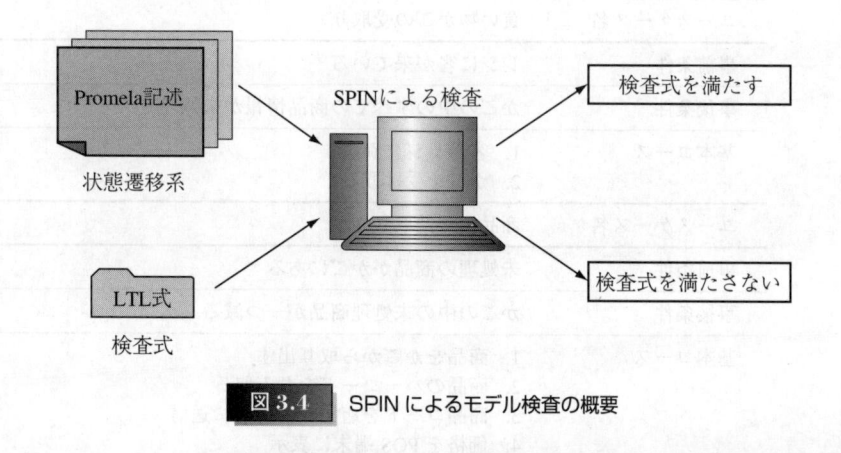

表 3.4　CPN と Promela の対応

CPN 構造	Promela
トランジション	状態変数代入
プレース	—
アーク	run () またはチャネル
トークン	変数
カラー	変数の型
ガード関数	if ステートメント
アーク関数	proctype 内ロジック
直列	ステートメント列
プレース分岐	if-fi 分岐
トランジション分岐	run () による複数プロセス起動
フィードバック	do-od

レースすることにより，システムに対する要件を表す論理式を満たすか否かを判定するというアプローチをとる．モデル検査のツールとしてはSPIN及びNuSMVが代表的なものである．ここでは，状態遷移系の記述にC言語に近いPromelaを使用するSPINを使いUMLモデルの正当性を検証する方法を考える．

SPINは図3.4に示すように，Promelaにより記述された検査対象のシステムと，システムへの要求となる線形時相論理（Linear Temporal Logic：LTL）式を入力とし，シミュレーショ

表 3.5 LTLで使用する様相記号

記号	名前	SPINでの表記	意味
GP	Globally	□	それ以降常に P が成立
FP	Finally	◇	それ以降いつか P が成立
PUQ	Until	U	それ以降で Q が成り立つまでは P が成立
XP	Next	X	次の瞬間で P が成立

ユースケース名	買い物かごの受取り
事前条件	レジに客が来ている
事後条件	かごの中のすべての商品情報が未処理
基本コース	1. 客がレジに到着 2. かごを受け取る
ユースケース名	商品情報読取り
事前条件	未処理の商品がかごにある
事後条件	かごの中の未処理商品が一つ減る
基本コース	1. 商品をかごから取り出す 2. 商品のバーコードを読み取る 3. 商品コードを店舗システムに送信 4. 価格をPOS端末に表示
ユースケース名	支払い
事前条件	かごの中に未処理の商品がない
事後条件	レジが空き状態
基本コース	1. レジ係が客に総額を提示 2. レジ係が代金を受け取る（代替コースA） 3. レジ係が受取額をPOS端末に入力 4. POSプリンタにレシート打出し 5. レジ係がレシートとつり銭を客に渡す
代替コースA	A2. レジ係がクレジットカードを受け取る A3. クレジットカードリーダでカードを読む A4. 信用照会のためカード情報を送信 A5. 明細書を客に渡す A6. 客が明細書にサインしレジ係に渡す⇒ユースケース終了

図 3.5 小売業での清算業務ユースケース記述

ンにより，対象システムの正当性を評価する．

前項の CCS におけるプロセス動作式やペトリネットによる動作モデルは，Promela では proctype という単位にまとめられ，アクションやトランジションによる状態の変化は，状態変数への値代入という形で表現される．また，条件分岐やループ，並行処理，非決定的選択など，動作記述に必要な機能を備えている．**表 3.4** に CPN と Promela の対応を示す．

LTL は，通常の命題論理式に**表 3.5** の様相記号を加えた論理体系であり，Promela で記述された状態遷移系に現れる状態変数の間に，時間の推移に伴って成り立つべき関係を論理式の形で指定する．ここで，P, Q は命題論理式を表す．

例として，**図 3.5** に示す小売業での清算業務のユースケースを考える．

この記述を直接 Promela に変換するのは難しいため，まずこの中から，状態を変化させる操作と対象となるオブジェクトを抜き出し，事前・事後条件を述語論理式で，各ステップを関数の形に置き換える．例えば，事前条件「レジに客が来ている」は真か偽の値をとる，「客」を引数とする述語と考えることができ，E を客の集合として，存在を表す記号「∃」を使い「$\exists x \in E\ [\text{isWaiting}(x)]$」と表すことができる．また，アクションの一つ「商品のバーコードを読み取る」は，戻り値の型が商品情報 P，引数の型が買い物かご内の商品 B_i である関数「scan」

ユースケース名	買い物かごの受取り	
事前条件	$\exists e \in E\ [\text{isWaiting}(e)]$	
事後条件	$\forall s \in B_i\ [\neg \text{isProcessed}(s)]$	
基本コース	1. arrive(e) $e \in E$ 2. d = receiveBasket(B_i) $d \in D, B_i \in B$	
ユースケース名	商品情報読取り	
事前条件	$\exists s \in B_i\ [\neg \text{isProcessed}(s)]$	
事後条件	isProcessed(s)	
基本コース	1. s = pickup(B_i) $s \in B_i, B_i \in B$ 2. p = scan(s) $p \in P$ 3. $price1$ = getPrice(p) $price1 \in$ int 4. $price2$ = displayPrice($price1$) $price2 \in$ String	
ユースケース名	支払い	
事前条件	$\forall s \in B_i\ [\neg \text{isProcessed}(s)]$	
事後条件	isReady(d) $d \in D$	
基本コース	1. $totalAmount$ = showTotalAmount(B_i) $totalAmount \in$ int 2. $payment$ = receivePayment(B_i) $payment \in$ int（代替コース A） 3. inputPayment($payment$) 4. $receit$ = getReceit(B_i) $receit \in$ String 5. giveReceitAndChange($receit, change$) $change \in$ int	
代替コース A	A2. c = receiveCreditCard(B_i) $c \in C$ A3. $cardNumber$ = scanCard(c) $cardNumber \in$ int A4. $result$ = cardAuthorize(c) $result \in$ boolean A5. $bill$ = printBill(B_i, c) $bill \in$ String A6. signBill($bill$) ⇒ ユースケース終了	

図 3.6　形式化したユースケース記述

として表現でき，「$p = \text{scan}(s)$」と表せる．このようにして図 3.5 のユースケース記述は，**図 3.6** のような述語論理に基づいた記述に変換される．Promela コードへの変換は，ステップに対応する関数による状態への影響を状態変数への代入の形で記述する．もし述語論理式で表された事後条件 $Q_1, Q_2, \cdots, Q_n$ と事前条件 $P_1, P_2, \cdots, P_m$ の間に $Q_1, Q_2, \cdots, Q_m \vdash P_1, P_2, \cdots, P_m$ の関係が成り立つ場合，すなわち，複数のユースケースの終了時に成り立つ条件が，あるユースケースの事前条件に合致する場合，この関係から制御構造をもつユースケースのネットワークを作ることができ，これを Promela コードに反映させる必要がある（$\vdash$ は演繹可能を

---

1. $\Box((P_1 \&\& P_2) \rightarrow \Diamond(Q_1 \&\& Q_2))$
   P_1: cust==isWaiting
   P_2: item[0]==isNotProcessed
   Q_1: cust==isInService
   Q_2: item[0]==isProcessed

2. $\Box((P_3 \&\& P_4) \rightarrow \Diamond(Q_3 \&\& Q_4))$
   P_3: cust==isNotInService
   P_4: item[i]==isNotProcessed
   Q_3: cust==isInService
   Q_4: item[i]==isProcessed

3. $\Box(P_5 \rightarrow \Diamond Q_5)$
   P_5: item[numberOfItem]==isProcessed
   Q_5: casher==isProcessingPayment

4. $\Box(P_6 \rightarrow \Diamond Q_6)$
   P_6: cust==isInService
   Q_6: cust==HasFinished

図 3.7 事前・事後条件より導き出される LTL 式

```
typedef product {
        int price;
        mtype state
}
typedef customer {
        mtype paymentOption;
        mtype state
}
mtype = {isNotProcessed, isProcessed, isReady,
        isProcessingItems, isProcessingPayment, isWaiting,
        isInService, hasFinished, byCash, byCard};
mtype cashier;
        ⋮

active proctype prepare() {
        cust.paymentOption = byCash;
        numberOfItems = 5;
        salesAmount = 0;
        cashInRegister = 1000;
        int i = 0;
        do
        ::(i < numberOfItems)  ->
                itemInTheCart[i].state = isNotProcessed;
                itemInTheCart[i].price = 10;
                i ++
        ::else -> break
        od;
        run customerArive();
}
```

図 3.8 Promela で表したユースケース記述の一部

表す記号で，$Q_1, Q_2, \cdots, Q_m \vdash P_1, P_2, \cdots, P_m$ は Q_i に対応するすべてのユースケース V_i の完了後 P_j に対応するユースケース U_j の少なくとも一つが実行できることを意味する）．Promelaは C 言語に似た制御構造記述が可能なため，前述の事前・事後関係に基づく制御構造もコードに反映可能となる．LTL による検査式は述語論理で表現された事前条件 P と事後条件 Q により，$\Box (P \rightarrow \Diamond Q)$ の形をとる．ユースケース記述内に代替コースのある場合，その事前・事後条件も同様の形式の LTL 式として定義できる．ただ，事前・事後条件が量化記号（$\forall$, $\exists$）を含む場合，LTL 式では扱う手段がないため，サンプリングによる検証となる．このため，初期値の異なる複数の Promela コードを検査する必要がある．

図 3.7 の LTL 式を用い，図 3.8 の Promela コードを検査すると，すべて「valid」という結果を得る．

CCS のシンタックス
　$\mathcal{L} = \mathcal{A} \cup \overline{\mathcal{A}}$（$\mathcal{A}$: アクション名集合，$\overline{\mathcal{A}}$: 相補アクション名集合）
　$Act = \mathcal{L} \cup \{\tau\}$（$\tau$: 内部アクション）
　$\mathcal{X}$：　　プロセス変数の集合
　$\mathcal{K}$：　　プロセス定数の集合
　$\mathcal{E}$：　　以下のように定義されるプロセス動作式の集合
　　　$\mathcal{X}$ と $\mathcal{K}$ を含む
　　　E 及び E_i がプロセス動作式とすると，以下の式はプロセス動作式となる
　　　　$a.E$（$a \in Act$）アクションプレフィックス．連続動作を表す．
　　　　$\sum E_i$ プロセス動作式の和．非決定的選択を表す．$E_1 + E_2 + \cdots$ とも書ける．
　　　　$E_1 | E_2$ プロセス動作式の合成．並行動作を表す．
　　　　$E \backslash L$（$L \subset \mathcal{A}$）ラベルの集合 L による制限
　　　　$E[f]$ リラベリング関数 f によるリラベリング
　　　　$\mu x_j.[x_i = E_i]$ 再帰．x_j がプロセス動作式の連立方程式の解として定義される．

CCS のセマンティックス（意味論若しくは推論規則）

$$\text{Act:} \quad \frac{}{\alpha.E \xrightarrow{a} E} \qquad \text{Sum}_j: \quad \frac{E_j \xrightarrow{a} E'_j}{\sum_{i \in I} E_i \xrightarrow{a} E'_j} \ (i \in I)$$

$$\text{Com}_1: \quad \frac{E \xrightarrow{a} E'}{E|F \xrightarrow{a} E'|F} \qquad \text{Com}_2: \quad \frac{F \xrightarrow{a} F'}{E|F \xrightarrow{a} E|F'}$$

$$\text{Com}_3: \quad \frac{E \xrightarrow{l} E' \quad F \xrightarrow{\bar{l}} F'}{E|F \xrightarrow{\tau} E'|F'}$$

$$\text{Res:} \quad \frac{E \xrightarrow{a} E'}{E\backslash L \xrightarrow{a} E'\backslash F} \ (\alpha, \bar{\alpha} \notin L) \qquad \text{Rel:} \quad \frac{E \xrightarrow{a} E'}{E[f] \xrightarrow{f(a)} E'[f]}$$

$$\text{Con:} \quad \frac{P \xrightarrow{a} P'}{A \xrightarrow{a} P'} \ (A \stackrel{\text{def}}{=} P)$$

$E \xrightarrow{a} E'$ はアクション a によるプロセス動作式 E から E' への遷移

図 3.9　CCS の構文と式変形ルール

> 1. 強双模倣 (Strong Bisimulation) と強等価 (Strong Equivalence)
> $P, Q\ (\in \mathbf{P})$ をプロセスとし，二項関係 $S \subseteq \mathbf{P} \times \mathbf{P}$ が $a \in Act$ に対し
>
> $\forall \alpha (P \xrightarrow{a} P') \exists Q' \in \mathbf{P}[Q \xrightarrow{a} Q' \wedge \langle P', Q' \rangle \in S]$
>
> $\forall \alpha (Q \xrightarrow{a} Q') \exists P' \in \mathbf{P}[P \xrightarrow{a} P' \wedge \langle P', Q' \rangle \in S]$
>
>   が成り立つとき，$\sim = \cup S$ と定義される二項関係「$\sim$」を強双模倣と呼び，$P \sim Q$ の場合，プロセス P と Q は強等価であるという．
>
> 2. 弱双模倣 (Weak Bisimulation) と弱等価 (Weak Equivalence)
>   上記において
>
> $\forall \alpha (P \xrightarrow{a} P') \exists Q' \in \mathbf{P}[Q \xRightarrow{\hat{a}} Q' \wedge \langle P', Q' \rangle \in S]$
>
> $\forall \alpha (Q \xrightarrow{a} Q') \exists P' \in \mathbf{P}[P \xRightarrow{\hat{a}} P' \wedge \langle P', Q' \rangle \in S]$
>
>   が成り立つとき，$\approx = \cup S$ と定義される二項関係「$\approx$」を弱双模倣と呼び，$P \approx Q$ の場合，プロセス P と Q は弱等価であるという．
>
>   ここで，$\xRightarrow{a}$ は，$(\xrightarrow{\tau})^* \xrightarrow{a} (\xrightarrow{\tau})^*$，すなわち前後に任意個数の内部アクション「$\tau$」による遷移を許した，$a$ による遷移を表す．また，$\xRightarrow{\hat{a}}$ は，前述の「τ」による遷移を考慮しないことを意味する．
>
> 3. 観測合同 (Observation Congruence)
>   上記において
>
> $\forall \alpha (P \xRightarrow{a} P') \exists Q' \in \mathbf{P}[Q \xRightarrow{a} Q' \wedge P \approx Q]$
>
> $\forall \alpha (Q \xRightarrow{a} Q') \exists P' \in \mathbf{P}[P \xRightarrow{a} P' \wedge P \approx Q]$
>
>   が成り立つとき，P と Q は観測合同であるといい，$P \cong Q$ と表す．

図 3.10 CCS でのプロセスの等価性

3.3.5 CCS についての補遺

3.3.3 項で述べた CCS の厳密な定義をここで述べる．ソフトウェアの形式仕様記述に興味がない読者は，この項をスキップしても理解に影響はない．

前述のように，CCS ではアクションという基本動作をもとにプロセス動作式によるシステムの振舞いを記述するが，プロセス動作式の生成と，動作式がもつ基本的性質を **図 3.9** のように定義する．

また，二つのプロセス動作式が等価な振舞いをするかどうかの指標として，双模倣という概念を用い，これには複数の種類があると述べたが，このうち代表的な三つの双模倣関係は **図 3.10** のように定義される．

3.4 正当性検証とモデル化プロセス

UML はモデル表記法については規定しているが，具体的なモデル化は別の方法論によら

なければならない．このモデル化方法論やモデル化プロセスにより作成されるモデルの構成が変わり得るため，前述の正当性検証手法をどのようにモデル化プロセスに適用するか，若しくは適用のためのモデル化プロセスはどうあるべきかを本節で考察する．

3.4.1 検証可能なモデル構築のためのプロセス

作成したモデルが検証可能であるためには，モデルが満たすべき条件が明示的若しくは暗黙的に与えられる必要がある．クラス図などUML静的ダイアグラムに関しては，OCL（Object Constraint Language）[15]による制約条件を明示することで正当性の条件を与えることができる．一方，動的ダイアグラムについては形式的記述言語が用意されておらず，ユースケース記述及びアクティビティ図に記述する事前・事後条件を何らかの形式化手法を用いて記述するのが現実的と思われる．

個別モデルの正当性検証の条件は上述の形で与えることができるが，モデル間正当性の条件を求めるためには，異なるモデル間の構成要素及び関係について厳密な対応関係が見出される必要がある．このためにはモデル化における視点の移動時，例えば表3.1の視点に基づく外部→内部，部分→全体などにモデル要素の変化が認識できることが重要となる．また，視点移動が必ず一定の順序で行われることが望ましい．

次節では，ユースケース駆動アプローチにこの考えを取り入れる方法につき考える．

3.4.2 ユースケース駆動での具体例

ユースケース駆動[16]は，最初にシステムの全体像を描かず，まず個々のシーンでシステムがどのように使用されるかを分析し，それを体系的にシステムに組み上げていくという手順をとる．ユースケース記述に，動的モデルの正当性の条件となり得る事前及び事後条件を含み得るため，まずこの部分を完全に作成することができるかどうかが，後の検証に影響を与える．

ユースケース完成後のモデル化プロセスについてはいくつかのパターンが考えられるが，これを図3.11の順序で行い，動的モデルに関しては視点の移動を，部分・外部→全体・外部→全体・内部→部分・内部に固定すると同時に，クラス図が対象の内部と外部をリンクする役割を担うようにする．まず，アクティビティ図に現れるアクティビティやアクションをクラスのメソッドに対応させ，アクティビティ間を流れるオブジェクトをクラスと対応させる．一方，シーケンス図に現れるメッセージをクラスのメソッドに，付随する引数や戻り値をクラスの属性に対応させる．このようにクラス図を媒介として，アクティビティ図とシーケンス図の対応を明確化できる．

このプロセスにおいて，クラス図を除くすべての動的モデルは3.3.2項で述べたCPNモデルに変換する．そしてモデル化プロセスの進行に伴う視点（外部・内部及び部分・全体）の移動時に，トランジション，プレース，トークン，ガード関数，アーク関数の五つのモデル要素のモデル間での対応を付ける．こうすることで要素間の対応が厳密に定義され，モデル間正当性の評価を単純化できる．また，ユースケース記述における事前・事後条件は視点が移動した際も，その後作成されるアクティビティモデルなど他のモデルの対応点で保存されるようにし，正当性評価の条件としてこれらが使用され続けるようにする．また，個々のモデルの正当性は，3.3.4項で示したモデル検査により行う．

図 3.11 モデル化プロセス

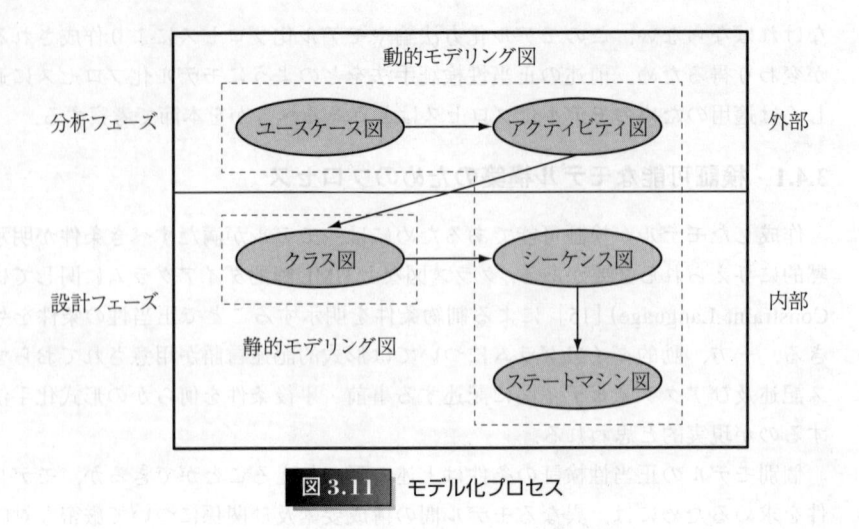

3.5 展　　望

これまでの議論では，与えられた UML モデルの正当性を検証するための原理と，検証可能なモデル作成の手続きについて述べてきたが，検証のためのモデル変換や正当性及び等価性の評価を一つひとつのモデルに実施することは煩雑な作業となり，間違いを起こしやすい．また，モデルエラーの発見はできても修正は再モデル化しか方法がないため，いったんエラーが見つかるとモデル化生産性の低下は避けられない．本節ではこれらの問題についての展望を述べる．

3.5.1　検証の自動化

UML モデルは多くのモデル化ツールが提供されており，一部のツールはモデル情報をXMI（XML Metadata Interchange）形式で保存可能となっている．一方，ペトリネットについてはXMLベースのペトリネット・マークアップ言語（Petri Net Markup Language：PNML）が制定されており[17]，UML モデルと CPN を含むペトリネット間は相互に自動変換が可能である．

CPN モデルからプロセス代数式や Promela コードへの変換は現在のところ利用可能なものは見当たらないが，CPN 及びその PNML 表現は UML に比べシンプルであるため，自動変換は比較的容易に行える．プロセス代数式に変換した場合は，プロセス間の観測合同関係を見出す作業の自動化を考える必要がある．観測合同関係など，プロセス間の等価性はプロセス論理と呼ばれる論理体系を用いて行うことができる[8]．この処理は汎用的定理証明器「Isabelle」[18]により行うなどの方法がある．一方，Promela コードに変換した場合，LTL式の導出が問題となる．LTL 式のもととなるユースケース記述の事前・事後条件は XMI 形式で保存されるモデル情報に含まれないため，この部分は手作業に頼らざるを得ない．

3.5.2　モデルエラーの検出と修正

前項の各種評価ツールで，正当性に問題が発見された場合，証明過程やシミュレーション過程のトレース情報より，エラー箇所の特定が可能となる．この箇所が，もとの CPN モデル

のどこに対応するかを突き止められれば，更に対応する UML のモデル要素の問題部分も特定することができる．このように問題箇所をピンポイントで特定できれば，エラー修正のための再分析・再設計を効率的に行うことが可能となる．また，CPN モデルのエラー箇所を試行錯誤で自動修正し，これを再検証してエラーが回復すれば，自動修正の可能性も出てくる．

3.5.3 その他

本章では，モデル化言語として UML しか取り上げていないが，ビジネスプロセスモデル化分野では，BPMN（Business Process Modeling Notation）[19] と呼ばれる表記法も普及しつつある．UML のアクティビティ図と機能的に重複する部分があるが，豊富な表記法を提供し，ビジネスプロセス特有の概念を内蔵するなど，モデル化言語として優れた特徴をもつ．BPMN により記述されたモデルを Promela コードに変換する手法は部分的に見出されており [20]，これを発展させることで BPMN モデルを含むモデル正当性検証の仕組みを作り出すことも可能と考える．

3.6 まとめ

ソフトウェアやビジネスプロセスのモデル化において，正しいモデルが作成されたかどうかは，その後のソフトウェア開発の成否にかかわる重要な問題である．プログラムやシステムの正当性検証に比べ，モデルの正当性検証についてはまだ歴史も浅く，実用的な体系はできていない．本章では，UML の動的な側面に焦点を当てたモデル正当性検証の手法をいくつか紹介した．ソフトウェアの検証を考える際，どうしても「形式化」という問題を避けて通ることができない．ここでも，「ペトリネット」，「プロセス代数」，「線形時相論理」など，普段なじみのない概念に戸惑われたかもしれない．できる限り数学や論理学を使用せずに説明することを心がけたが，モデル検証に興味をもたれたならば，参考文献などにより，更に知識を深めて頂ければと思う．

参 考 文 献

[1] 林 晋，プログラム検証論，情報数学講座 8，共立出版，1995．
[2] 小野寛晰，情報科学における論理，情報数学セミナー，日本評論社，1994．
[3] 増永良文，リレーショナルデータベース入門，サイエンス社，2003．
[4] 村田忠夫，ペトリネットの解析と応用，アルゴリズムシリーズ 5，近代科学社，1992．
[5] K. Jensen, Coloured Petri Nets Volume 1, Monographs in Theoretical Computer Science, Springer, 1996.
[6] Y. Shinkawa, "Inter-model consistency in UML based on CPN formalism," Proc. 13th Asia Pacific Software Engineering Conference, pp. 411–419, Dec. 2006.
[7] CPN Group, University of Aarhus, Denmark, "CPN Tools," http://wiki.daimi.au.dk/cpntools/_home.wiki （確認年月日：2008 年 9 月 1 日）
[8] R. Milner, Communication and Concurrency, Prentice-Hall, 1989.
[9] Sir C. A. R. Hoare, Communicating Sequential Processes, Prentice-Hall International UK Ltd., 1985.
[10] J. A. Bergstra and J. W. Klop, "Algebra of communicating processes with abstraction," Theor. Comput. Sci., vol. 37, pp. 77–121, 1985.
[11] 高橋 薫，神長裕明，仕様記述言語 LOTOS，コンピュータ通信シリーズ 4，カットシステム，1995．
[12] Y. Shinkawa, "UML inter-model consistency based on CPN and CCS formalism," Proc. 2007 International Conference on Software Engineering Research and Practice, pp. 247–253, June 2007.

[13] Y. Shinkawa, "Evaluating consistency between UML activity and sequence models," Proc. 10th International Conference on Enterprise Information Systems, pp. 282-289, June 2008.
[14] 中島　震，SPIN モデル検査―検証モデリング技法，近代科学社，2008．
[15] ヨシュ ヴァルメル，アーネク クレッペ（著），竹村　司（訳），UML/MDA のためのオブジェクト制約言語 OCL（第 2 版），エスアイビーアクセス，2004．
[16] ダグ ローゼンバーグ（著），三河淳一（訳），ユースケース駆動開発実践ガイド，翔泳社，2007．
[17] M. Weber, "Petri Net Markup Language (PNML)," http://www2.informatik.hu-berlin.de/top/pnml/about.html（確認年月日：2008 年 9 月 1 日）
[18] University of Cambridge Computer Laboratory, "Isabelle," http://www.cl.cam.ac.uk/research/hvg/Isabelle/（確認年月日：2008 年 9 月 1 日）
[19] 加藤正人，BPMN によるビジネスプロセスモデリング入門，ソフトリサーチセンター，2006．
[20] 片岡慶二，新川芳行，"SPIN によるビジネスプロセスモデルの正当性検証，" 信学技報，SWIM2008-4, May 2008.

4 ビジネス改革像に基づくソフトウェア実現

　第2章で述べられているように，ビジネス改革像に基づき，対応するビジネスプロセスが策定される．このビジネスプロセスは，ビジネス改革後の具体的な業務のあるべき姿（To-Be）として，ビジネスプロセスモデルで表現されている．このビジネスプロセスモデルを現実のものとするには，「ビジネス現場[1]の実現」とそれを情報の面でサポートする「情報システムの実現」が必要である．言い換えると，上記のビジネスプロセスモデルから，情報システムが分担する機能を切り分けることが必要である．本章では後者の情報システムの実現について述べる．情報システムの中核はソフトウェアであるので，本章タイトルにある「ソフトウェアの実現」を中心にして述べることとする．

　ビジネス改革やビジネスプロセス改革への動機は，企業を取り巻く経営環境事情の変化といったニーズ面からくる動機が基本である．一方，最新の情報技術の活用による競争力の向上といったシーズ面からの事情も少なからず動機となっている．

　これらの改革の検討作業手段として，及び検討作業成果の表現手段として，ビジネスプロセスモデルが重要な役割を果たしている．本章ではビジネスプロセスやビジネスプロセスモデルとのかかわりに留意してソフトウェア実現について述べる．

　本章での「ソフトウェア実現」は，ビジネスプロセス運用の前にまず，ソフトウェアを用意し，利用するための準備を行うという観点から，以下の基本的な三つのタイプとそれらを組み合わせたタイプの四つに分類できると考える．

① 個別システム開発によるソフトウェア実現
② パッケージ利用によるソフトウェア実現
③ SOA活用によるソフトウェア実現
④ 組合せによるソフトウェア実現

　本章では，主として①のタイプにおける技術を述べる．他のタイプについては概観にとどめる．特に③のタイプについての詳細は，第5章，第6章を，本書全体を通してのSOAの

---

[1] 本章におけるビジネス現場とは，ビジネス活動の全体から情報システムを除いた部分（付録の付図1(b)における「情報処理対象」の部分）を指す．ビジネス活動全体をBS，情報システムをIS，ビジネスの現場をBFと略記すると，集合論の記法では，BF = BS − IS（差集合）の関係となる．BFに対して，これを情報面でサポートするISが加わり，BS = BF + IS（直和集合）の関係となる．

定義については第6章を，③のタイプの実施例は第7章を参照されたい．

4.1 ビジネス改革像

近年，我が国の企業がおかれている経営環境の特徴として，下記を挙げることができる．
① 経済と金融のグローバル化
② 1985年プラザ合意以降続いている円高基調
③ BRICS諸国（ブラジル，ロシア，インド，中国，南アフリカ，特に世界の工場としての中国の台頭）やそれ以外のアジア諸国における工業化の進展
④ 業種を超えた新規参入
⑤ 消費者ニーズの多様化
⑥ 米国サブプライムローン破綻の影響，それに起因する世界的な金融危機
⑦ 石油をはじめ原材料価格の高騰
⑧ CO_2排気規制の適用
⑨ J-SOX法などコンプライアンス関連の法規制の強化

これらがあいまって，ますます厳しい状況になっている．特に本書に関係深いソフトウェア産業の分野では，下記の現象も現れている．
① 中国及びインドにおけるソフトウェア開発人材の増加とそれに伴う低コスト化
② プログラミング工程の海外への業務発注
③ 国内ソフトウェア産業への低価格化圧力，生産性向上圧力の高まり

このような状況で例えば，原材料調達の仕組みの改善を怠る，あるいはプログラミング工程を国内発注に固執するなど，従来のビジネス成功パターンをそのまま維持することは，いずれの業種においても，相対的に競争力を低下させることにつながる．競争力の維持または向上のためには，不断のビジネス改革（business innovation）やビジネスプロセス改革（Business Process Reengineering：BPR）が各企業にとって不可欠となっている．その具体的な動機として，ニーズ面では以下を挙げることができる．
① 企業M&A（Mergers and Acquisitions，合併，買収）によるビジネス範囲の拡大
② 事業戦略[2]（生産または販売する製品あるいは提供する役務の構成などの戦略）の改革
③ 業務実践方法（ビジネスプロセスなど）の改革
④ 様々な効率化や競争力の強化

これらに加えてシーズ面から，情報技術や分野対応の最新技術といった革新技術の適用による競争力向上も動機に挙げることができる．

これらのビジネス改革を実施し運用するには，情報面でそのビジネス改革をサポートする情報システム，その中核をなすソフトウェアが不可欠である．ソフトウェアは機能的な要件を満たすことは当然であるが，通常は，機能外の一般的な要求（機能外要件）も課せられる．それらは，①低コストで，②短期間で，③高信頼のソフトウェアを実現することの三つの点に要約できるが，ビジネス改革の各事情によって，ソフトウェアに対する機能外要件には，下記のように若干の特徴を伴う．
① M&Aによるビジネス改革に対して

---

[2] 事業戦略と企業戦略を区別する場合には，企業戦略はある企業の全社的な戦略を，事業戦略はその中の事業分野での戦略を指す[1]が，本章では両者を含めて事業戦略とする．

- 出自の異なる現存の情報システムの連携動作
- M&A 発足時期に合わせた情報システムの早期稼動

② 事業戦略の変化によるビジネス改革に対して
- 戦略の検証機能（戦略が目標に対して適切かどうかを戦略実施前に確認できること，コンピュータ活用によるビジネスシミュレーション，評価など）
- 扱う製品または役務の変化に対応して，それに対応する情報システムの迅速な再構築
- 情報の保護（特に自社の近未来戦略・戦術の競合他社に対する秘匿性）

③ 業務の効率化，業務内容の改革に対して
- ビジネスプロセスの再構成に関して，最適化のためのサポート機能
- その効果の検証機能
- 迅速な変更（変更に伴う業務停止期間，及び次回変更までの期間の最短化）

上記のいずれもビジネスの変化が目まぐるしいこと，つまりビジネスの高速化が共通している．このように，高速化するビジネスの変化に「ソフトウェア実現」がいかに迅速に同期して追従していくかということが，最近の情報システム構築における重要な課題である．このような課題に取り組む技術を，本書全体を通して，「アラインメント技術」と称している（第1章を参照されたい）．

ビジネスをどのように改革すべきかの具体的な姿，すなわちビジネス改革像は，ビジネスプロセスモデル（Business Process Model：BPM）によって表現されるが，ビジネスの現場[3]が既に存在するか否かによって，以下の二つのケースがあり得る．

① ビジネスの現場が既に存在する場合には，現存のビジネスプロセスをモデル化したもの（As-Is ビジネスプロセス）をベースにして，ビジネス改革の後に，存在すべきビジネスプロセス（To-Be ビジネスプロセス）を策定し，表現したもの．

② ビジネスの現場がまだ存在しない場合には，構想したビジネスモデルを実現するためのビジネスプロセス（To-Be ビジネスプロセス）を表現したもの．

4.2 ビジネス改革像からソフトウェア実現への方法

前述のように，ビジネス改革像がビジネスプロセスモデルで表現されたとする．表現記法は，UML の場合はアクティビティ図，BPMN の場合は BPMN 図，あるいは我が国で従来から使われてきた業務フロー図（例：日本能率協会方式）などが使用される．次にすべきことは，以下の2点である．

① このビジネスプロセスモデルを設計図（To-Be の象徴として設計図と称している）として，それを実現するために，工程の組換えなどビジネスプロセスの現場（ビジネスの現場と同義）を構築すること（本章では，触れない）．

② そのビジネスプロセスの現場を情報の面から支える情報システムを構築すること．

情報システムは，ソフトウェアが主体となるので，構築するソフトウェアのあるべき姿（To-Be）はソフトウェアモデル（Software Model）として表現されるものと考える．言い換えると，あるべき（To-Be）ビジネスプロセスのうち，情報システムが担当する部分を表現したモデルがソフトウェアモデルであるといえる．

設計前の情報システムに対してはソフトウェアのあるべき（To-Be）像は，「ソフトウェア

---
[3] 第4章冒頭の脚注を参照されたい．

要求モデル」，または略して「要求モデル」（第2章），という呼び名になるが，情報システム構築工程（ソフトウェア開発工程）の実際には，この呼び名は一般的ではない．ソフトウェア開発工程の実際では，「ソフトウェア要求モデル」に相当するものは通常，「システム基本仕様書（またはシステム要求仕様書，あるいはシステム要求定義書，これらは呼び名が異なるが同じ内容のドキュメントである．また，この場合の『システム』は情報システムを意味する）」に相当する．

ソフトウェアモデルが，具体的なソフトウェア構成や機能などを意味する場合には，ソフトウェア設計の結果がそれに該当する（第2章）．ソフトウェア設計の結果が得られるまでは，ソフトウェアモデルは作業の目標ではあるが，まだ存在していない場合が一般的である．この意味で，ソフトウェア開発工程の実際において，ソフトウェア設計の結果として「ソフトウェアモデル」という呼び名は一般的ではない．それは通常，「ソフトウェア仕様書（またはソフトウェア設計書，あるいはシステム内部設計書，これらは呼び名が異なるが同じ内容のドキュメントである）」に相当するからである．

このあたりがビジネスプロセスモデルとして整理する場合と，実際のソフトウェア開発作業工程での作業及び成果物としての整理を行う場合の呼び名の違いであり注意を要するが，本質的な違いではない．

図 4.1 にビジネスプロセスモデルから「ソフトウェアモデル」，次に「ソフトウェアの実現」への関係を示す．この図では「ソフトウェアモデル」と「ソフトウェアの実現」を分かりやすく象徴的に表現するため，明確に別のものとしている．

しかし，上記のように，また詳細は後述するように，「ソフトウェアの実現」は「要求定義」，「外部設計」，「内部設計」，「実装（プログラミング）」，「テスト」の全般を指し，その中には，上記の「ソフトウェア要求モデルの作成（要求定義）」，「ソフトウェアモデルの作成（外部設計，内部設計）」も含まれていることに注意されたい．関連して付録3.2も参照されたい．

なお，類似してソフトウェアプロセスモデルやソフトウェア開発プロセスモデルという用語もあるが，これらは例えばウォーターフォールモデルのように，情報システム構築工程をモデル（ここではパターン，規範，典型の意味）として表す用語である．

従来から，情報システムやソフトウェアに限らず，製品または役務の調達について，自社内で製作（内製）するか外部から調達（外注）するかの判断が，内製/外部調達分析（make or buy analysis）または内製/外部調達意思決定（make or buy decision）と称される選択と意

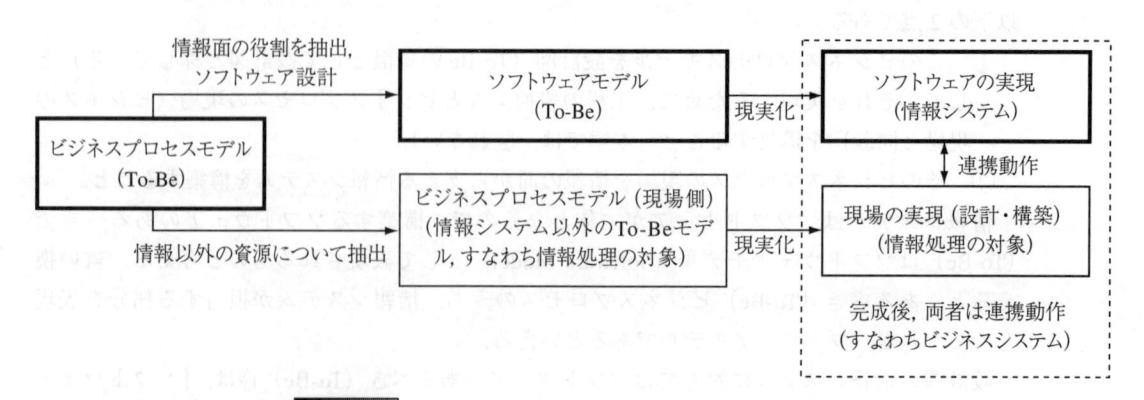

図 4.1 ビジネスプロセスモデルからソフトウェアモデル

4.2 ビジネス改革像からソフトウェア実現への方法

思決定である．PMBOK（Project Management Body Of Knowledge）[4]の調達管理（procurement management）にも，内製／外部調達分析が取り上げられているように，情報システムについても，内製か外部調達かの選択は重要な実現戦略の一つである．

歴史的に当初は，個別システム開発による実現のタイプが普及した．上記の選択では内製のタイプである．なお，ビジネスにおける情報システムの用途の歴史的変遷については，付録4.3に述べる．次に外部調達のタイプが現れた．これは，パッケージソフトウェアを購入し，自社のビジネスに適用するというタイプである．この場合，買取りにしてもリース（賃貸，利用者にとって賃借）にしても，ソフトウェアの実体（実行モジュールなど）は事前に，提供者から利用者の管理下に移動する．全体として動作可能となるまでは通常，カスタマイズなどに一定の調整期間を要する．

近年において，ソフトウェアの実体は移動せずに提供者の管理下に残ったまま，利用者がソフトウェアのもつ機能を利用する，すなわちサービスを利用するというタイプが注目されている（本書におけるサービスの定義については第6章を参照されたいが，本章では単純に，独立して利用可能となっているソフトウェアの機能といった意味で使っている）．この場合，ソフトウェアを購入するとはいいがたく，ソフトウェアの機能を有償または無償で利用すると考える方が妥当であろう．

このタイプは1990年代後半に，ASP（Application Service Provider）という形で現れているが，当時の低速な通信基盤による応答速度の問題などがあり，大きく普及するには至らなかった．近年において，高速通信基盤の普及や，オブジェクト指向分析設計技法による部品化の進展，SOA（Service-oriented Architecture）関連の規格充実などにより，インターネット上で提供されているサービスを活用するこのソフトウェア実現タイプが注目されている．

以上の観点から，本章では，ソフトウェアの実現方法を整理し，以下の基本的な三つのタイプとそれらを組み合わせたタイプの四つに分類する．

① 個別システム開発によるソフトウェア実現

利用者（user）は情報システムに対する要求を定義し，それに沿ったソフトウェアを，コストと時間を費やして開発し，ソフトウェア実現を行う．本章では，主としてこのタイプについて述べる．

② パッケージ利用によるソフトウェア実現

利用者は情報システムに対する要求を定義し，それに合致するパッケージソフトウェアを購入する．ソフトウェアの実体は，実運用の前に利用者の管理下に移動させられ，カスタマイズなどの調整を経てソフトウェアは再利用（reuse）される（ソフトウェア工学の用語としての「再利用」はカスタマイズ作業も含んでいることに注意されたい）．

③ SOA活用によるソフトウェア実現

利用者は情報システムに対する要求を定義し，それに合致するソフトウェアを作成もせず，購入もせず，または購入あるいは賃借したとしても，ソフトウェアの実体を提供者の管理下に残したまま，提供者がインターネット上で提供しているソフトウェア機能（この場合，機能はWebサービス，またはWeb APIといわれる）を利用者が再利用（reuse）してソフトウェア実現を行う．このタイプについての詳細は，第5章，第6章を，SOAの定義については，第6章を，このタイプの実施例は第7章を参照されたい．

---

[4] PMBOKは米国のPMI（Project Management Institute）が取りまとめるプロジェクト管理知識体系のハンドブックであり，ピンボックと発音する．

④　組合せによるソフトウェア実現

構築しようとしている情報システムの全体機能のうち特定機能あるいは特定機能の一部に上記の三つのタイプを組み合わせて，全体のソフトウェア実現を行う場合もある．例えば，競争力の源泉になり得ない一般的な機能については，②または③のタイプを利用し，競争力の源泉になり得る機能については，①のタイプによって実現するといった組合せが考えられる．また，競争力源泉機能についても暫定的に②または③で対応し，並行して①で開発する戦略もあり得る．

いずれのタイプにおいても，今日のビジネス環境から，時間的な制約が強く，短期間でソフトウェアを実現する必要に迫られる状況が多い．また，対象あるいは適用技術などに各種の新規性を含むことが多く，それゆえ実現に不確実性が含まれる場合が多い．そのような場合には，ビジネス改革の検討作業とソフトウェア実現の作業が，同時並行的，あるいは一部試行しては，確認して，やり直したり，次に進めたりするなど，段階的な（インクリメンタルな）方法がとられることが多い．

本章では，ビジネス改革と密接に関係しあって，迅速に，ソフトウェアを実現するための技術を本書での「アラインメント技術」であるととらえ，従来の情報システム構築よりも，ビジネスとの関係を重視して，本質と思える点を整理し以下に述べる．

4.3　個別システム開発によるソフトウェア実現

4.3.1　個別システム開発の歴史と概要

（1）　ソフトウェア工学の誕生と構造化プログラミング

個別システム開発のタイプは，コンピュータ利用の歴史上，最初に出現した方法であった．当時，設計としてはフローチャートを描き，それに基づきプログラムを作成する形態であった．ソフトウェアが問題向けに有効な情報処理機能を実現できるという便利さゆえに，ソフトウェアの適用領域は年々大きく成長していった．フローチャート記法の標準はあったものの，設計方法には，普遍性のある方法論が存在せず，作成者独自の考え方に依存していた．小規模なうちは，それでも良かったが，大規模になるに従い，極めて取り扱いにくい厄介なものに自己成長していった．1960年代に入って，このままでは大変なことになるという意味を込めて「ソフトウェア危機（Software Crisis）」が叫ばれ，1968年NATO科学委員会主催のソフトウェア工学（Software Engineering）会議がローマで開催された．以来，「ソフトウェア工学」が誕生し，今日まで発展してきている．

ソフトウェア工学のねらいは，従来の工業製品を比喩として，工学的または工業的な考え方や，製作方式や，管理方式をソフトウェア分野において，確立することであった．ソフトウェア工学の初期の関心事は，プログラム作成において，判読困難なプログラム，すなわち構造がスパゲッティ状のプログラム（スパゲッティプログラムと呼ばれる）を生み出さない方法の確立にあった．諸悪の根源はgo-to文であるとされ，ダイクストラ（Edsger W. Dijkstra）の提唱[2]によるgo-to文を使用しない（go-toレス）「構造化プログラミング（Structured Programming）」の方法が確立された．これは，プログラミングにおいて，いわば自由奔放な動きを可能とするgo-to文を使用せず，すべてのロジックを「連接（順次，concatenation）」，「選択（分岐，selection）」，「反復（繰返し，repetition）」のパターンに閉じ込めてコードを作

成する方法であった．スパゲッティプログラムの撲滅に多大な効果を発揮し，プログラミング言語仕様にまで影響を与えた．

（2） 構造化分析設計技法の確立

次にこの構造化の考えは，設計工程，分析工程と上流側に広がり，1980年代には「構造化分析設計技法（Structured Analysis, Structured Design Method）」（以下文中では構造化技法と総称する）として確立された[3]～[5]．構造化技法の基本は，対象であるビジネスプロセスについて，計画したとおりに実際の業務を遂行するためには，情報システム（ソフトウェア）としてどのような情報処理機能が必要であるか，そしてその機能を実現するには，どのような構造（structure）をとるべきかを決定することである．コンピュータ利用方法としては自然な考え方であった[5]といえるが，後のオブジェクト指向と比べると，特別に意識することなく，要求定義から分析，設計の各段階で，情報処理対象と情報処理機能を明確に分離していた．

なお，「構造」とは，物理的な意味では物事の仕組みのことと自明であるが，抽象的な意味では，混沌とした考察対象に潜在する要素と要素との関係を枠組みのパターンとしてとらえ，物事を整理するという考え方で，ソフトウェアに限らず他分野でも用いられている（例：文化人類学における構造主義）．近年では（IBMが汎用機の設計思想を指して使い始めたとのことであるが），類似の用語で，人為的に築いた構造やより抽象的な基本思想・基本構造の意味を込めて，建築の分野で建築様式を意味する「アーキテクチャ（architecture）」という用語もよく使用される．構造とアーキテクチャの違いについて筆者は，「基本性」もさることながら，「人為性」にあるのではないかと思っている．例えば余談ではあるが，「原始社会における自然発生的な人間関係の『構造』を見出す」とはいえるが，「原始社会における自然発生的な人間関係の『アーキテクチャ』を見出す」とはいえないのではないかと思っている．

（3） オブジェクト指向分析設計技法とUMLの確立

ソフトウェア工学は，上記で定着したかに見えた．しかし，情報処理対象であるビジネスとソフトウェアがますます複雑になってきた．それにつれて，構造化の基本的考え（意識していなかったが）であった情報処理対象と情報処理機能を明確に分離するという考え方に限界が見えてきた．

オブジェクト指向（Object-oriented）は，情報処理対象と情報処理機能を明確に分離するのではなく，対象に情報処理機能をも含めて，つまり対象のデータ（属性）に情報処理機能（操作）を一体化し，できるだけそのまま対象物（オブジェクト，object）としてまとめて把握し，情報隠ぺいする（不必要に属性値や操作を開示しない）という考え方である．この方が，変更などに対応しやすいし，部品化しやすいということが理解され始め，1980年代からオブジェクト指向の考え方が普及し始めた．

これに対し，構造化技法における情報処理は演算処理や条件判断分岐処理といったコンピュータの機械命令の動作を強く意識してプログラミングされるので，手続き型（procedural）の情報処理といわれる．

---

[5] 筆者は1965年からプログラミングを行っているが，当時の経験からも，コンピュータは計算ができ，その結果を人間に提供できる，素晴らしい，この意識が強く，どのような情報を出力できるか，といった情報処理の点のみに強い関心があった．データと処理を一体化したオブジェクトとして対象をモデル化するオブジェクト指向のアイデアについてはSimulaを考案した，ニガード（Kristen Nygaard），ダール（Ole-Johan Dahl）がオブジェクトを相互に接続することによる汎用的なシミュレーション実施の必要性から，思いついたのであろう（1962～1967年のこととされている）．

オブジェクト指向の概念は1960年代のSimulaにさかのぼることができるし，1970年代のコッド（Edgar. F. Codd）のリレーショナルデータベース（Relational Database：RDB）の概念やチェン（P. Chen）のER図（Entity Relationship Diagram）でのエンティティとリレーションシップの概念[6]，あるいはRDBとは微妙な関係にあるバックマン（Charles W. Bachman）のバックマン線図とも通じている．しかしオブジェクト指向の実用化は1990年代のランボー（James Rumbaugh）のOMT（Object Modeling Technique）[7]あたりからであろう．その後1990年代半ば，ラショナルソフトウェア（Rational Software）社のブーチ（Grady Booch）のもとに1994年にランボーがGE社からラショナルソフトウェア社に入社し，1996年にヤコブソン（Ivar Jacobson）の属していたオブジェクトリー社がラショナルソフトウェア社に買収され，その結果，3人が合流して，乱立していたオブジェクト指向の表記法はUML（Unified Modeling Language）として統合された[8]．以来，UMLは組込みソフトウェアやMDA（Model-Driven Architecture）にも対応できるUML2.0[9]，UML2.1へと発展を続けている．このようにして，「オブジェクト指向分析設計技法（Object-oriented Analysis, Object-oriented Design Method）」（以下文中ではオブジェクト指向技法と総称する）の表記法として，UMLが定着したといえよう．表記法（notation）と方法論（methodology）は車の両輪のような密接な関係にあるが，表記法の確立に伴い，細部はともかくとして方法論の大枠もほぼ確立したといえるであろう．

なお，UMLは事実上標準（de facto standard）から，1997年UML1.1として米国のOMG（Object Management Group）の業界団体としての標準となり，執筆時の最新は2008年9月のUML2.1.1である．一方国際標準（de jure standard）として，UML1.4が2005年にISO/IECの標準となっている[10]．

ソフトウェア工学誕生から構造化技法，オブジェクト指向技法への発展経緯についての概

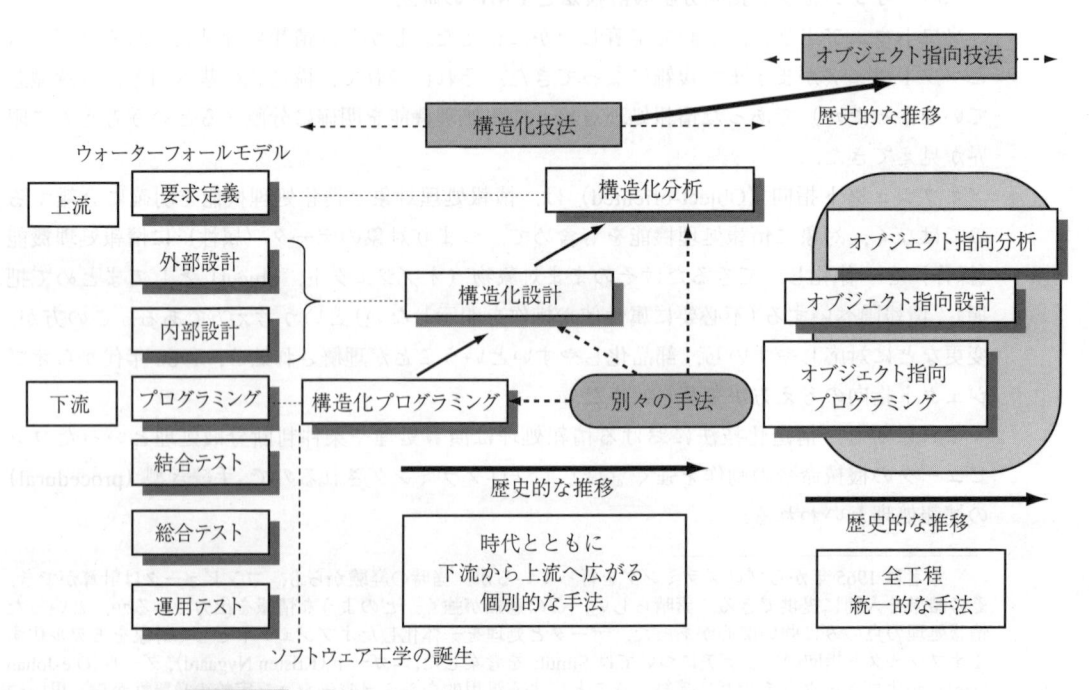

図4.2 ソフトウェア工学の誕生から，構造化技法，オブジェクト指向技法へ

略を図 4.2 に示す．オブジェクト指向技法も，構造化技法の場合と同様に，プログラミング（実装）から上流工程に向かって発展したが，構造化技法が工程ごとの表記法を採用しているのに比べ，オブジェクト指向技法では，表記法は全工程共通で UML で統合されている．その意味では，上流工程から下流工程への作業の流れは円滑になされることが期待できるので，工程間の進捗がシームレス（工程間が継ぎ目なしに進むという意味）に近いといえよう．

（4） システム機能の分割と階層化

上記のいずれの技法においても，本書での「アラインメント技術」としては，ビジネス改革に伴って要求定義が変更された場合でも，迅速にソフトウェア実現が可能なように工夫されていることが重要である．そのためにはソフトウェア全体を，①適切な範囲に分割すること，②再利用できるように部品化すること，の 2 点が肝要である．

分割は後述するように，情報システムに要求されているシステム機能（例：統合管理機能）をサブシステム機能（例：販売管理機能，仕入管理機能，在庫管理機能，会計管理機能など）にまず分割する．このサブシステムを更にトップダウンの視点で必要十分な深さまで，階層的にブレークダウンして分割する．このシステム機能分割の結果に，ほぼ対応してソフトウェアが構成される．その構成を表現する図がソフトウェア構成図である．一般的に水平方向に機能の広がりを，垂直方向に機能の階層構造の深さを表現する[6]．

この分割に対して，上記のように要求定義の変更（要求仕様の変更）に対応する考慮を行っておくことが望ましい．つまり，変更があり得ることを想定し，できる限り変更の影響範囲が限定できるように適切な範囲での分割と，該当部分を代わりのソフトウェアに置換えが可能なように部品化を行うことがソフトウェア構成として，望ましい．

階層化の一つの技法が EA（Enterprise Architecture）の考え方であり，一部では実用になっている［11］〜［13］．EA は情報処理のアーキテクチャとして，垂直方向に，ビジネスアーキテクチャ，データアーキテクチャ，アプリケーションアーキテクチャ，技術アーキテクチャの 4 階層とする考えである．その紹介については第 7 章を参照されたい．

筆者らも文献［4］及び通信プロトコルの OSI 参照モデルをヒントに，EA でのアプリケーションアーキテクチャに相当する部分（すなわちビジネスロジックと称される部分）を垂直方向に Why（目的），What（扱う製品または役務），How（実施方法）の 3 階層に分割するアイデアを研究してきたが，まだ実用的な成果が得られていない［14］〜［16］．この考えは，変化の速度は How ＞ What ＞ Why と考えられ，変化速度に対応した階層化を行っておけば，変化への対応性を改善できると考えたからである．この考え方は通信プロトコルにおける技術変化に迅速に対応できることを意図した OSI 参照モデルにならったものである．このような分割により，仕様変更時にソフトウェアの置換えが必要な箇所を迅速に限定でき，再作成する時間を短縮できると考えられる．

（5） ソフトウェア開発工程

図 4.2 において，ソフトウェア開発の全工程を，「要求定義」，「外部設計」，「内部設計」，「プログラミング（実装）」，「結合テスト」，「総合テスト」，「運用テスト」の工程（プロセスともいう）に区分している．この工程の区分は，「要求定義」の上流から「運用テスト」の下

---

[6] ソフトウェア構成図の描き方として通常，水平方向に機能の広がり（外部から見たシステム機能の観点）を，垂直方向にある機能についての階層的なブレークダウン（外部から見たシステム機能は同じだが，内部的な観点，すなわち内部設計でのブレークダウンの観点で）を描く．ただし，紙面の都合によっては，この水平，垂直の用法を逆にすることも可能である．

流に向かって原則として単方向で，ソフトウェアの開発を進める開発方式であり，滝の水が流れ落ちることに比喩してウォーターフォールモデル（Waterfall Model）と名づけられている［17］．ただし，この中の各工程の名称は企業やプロジェクトによって，変動するし，工程に含まれる作業も若干の変動があり得る．例えば，各プログラムの詳細の実行方法を設計する作業（プログラム設計）は，「内部設計」には含めず，「プログラミング」工程に含めることが一般的である［17］．本章でも，これに従っている．同様に，「単体テスト」はテスト工程には含めず，「プログラミング工程」に含めている．

なお，ソフトウェア開発工程の一部（あるいはすべて）の製作委託を契約として円滑に行うために，「共通フレーム 98（最新は，共通フレーム 2007）」として，より詳細な工程の定義がなされている［17］,［18］．

4.3.2 項から，個別システム開発の各技法の作業について，詳細について述べる．

（6） 情報システムのハードウェア

本章では主としてソフトウェアについて述べるが，ここでハードウェアについて若干ふれたい．情報システムとしてのハードウェア構成の形態は，歴史的には①ホストコンピュータによる集中型システム，②集中型システムの遠隔端末による利用形態，③PC（Personal Computer）出現によるクライアントサーバシステム，その発展形としてサーバシステムからデータベース機能を別マシンに取り出しデータベースサーバとした 3 層クライアントサーバシステム，④Web 技術の進歩による Web アプリケーションシステム，へと発展してきた．

現在は，PC をクライアントマシンとして，インターネット経由で，複数のサーバマシンに接続することができる Web アプリケーションシステム形態の分散型システムが普及している．その理由は，①クライアントには Web ブラウザ以外の特別のソフトウェアを必要としない，②柔軟なシステム構成が可能である，③ヒューマンインタフェースの基本形が統一的である，などの利点があるためである．本章でも基本的にこの形態を前提とする．

情報システムのハードウェア構成は，情報システム構築の最も初期段階である企画段階（4.3.2 項（1），4.3.3 項（1）の情報化プロジェクト計画段階）から検討を始め，外部設計段階で確定する．

4.3.2 構造化分析設計技法における作業

前述のように，構造化技法はソフトウェアの処理機能を実現するための構造はどうあるべきかという観点から発展してきた．一方，それが一段落するとともに，企業などにおけるビジネス系情報システムにおいては，データについての検討が長期的視野でなされているならば，企業環境の変化に対し，処理機能よりもデータの方が持続性に富み，データを中心に考える方法の方が，処理を中心に考える方法より利点が多いことが認識され始めた．

処理を中心に考える技法はプロセス中心アプローチ（Process-oriented Approach：POA）といわれ，一方，データを中心に考える技法はデータ中心アプローチ（Data-oriented Approach：DOA）といわれる．ビジネス系情報システムにおいてデータ，つまりデータベースの重要性は極めて大きい．このように DOA はビジネス系情報システムに適しているし，前述のように ER 図の考えはオブジェクト指向のクラスの概念とも共通点が多く，オブジェクト指向への発展段階の一つとも考えられる（なお，「Data-oriented」の一般的な和訳は「データ指向」であり，「データ中心」の英訳は「Data-centric」であるが，慣例として上記の表記となっている）．

実際には，処理あるいはデータの片方だけでは，有効な情報システムにはなり得ず，両者は車の両輪であるので，本章では，POAとDOAを特に区別しないこととする．

構造化技法では，基本的にウォーターフォールモデルに従ってソフトウェア開発が実施される．ただし，前述のように，時間的制約やリスク対応のために，情報システムのシステム機能全体ではなく，サブシステム機能ごとに順次，要求定義が完了するに従って，開発を進める方法もある．この開発方法はスパイラル開発（Spiral Development）モデルといわれる．

また，実現の不確実性が強く，上記より更にリスクが高い場合などには，例外処理や障害処理などを省き，短期間で主要機能を試作システム（プロトタイプシステム）として開発し，実現性やヒューマンインタフェースなどを確認する開発モデルもある．これはプロトタイプ開発（Prototyping Development）モデルまたはラピッドプロトタイピング開発モデルといわれる．プロトタイプ開発モデルでは，試作段階で開発したソフトウェアを本開発には転用しないことが一般的である．

構造化技法では基本的に，以下の工程で作業を進める．

（1） ビジネス改革の検討と情報化プロジェクト計画（プロジェクト計画）

プロジェクト計画工程では，実施を計画しているビジネス改革の具体的作業として，ビジネスプロセス改革を検討し，ビジネスプロセスモデルを明確に表現する．現状（As-Is）の観点と目標（To-Be）の観点から分析と検討を行う．また情報システム構築（ソフトウェア開発）を一つのプロジェクトとしてとらえ，主として費用，開発工期，実現性を見定めて情報化プロジェクトの計画を立案し，ドキュメント化を行う．

この工程の成果物は「プロジェクト計画書」である．少し意味合いが異なるが，「システム企画書」，「提案要求書（Request For Proposal：RFP）」もこのレベルといえる．利用者（ここでの文脈ではシステム発注者）はシステムを企画し，引き続き発行するRFPはシステム発注者が開発者に提案を求めるという意味で，システム発注者側の想定している仕様を記述したものである．提案要求書の「要求」と要求定義の「要求」とは意味合いが異なる．前者は提案を求めるという意味であり，後者は情報システムへ要求する仕様という意味である．

個別システム開発の場合，システム発注者側からRFPが発行され，それに対して，開発側から複数の候補者が提案を行い，その中からシステム発注者によって開発者が選別され，契約がなされる．契約後，RFPの内容も含めて改めて，システム発注者と契約開発者が合同で情報化プロジェクト計画を策定することが一般的である．その結果が「プロジェクト計画書」である．

（2） 情報システムへの要求定義（システム分析）

To-Beとしてのビジネスプロセスモデルが明確に表現された後に，要求定義工程では，このモデルを実際に運用するためには，「情報の面からどのようなサポートが必要か」，または「どのような情報を用意すべきか」という観点から情報システムに対しての情報処理機能要求，すなわちソフトウェアに対する機能要求を抽出する．それが情報システムへの要求定義である．この工程は図4.2の「要求定義」と記した部分の工程であり，「要件定義」あるいは「システム分析」と呼ばれることもある．

本章では区別しないが，「要求」と「要件」を区別する場合には，未整理の要求の中から，仕様として採り入れると決めたものが要件であるとの区別が一般的である．この意味では，本章の「要求」は「要件」に相当する．

この工程では，要求を行う側（利用者側）とそれを受け入れる側（開発者側）とのドキュ

メントを通しての意思疎通が極めて重要であり，この工程が情報システム構築の実質的な出発点である．要求に関する意思疎通の欠如が後工程（アトコウテイ）での各種問題の原因となる危惧があるので，意思疎通のための各種の工夫が長年にわたってなされてきている．図によって仕様を表現すること（図的モデル化）も有効な工夫の一つである．

なお，要求定義の適切さについては，IEEE std 830-1998 において 8 種の品質特性が挙げられている [19]．

前述のように，構造化技法の考えは，ビジネスプロセスの運用をサポートするための情報処理機能を用意するという考えであり，結果として情報処理対象と情報処理機能を明確に分離している[7]．この分離の考えは，後述するオブジェクト指向の考えが対象と情報処理機能をできるだけ一体化して考えるのと対照的である．

第 2 章にも紹介されているように，要求定義（システム分析）は IDEF0[8] による方法もあるが，ここでは DFD による方法を説明する．

デマルコ（Tom DeMarco）の構造化分析手法 [5] によると，①データフロー図（Data Flow Diagram：DFD），②データディクショナリ（Data Dictionary：DD），③ミニ仕様書の 3 点セットで，システム分析を行う．

図 4.3 にあるシステム例の最上位の図（レベル 0）から，2 レベル下位，すなわちレベル 2 の DFD の例を示す．この例では，「受注受付処理」，「受注確定処理」の二つについて表して

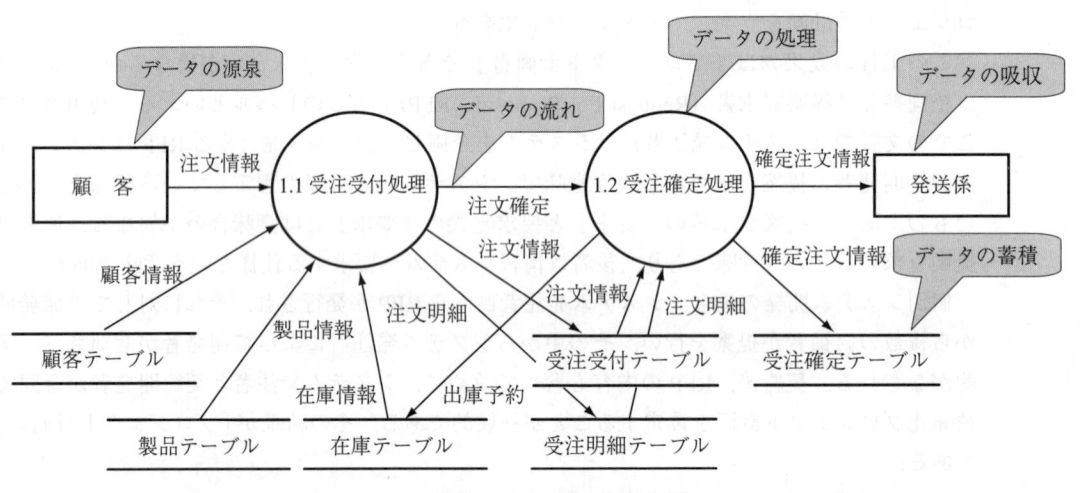

あるシステム例
レベル 0：販売・仕入・在庫管理（統合管理）システム（システム機能）
レベル 1：販売管理，仕入管理，在庫管理，会計管理など（サブシステム機能）
レベル 2：販売管理の受注受付処理，受注確定処理，…

図 4.3 あるシステム例の DFD（レベル 2）（販売管理サブシステムの一部）

---

[7] 本章脚注 5 を参照されたい．

[8] IDEF0：当初 1970 年代の米空軍 ICAM（Integrated Computer Aided Manufacturing）プロジェクトの仕様定義（ICAM DEFinition，略して IDEF）技法として，IDEF は発足した．その基本技術はロス（Douglas T. Ross）の SADT であった [4]．この IDEF が発展して，1990 年代には米国立標準技術研究所 NIST（National Institute of Standards and Technology）の IDEF（Integration DEFinition）となった．IDEF には 0 から 14 まであるとされているが，現状分析に使用される IDEF0 とデータベース分析・設計に使用される IDEF1X が著名である．

4.3 個別システム開発によるソフトウェア実現

いる．

　DFD の最上位（レベル 0）のものは，これから開発する情報システム全体の情報処理機能（システム機能）を表したもので，コンテクストダイアグラムといわれる．この処理機能を必要十分なレベルの階層数までブレークダウンする．DFD では「データの源泉（発生源，data source）」と「データの吸収（終端，data sink）」は長方形で，「データの流れ（data flow）」は流れる方向を示す有向線で，「データの処理(data processing)」は円形（バブルという）で，「データの蓄積（data storage）」は，2 本の同一長の水平線（長方形から垂直線を除いたもの）で表記される（図 4.3 の吹き出し記号を参照されたい）．最下位のバブルについての情報処理機能をミニ仕様書として構造化言語や自然言語を用いて記述する．このように取り決め事項が少なく，開発者側だけではなく利用者側にも理解しやすい表現方式である．DFD は機能情報関連図とも呼ばれている（第 7 章）．

　DD は，DFD の中のフローとして流れるデータ及び蓄積されるデータの内容を BNF（Backus Naur Form バッカスナウア記法）で表現する．BNF にもいくつかの派生があるが，その一つを用いて，DD の例を**図 4.4** に示す．太字はここでの注釈であり，本来の BNF には含まれない部分である．

　この DD 作成は要求定義（システム分析）で行う作業であり，これからデータベース設計につなげることもできるが，DFD，DD，ミニ仕様書の 3 点セットは主にシステム機能から全体の情報処理機能（データ処理機能）を分析及び定義していく作業に用いられる．データベースの分析から設計の作業は，以下に述べるように，ER 図を用いて行うことが一般的である．

　データについて，上記の DD も参照しつつ，上位の仕様書（RFP など）や調査などからデータの要素を抽出することがデータベースの概念設計（概念データモデルの策定）と呼ばれる作業であり，ER 図を用いて，情報システムに必要なデータを定義する．（なお慣例で，DFD は DF 図といわれないが，ER 図は ERD よりも，ER 図の呼び名の方が一般的である．）

　ER 図の作成は，要求定義（システム分析）工程で，前述の情報処理機能を分析・定義していく作業と並行して（多少の前後はあっても）行われるシステム分析に相当する作業であ

```
<selorder>::=<customer>{<selorderdtl>+}<date><payment>
```
<selorder>（販売オーダ）は <customer>（顧客），{<selorderdtl>+}（1 件以上の受注明細），<date>（日付），<payment>（支払いタイプ）の項目からなる．
```
<selorderdtl>::=<productid><qty>
```
<selorderdtl>（受注明細）は <product>（製品），<qty>（受注数量）の項目からなる．
```
<customer>::=<customerid><customername><zip><address><contactpoint>
<product>::=<productid><category><productname><model>[<maker>]
<date>::=<querydate><fixeddate>[<shippingdate>]<shippeddate>[<receiveddate>]<payeddate>
```
[<shippingdate>]（出荷予定日）は省略可能な項目である．
```
<payment>::=<cash>|<credit>
```
<payment>（支払い）は <cash> または <credit> である．
```
<contactpoint>::=<tel><faxoremail><person>
<faxoremail>::=<faxno>|<emailaddress>
<inventory>::=<inventoryid><product><warehouse><stockno><reservablestockno><stockasset>
・・・・・
```

図 4.4　BNF による DD(Data Dictionary) の例

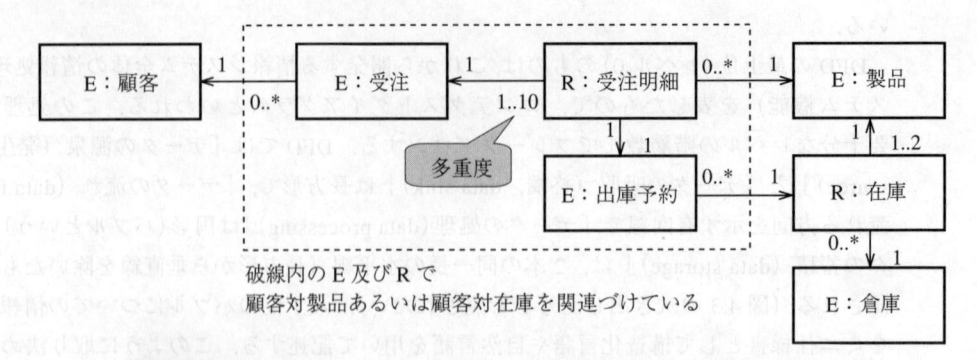

図4.5 ER図の例（販売管理の一部），図中名前の前のEはエンティティ，
Rはリレーションシップを表す（1件の「受注」に最大10件の「受
注明細（製品）」，倉庫は2箇所の例）

るが，慣例で，「データベース概念設計」と，「設計」という呼び名が付けられている．

　データの要素，つまり基本的なデータのまとまりがエンティティ[9]（実体，entity）であり，エンティティとエンティティの関連付けがリレーションシップ[10]（関連，relationship）である．エンティティもリレーションシップもともに，データのまとまりについてのスキーマ（schema，枠組み）をもち，スキーマは1個以上の属性をもっている．そのスキーマに従った0個以上のインスタンス（実現例）が存在する．インスタンスについては，主キー以外では空値（null）もあり得るが原則として，その属性の値が定まっている．

　図4.5に，図4.3に表したシステムのER図を示す（少し検討が進み，「出庫予約」「倉庫」のように図4.3には出現していないエンティティも出現している）．このER図作成の作業は，後述のオブジェクト指向技法における，クラス設計の作業とほとんど同様である．多重度（multiplicity）はあるエンティティまたはリレーションシップの1個のインスタンスから見て，対応する相手のエンティティまたはリレーションシップのインスタンスが存在し得る数のことであり，図4.5ではUMLの記法に従っている．例えば，多重度表記で1は多重度が1を，多重度表記で0..*は多重度が0から（..）任意の数（*）までを表す．また，接続元が1に対して接続先の多重度を，接続元側ではなく接続先側近傍に記載することに注意されたい．

　この工程の成果物は，上記の作業をドキュメント化したもので，「システム基本仕様書」，「システム要求仕様書」，「システム要求定義書」，「システム要件定義書」などと呼ばれ，DFD（またはIDEF0），ER図，またはこれらに相当するものを含んでいる．運用テスト用ドキュメントとして，「運用テスト仕様書」もこの工程の成果物であるが，通常は上記ドキュメントを完成した後のほぼ同時期に作成する．

　下記に図4.5を若干詳細に補足説明するが，図のデータベースの詳細に関心の少ない読者は，概略を把握され，(3)に進まれたい．

---

[9] entityは「実体」と和訳される場合も多いが，例えば，「学生」，「科目」，「教員」，「受注案件」，「受注明細」，「製品」などのように，情報処理対象の中に散在するまとまりとしてのデータ要素（の抽象，または型，タイプ）を意味する．オブジェクト指向におけるクラスに相当する．実体と表記した場合，クラスに対する具体的実現例としてのインスタンスのような認識になりがちなので，本章ではカタカナ表記「エンティティ」としている．

[10] relationshipは「関連」と和訳されることも多いが，オブジェクト指向では，associationが関連と和訳される．両者はもともと同様の意味であるが，relationshipを本章ではカタカナ表記「リレーションシップ」としている．

多重度の説明のため，図 4.5 の一部について述べる．図の例は，1 件の受注には最多で 10 件の「受注明細」を含み，1 件の受注明細には 1 種類の「製品」とその受注数量を含み，1 種類の製品は，2 箇所の「倉庫」（倉庫 1，倉庫 2）のいずれかまたは両方に「在庫」されているものとしている（この例についての RFP で既定のものとしている）．すなわち，この例では，どちらかの倉庫に受注数に対応可能な在庫数が存在するときのみ受注し，受注明細が存在するものとしている．（同じく RFP で既定のものとしている）．

この場合，例えば，図の右上の「製品」と直下の「在庫」との多重度を説明する．製品側に 1 が記載されているのは在庫 1 件に対して，製品が必ず 1 種類あることを示し，在庫側に 1..2 が記載されているのは製品 1 種類に対して，在庫が，倉庫 1 にある場合，倉庫 2 にある場合，両方にある場合のいずれかを示し，最少が 1（どちらかの倉庫に必ず在庫がある）で最多が 2（両方の倉庫に在庫がある）であることを示している．

次に，「受注明細」と「製品」との間で，製品側に 1 が記載されているのは受注明細 1 件に対して，必ず 1 種類の製品があることを示し，受注明細側に 0..* が記載されているのは，製品 1 種類に対して，それが受注明細に含まれている数を示し，最少が 0（ある製品がどの受注明細にも含まれていない場合），最多が *（ある製品が複数の受注明細に含まれている）であることを示す．

エンティティとリレーションシップの区別は，データベース構造の本質的な意味で，関連付けのための参照情報（例えば外部キー）をもつかどうかで区別できる．前者が参照情報をもたないか，もったとしても一つであるのに対し，後者は参照情報を二つ（場合によって三つ以上）もつことによって区別できる．図で有向線は，その示す方向の参照情報をもっていることを示す（有向線は一般的な ER 図にはないが，バックマン線図（Bachman diagram）の用法にはあり，それにならっている．これはまた UML の誘導可能性（navigability）にも通じ，参照情報の参照可能方向を示すのに用いている）．

上記で「本質的な意味で」と述べたが，リレーションシップはエンティティとエンティティを特定の条件で関連づけることが本来の役割であり，それに沿っている場合を意味する．ところが，実際には，関連づけるのではなく，あるエンティティの属性についてそのまま属性値（文字列など，例：「支払い区分」属性値で，文字列の「現金」，「クレジット」，「銀行振替」）を格納するのではなく，例えばいったん符号化して，その符号から本来の属性値を指し示すような場合もある．このように，派生的にエンティティを設けることもある，すなわち関連づけるというよりも，ブレークダウン的に分割することもある．その場合には，ブレークダウンした数の参照情報をもつことになる．このような，ブレークダウン的な参照情報を除いて，参照情報が複数個あれば，リレーションシップであると判断できる．

（3）外部設計（システム設計）

外部設計工程では，情報システム利用者の立場または他のシステムからの観点（外部からの観点）で，入力情報，出力情報，情報処理機能を定義する．入出力情報の定義には，ヒューマンインタフェースとしての画面，画面遷移，帳票，伝票，及び他システムとのインタフェースも含める．この工程は図 4.2 の「外部設計」と記した部分の工程であり，「システム設計」工程とも呼ばれる．

画面の設計は，画面 1 枚ごとに，入力項目，出力項目，概略の配置を決定する．画面遷移の設計は，ビジネスプロセスの流れに対応して，どの画面をどのように切り換えていくかを検討し，決定する．

この工程では，全体を1段階ブレークダウンしてサブシステムレベルまで分割することが元来の分担である[3]．しかし，実際には前工程（マエコウテイあるいはゼンコウテイ）の(2)では，要求定義工程としては必要十分なレベルまでブレークダウンされたDFDができているので，そのDFDを外部設計の観点から精査し（ブレークダウンの妥当性を見直し），更に外部設計工程として必要十分なレベルまで，ブレークダウンを行い，各処理機能について詳細記述を行う．

ここで処理機能に関する仕様（specifications）が確定したことになる．これ以降の工程では，この詳細情報処理機能の仕様の何を（what）に基づき，いかに（how）その機能を実現するかに作業が移っていく．言い換えると，この工程が，原則として，情報処理機能を詳細に決定する最終的な工程となる．

また，データについてはデータベース論理設計（論理データモデルの策定）を行う．論理データモデルには，リレーショナルデータモデル，ハイアラキカルデータモデル，ネットワークデータモデル，オブジェクト指向データモデルなどがある[6]が，現在普及しているDBMS（Database Management System）はリレーショナルデータモデル（Relational Data Model）に基づくリレーショナルデータベース（RDB）を取り扱っている．本章でも，それを前提とする．したがって，この工程から，データベース設計は，ER図の意識からリレーション（実装上はテーブル）の意識に変わり，作業が進められる．

データベースの論理設計では，データベースの正規化[11][6]を行う．またこれとは逆行するがデータベースアクセス性能の面から，正規形の緩和も検討する．これらの結果，データベース論理設計を完成させる．アクセスを高速化する目的のインデックスの設定については，この段階で行わなくてもよく，プログラムとデータベース実装後の調整として行うことができる．

この工程の作業を要約する．情報処理機能とデータベースについて，具体的には，DFDの見直し，更に必要に応じDFDのブレークダウン，画面設計，画面遷移設計，帳票設計，伝票設計，他システムとのインタフェース設計，ER図の見直し，データベース論理設計（ER図からテーブルの検討）を行い，ドキュメント化を行う．また，顧客コードや製品コードなどのアプリケーションとしてのコード体系（符号体系）を定めることもこの工程での重要な作業である．

こういった機能面以外に，ハードウェア構成の確定，信頼性やシステム性能の検討もこの工程で行う．高い信頼性が求められている場合には，ハードウェアの冗長化（二重化など）も検討する．

この工程の成果物は，「システム仕様書」，「システム外部設計書」などと呼ばれ，上記の作業結果をドキュメント化したものである．総合テスト用ドキュメントとして，「総合テスト仕様書」もこの工程の成果物であるが，通常は上記ドキュメントを完成した後のほぼ同時期に作成する．

下記に，リレーショナルデータベースの理論上の補足説明を若干行うが，理論に興味の少ない読者は，概略を把握され，(4)に進まれたい．

---

[11] データベースの正規化とは，データベースのジョイン操作での異常タプルの出現防止やデータの一元管理のために行う設計作業である．第1正規化（表計算におけるセル結合のような構造を排除），第2正規化（主キー部分集合への関数従属の排除），第3正規化（推移的関数従属の排除），ボイスコッド正規化，第4正規化などがある．いずれもテーブルを適切に分割することにより行われる．詳細は参考文献[6]を参照されたい．

リレーショナルデータベースでは，前述のエンティティ及びリレーションシップは，RDB理論上では，ともにリレーション（関係，relation）である．リレーションとは理論上では，属性の変域（ドメイン，domain）上のある特定の条件（それが関係であり，リレーションである）に合致する部分集合である．

エンティティは，属性が複数の場合は，各属性の変域の直積集合上のある特定の条件に合致する部分集合である．すなわちとり得るすべての変域内の値（複数の値の組もあり得る，それが多項組を意味するタプル（tuple）である）から，ある特定の条件に合致するものだけを集めた部分集合である．

リレーションシップはあるエンティティの変域と別のエンティティの変域との直積集合の中のある特定の条件に合致する部分集合である．繰り返すがエンティティもリレーションシップもいずれもリレーションである．

リレーションとリレーションとの間でデータベース演算（和集合，差集合，共通集合，直積集合，射影，選択，結合，商）を行うことができ，演算結果もリレーションとなる．その性質により，データベース演算を繰り返し続けることができる点がRDBの利点の一つである［6］．

リレーションはDBMSの実装上では，テーブルである．インスタンスはテーブルの一つの行（レコードともいう）であり（RDB理論上は上記のタプル），属性値はテーブルの列（リレーションの属性はフィールドともいわれる）の値として，格納される．

この段階の作業成果である論理データモデルはANSI/X3/SPARC委員会の提唱した3層スキーマ（1978年）のうちの中核をなす「概念スキーマ」に相当する［6］．概念スキーマに対して，アプリケーションプログラム対応に「外部スキーマ」，オペレーティングシステム（基本ソフトウェア）対応に「内部スキーマ」がある．後者はDBMS側で担当している．前者はアプリケーションに応じて，「ビュー」を定義できる．

（4） 内部設計（ソフトウェア設計）

内部設計工程では，上記の詳細情報処理機能を実現するために，どのようなソフトウェア構成をとるか，またプログラムごとに，入力情報，出力情報，情報処理機能，モジュール構成を明確にする．このための書面様式として，かつてHIPO（Hierarchical Input Process Output）が普及していた［3］．なお本節では，ソフトウェア構成とは，プログラム群が全体として，どのように構成されるかを意味し，モジュール構成とは，各プログラムの中がどのような部分（関数など）から構成されるかを区別して，意味することとし，両者を区別する．また，この工程は図4.2の「内部設計」と記した部分の工程であり，「ソフトウェア設計」工程とも呼ばれる．

また，本節でのモジュールと区別したプログラムは，実行単位としてのプログラムを意味することとする．このプログラムが下記のようにモジュール分割される．

ソフトウェア構成は，前工程の（3）で詳細なDFDが作成されているので，基本的に，最も下位の階層の1個のバブルを1個のプログラムに対応させる．ただし，このDFDをプログラムの観点（実行時の検討，ソースコードの重複回避など）から見直し，共通の機能として統合するもの，あるいは更に分割するものを検討し，プログラム群の構成を決定する．

モジュール構成の作成方法には，入力，変換，出力の観点でのSTS（Source, Transformation, and Sink）分割法，トランザクション（トランザクション処理における処理の実行単位を意味する）の観点でのTR（TRansaction）分割法がある．分割基準は，「モジュール強

度（module strength）最大，モジュール結合度（module coupling）最小」の考えである．最大の強度は「機能的強度（functional strength）」であり，最小の結合度は「データ結合（data coupling）」である［3］．

　マイヤーズ（Glenford J. Myers）［3］によると，モジュール強度は，モジュール内のコードの各行がある目的（そのモジュールが担当する機能を実行すること）の遂行に，どの程度合致し，貢献しているかということを定性的に表す用語である．この意味は，人間の協同作業にたとえると，チーム内のメンバ全員がいかに一致団結協同してある目的に向かっているかに類似している．この意味で，モジュール凝集度（module cohesion）ともいわれる．

　モジュール強度は最大が良いとされている．その意味で，最良が「機能的強度」であり，最悪が「暗合的強度（coincidental strength）」である．中間にいくつかの強度の定義があるが，最良と最悪を理解していれば，実際の作業には十分であろう．機能的強度とは，モジュール内のコード全行が一つの目的（担当する機能を果たすこと）を遂行するために存在している場合のモジュール強度をいう．暗合的強度は，別の目的のコード（別の機能を果たすコード）がたまたま（偶発的に）あるモジュールに同居している場合のモジュール強度をいう．間違って暗号的強度と和訳されていることも多いので，注意されたい．暗号及び復号の暗号技術（cipher, encryption）とは全く関係がない．

　機能的強度の場合，機能変更があっても特定のモジュールに限定できるし，他のモジュールの変更があっても受ける影響は少ない．暗合的強度の場合，ある機能の変更が間違って，同居する機能へ影響を及ぼす危険がある．したがって，機能的強度が最良とされている．

　モジュール結合度とは，モジュール間の結び付きの疎密程度を定性的に表す用語である．モジュール結合度は最小（疎な結合）が良いとされている．その意味で，最良が「データ結合」で，次が「スタンプ結合（stamp coupling）」で，最悪が「内部結合（content coupling）」，次に悪いのが「共通結合（common coupling）」，その次に悪いのが「外部結合（external coupling）」である．データ結合はモジュール間でやり取りするデータは，個別にデータで受け渡す方法（データ渡し），スタンプ結合は，複数データの集合で渡す方法（参照渡し）で，実際にはこの二つが推奨される．最悪からの三つはいずれも，やり取りするモジュールが共通にアクセス（読み書き）することが可能な方法で，読み書きの間違いが重大な結果となる危険があり，不使用が推薦されている．どうしても使わざるを得ない場合（例：Webアプリケーションにおけるセッション領域への読み書きなど）には，専用の関数を設けるなどの配慮を行いプロジェクトチームで，この方法をどのプログラムが使用しているかを情報共有すべきである．

　機能的強度とデータ結合（スタンプ結合まで含め）で分割する考えは「関数（function）」の考え方に直結しているし，オブジェクト指向におけるオブジェクト間でメッセージ渡しを行うこと（message passing）にも通じている．

　構造化技法において，情報処理機能をできるだけ独立した要素にしておき，その要素を組み合わせて，全体として要求されている情報処理機能を実現するという考え方が重要である．この考え方は，機能の視点からオブジェクトの視点へ進化するオブジェクト指向においても，更にサービスという視点にパラダイムシフトするSOAにおいても共通している．新規に開発する場合でも，将来のSOAへの発展（既存ソフトウェアのサービス化）を考慮しておくこと（ソフトウェア部品化）が望ましい．

　上記のように，ソフトウェア構成図，モジュール構成図を作成し，ドキュメント化を行う．

4.3 個別システム開発によるソフトウェア実現

```
                    ReserveShipping.php
        ┌──────────────┬────────┬──────────────┬──────────────┐
  commonGetPara                          commonShowOneData2  commonEndProc
        │              │        │              │
  mysqlReadOneRecord  mysqlAutoRegisterRecord  mysqlUpdateRecord  mysqlEndProc
```

図 4.6 モジュール構成図の例

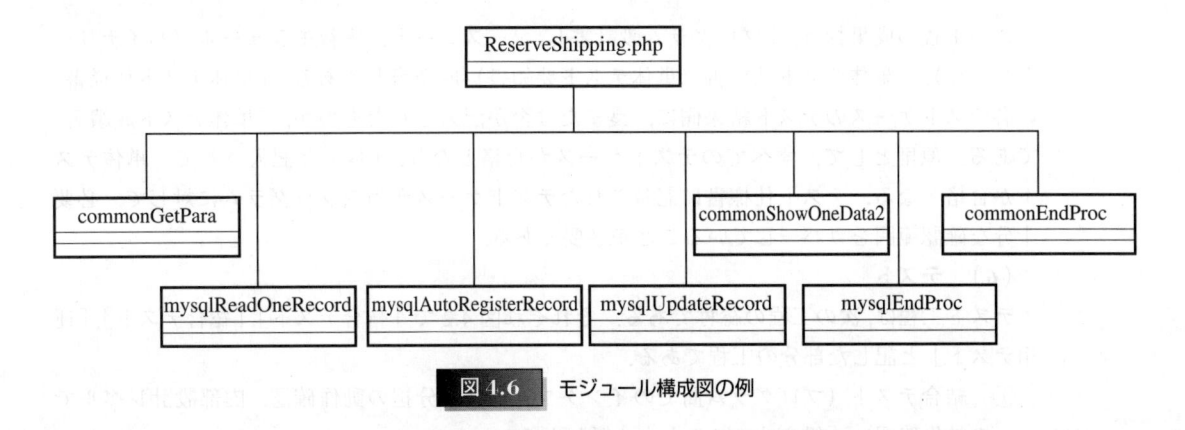

図 4.6 にモジュール構成図の例を示す（UML ツール JUDE/Community のクラス図作成機能を利用しているので，この図としては不要の長方形内の水平線が入っている）．この図では各長方形は各モジュールを表し，各モジュールの上位，下位の関係を表現している．2 段に表現しているのは，通常の共通関数とデータベースに関する関数（図ではモジュール名が mysql で始まる関数）を区別するためである．この例は，「ReserveShipping.php」という名称の「出庫予約（引当て）」を行うプログラムの例であるが，各下位モジュールについての説明は紙面の関係で省略する．

この工程の成果物は，「ソフトウェア仕様書」，「システム内部設計書」などと呼ばれ，上記の作業結果をドキュメント化したものである．結合テスト用ドキュメントとして，「結合テスト仕様書」もこの工程の成果物であるが，通常は上記ドキュメントを完成した後のほぼ同時期に作成する．

（5）プログラミング（実装）

この工程は図 4.2 の「プログラミング」と記した部分の工程であり，「実装」工程とも呼ばれる．このプログラミング工程では，次のサブ工程を含んでいる．

① 個別のプログラム（本項でのモジュールを含む）ごとの内部設計（プログラム設計と呼ばれる）

複雑な処理を含む場合には，構造化フローチャートなどを用いて，プログラムの処理手順を表現する．簡単な処理の場合には，自然言語での記述で表現する．

プログラムの処理手順は，構造化プログラミングの「連接」，「選択」，「反復」のパターンに合致するように，設計する．

② プログラムコードの作成

プロジェクト計画段階で選定されたプログラミング言語やコーディング規約に従って，チームで分担してプログラムコードの作成（コーディング）を行う．

一般的に go-to 文の使用を避けるが，ループから抜け出るような場合に有用という意見もある．go-to 文の使用可否または特例使用は，プロジェクトとして統一し，情報共有する．

③ 単体テスト

ソースコードをコンパイルし，下位モジュールを組み込み，実行モジュールに変換し，プログラム単体での動作確認（単体テスト）を行う．プログラム設計に対して，動作が設計どおりか否かを確認する．単体テストのために，必要に応じて，簡単なプログラム（テストドライバ，スタブ）を作成することもある．

この工程の成果物は，「プログラム設計書」，ソースコード，実行モジュール（バイナリーともいう），「単体テスト仕様書（単体テスト要領書）/成績書」である．「単体テスト仕様書」の各テストケースのテスト結果欄に，良または否が記入されたものが，「単体テスト成績書」である．原則として，すべてのテストケースが合格となり，「良」と記入されて，単体テストが合格となる．テスト仕様書に記載されたテストケースが当該プログラムに対して，必要十分な確認範囲をカバーしていることが必要である．

（6） テスト

テスト工程は，次の工程の総称である．それぞれ図 4.2 で「結合テスト」，「総合テスト」，「運用テスト」と記した部分の工程である．

① 結合テスト（プログラム間でのインタフェース，分担の動作確認，内部設計レベルでの動作確認）．「組合せテスト」とも呼ばれる．

② 総合テスト（システム機能の確認，外部設計レベルでの動作確認）．「システムテスト」とも呼ばれる．

③ 運用テスト（運用を想定した動作確認）

この工程の成果物は，「各テストの仕様書/成績書」であり，テストが完了された実行モジュール群である．単体テストと異なり，プログラムの作成者とテスト実施者が別の担当者になるのが，一般的である．それゆえ各テストの仕様書は，テスト実施者が間違いなく，効率的にテストを実施でき，かつテストケースが必要十分な確認範囲をカバーしていることが必要である．

4.3.3 オブジェクト指向分析設計技法における作業

前述のように構造化技法が，対象であるビジネスプロセスとそれをサポートする情報処理機能とに明確に分離して情報システム構築（ソフトウェア開発）を行うという考え方に対し，オブジェクト指向技法は，対象と情報処理機能を分離せず一体として，できるだけそのまま情報処理の世界にモデル化するという考えである．

もっとも現実の世界における対象物（object）と情報世界におけるオブジェクトは，同じというわけにはいかないし，この考えが適切ではないという見解もある [20]．現実の世界では経営の全資源（人，物，金，情報ほか）が協調し合って動作しているが，情報の世界のオブジェクトでは当然ながら扱われるのは情報のみであり，オブジェクトが自ら主体的に動作を始めることもない．更に，現実世界には存在しないが，情報システムを動作させるために必要なオブジェクトも存在する．

しかしながら，現実の世界と情報の世界との間の対応性，換言するとビジネスプロセスとソフトウェア構成との対応性は，構造化技法に比べると相当に良いといえよう．

まとめると，オブジェクト指向技法の利点は，以下の 3 点である．

① ビジネスプロセスが変更になり，それに応じて情報処理機能が変更になった場合でも，変更の範囲が明確で，影響範囲が狭いことが期待できる．よって，一般的には変更への対応性に優れる．

② 継承機能（後述）を用いて，プログラムコード作成を効率化できる．

③ オブジェクトは属性と操作を一体化しているので，ソフトウェア部品として適している．

一方，欠点としては，以下の 2 点が考えられる．

① 適切なモデル化に時間をより多く必要とする．

② 不適切なモデル化の場合，かえって変更への対応性に劣る．情報処理対象の理解，把握が適切ではなく，モデル化が現実世界を適切に表現できていない場合，例えば1個のクラスで済むところを複数クラスに分割していたり，逆に複数クラスに分割すべきところを1個のクラスにモデル化しているような場合に，情報処理対象の変化に対して，ソフトウェアの追従に余分な時間を要する．

すなわち，モデル化（主としてクラス設計）の作業の重要性が高く，質（モデル化のスキル），量（作業時間）ともに上流側で技術者の労力をより多く必要とすることである．

したがって，オブジェクト指向の利点を生かすには，多様な利用場面に対応できるように，設計をよく考えて汎用的なクラスを設計し，何度も再利用することである．また，そのようなことが可能な場面において，オブジェクト指向の利点が発揮される．

オブジェクト指向における「オブジェクト（object）」または「インスタンス（instance）」とは，具体的な対象物について対象の属性（attribute）及び情報処理機能（オブジェクト指向では，操作（operation）またはメソッド（method）という）を一体化（encapsulation，カプセル化）して，モデル化したものである．またクラス外において不要な属性と操作は隠ぺいされ，これは情報隠ぺい（information hiding）といわれる．一方，クラス外で必要な属性は直接アクセスするのではなく，get，set のメソッドを通じて取り出したり，設定したりすることが推奨されている．

上記の個々のオブジェクト（インスタンス）の共通性をまとめたものが「クラス（class）」である．これがインスタンスとクラスの関係である．（ただし，「オブジェクト」という用語は，慣例として，上記のようにインスタンスを指すこともあり，その場合は狭義のオブジェクトである．一方例えば「オブジェクト指向」の用法のように広義で考え方を指す場合もあるので注意されたい．また「インスタンス」は 4.3.1 項で述べたデータベーススキーマに対する実現例と同様な意味である．）

作業の順序としてインスタンス（具体的な実現例）の列挙が先か，クラス（共通概念）としてのまとめが先かは一概にはいえず，実際には両者の間を行き来しながら整理していくことになる．RFP などの上位ドキュメントに記述された自然言語による要求記述から名詞（句，節）に着目してオブジェクトを抽出する．

汎用的なクラスから特定のクラスを生成することは，「特化（specialization）」である．その場合属性と操作が下位のクラスに受け継がれるのが「継承（inheritance）」である．

クラス間の関係（relation）において，複数の下位クラスの共通性をまとめて上位クラスになっている関係が「汎化（generalization）」であり，上記の「特化」の逆向きである．クラス間の関係には，汎化のほかに「集約（aggregation）」，及び一般的な「関連（association）」がある．集約は，複数の下位クラスを集めて上位クラスが成立するような関係である．これらのクラス間の役割や位置付けがオブジェクト指向では「関係」と呼ばれている．RDB の場合と若干用語が異なることに注意されたい．汎化は is-a 関係，集約は part-of 関係または has-a 関係（part-of と has-a とは方向は逆である）ともいわれる．

一般的にシステムとは，まず，要素の集まりであり，各要素は各要素として動作を行い，そして要素と要素が関係し合って一つの整合性のある（有機的な）動作をしている．情報システムも同様であって，要素として動作することと要素と要素が連携し合って動作することが必要である．オブジェクト指向の考えでもオブジェクトとオブジェクトを連携させて動作

させることが必要である．この場合，オブジェクト間でデータを伝達する必要があり，それを「メッセージ」と呼んでいる．

同じメッセージで，異なる振舞いをさせるための「多態性（多様性，多相性とも呼ばれる）（polymorphism）」もオブジェクト指向の特徴である．

UMLの主たる前身となったOMT（Object Modeling Technique）[7]によると，オブジェクト指向技法においても，情報システム構築（ソフトウェア開発）は，基本的に「要求定義（システム分析）」，「外部設計（システム設計）」，「内部設計（クラス設計）」，「実装」，「テスト」の工程を経ることに変わりはない．

構造化技法との相違点は，①作業成果の表記はUMLで統一的に行う，②構造化技法におけるソフトウェア構成及びモジュール構成の設計は，「クラス設計」となる，③データベースについてはER図におけるエンティティ（entity）やリレーションシップ（relationship）がそれぞれクラス，関連クラス（association class）になる，といった点である．ただし，関連クラスは，複数の同一関連のインスタンスをもつことが難しいので使用を推奨されず，リレーションシップも通常のクラスを用いる．

前述のように，最も重要な作業は，クラス設計であり，それがオブジェクト指向の考えに基づくモデル化作業のエッセンスである．クラス設計が適切になされていると，継承機能などを有効に利用できるので，実装については構造化技法に比べ，効率的に行うことができる．

汎用的に再利用できるクラスはクラスライブラリとして用意されている場合も多い．また，先人のクラス設計ノウハウがデザインパターンとして整理されている[21]．それらの活用の検討もクラス設計作業の範囲である．

全体としては，構造化技法とほぼ同様に，下記の工程でソフトウェア実現がなされる．各工程の成果物は，構造化技法の場合とは，内容は異なるがまとめ方は同様である．

（1）ビジネス改革の検討と情報化プロジェクト計画

4.3.2項（1）と同様である．

（2）情報システムの要求定義（システム分析）

要求定義工程（システム分析工程とも呼ばれる）では，To-Beとしてのビジネスプロセスモデルが明確に表現された後に，このモデルを実際に運用するためには，「情報の面からどのようなサポートが必要か」，または「どのような情報を用意すべきか」という観点から情報システムに対しての処理機能要求，すなわちソフトウェアに対しての機能要求を抽出する．それが情報システムへの要求定義である．ここまでは構造化の考えとほぼ同様であるが，ここからが異なる．

属性（データ）と情報処理機能が一体となったオブジェクトを抽出する．基本的にオブジェクトはビジネスプロセスを構成する多くの実世界の要素と対応している．この段階では，①オブジェクト構成（静的モデル），②オブジェクトの動的モデル，③オブジェクトの機能的モデル，の三つの概略について策定する．データについては，構造化技法と同様に，概念データモデルを策定することになるが，オブジェクト指向技法では，これもオブジェクト構成の中に含まれることになる．それについては（7）で後述する．

作業成果は，UMLを用いると，①ビジネスプロセスは，アクティビティ図，②概略機能は，ユースケース図（事象トレースやシナリオなどの説明文を含む），③オブジェクト構成及び詳細機能はクラス図，④動的モデルは，シーケンス図，コラボレーション図（UML2.0ではコミュニケーション図），ステートチャート図（UML2.0ではステートマシン図），を用いて

表現する [8], [9].

（3） 外部設計（システム設計）

外部設計工程（システム設計工程とも呼ばれる）では構造化技法と同様に，情報システムを外部からの観点で，情報処理機能，入力情報，出力情報を定義する．入出力情報には，ヒューマンインタフェースとしての画面，画面遷移，帳票，伝票，及び他システムとのインタフェースも含める．また，商品コードなどのコード体系（符号体系）を定めることもこの工程での重要な作業である．

この工程で情報システム全体を外部から見た振舞いを策定するという目的は，構造化技法でもオブジェクト指向技法でも同じである．これから構築しようとしている情報システムを外部から見たシステム機能，入出力情報を明確にしていくことであるが，オブジェクト指向技法の場合には，同じ考え方，同じ記法で，前工程の要求定義の作業結果をより詳細に策定するという考え方で作業を進め得ることが特徴である．

データベースについても概念データモデルを，更に具体化し，論理データモデルとする．やはりクラス設計の一部として位置づけることができるが，具体的な DBMS との関係を意識する必要がこの工程から生じる．

前工程の成果を精査，詳細化する．作業成果は，（2）の作業成果の更新である．このような機能面以外に，構造化技法と同様に，ハードウェア構成の決定，信頼性やシステム性能の検討もこの工程で行う．

（4） 内部設計（クラス設計の完了）

内部設計工程では，前工程の外部設計で決定したシステム機能を実現するために，どのようなクラス構成をとるか，クラスごとに，どのように属性，操作（処理機能）をもたせるかを明確にする．すなわち，クラス設計を完了させる．またクラスには親子（スーパクラス対サブクラスの）関係，すなわち is-a 関係が存在する場合もあり，それを明確にする．構造化技法における関数の概念がオブジェクト指向技法では，操作の概念につながる．前述のように，デザインパターンの活用についても採否を含めて具体的に検討する．（クラス設計については，要求定義から内部設計まで，類似の作業が続くが，工程が進むにつれて，詳細に，かつ明確になっていく．）

本節冒頭 4.3.1 項（6）で述べたように，Web アプリケーションの形態が多用される傾向にある．他の形態でも同様であるが，特にこのような場合には，ビジネスロジック，ヒューマンインタフェース，それらの統括，と役割を分担する MVC（Model-View-Controller）の検討が加わる．プログラミング言語が Java 言語なら Java Beans，EJB（Enterprise Java Beans）の検討など，この工程及び次工程で検討する事項も多いが，本章では省略する．

作業成果の表現は，前工程と同様であるが，この段階では，例えばクラスをサブシステムごとにまとめたパッケージ図も用いられる．

図 4.3 に示した販売管理サブシステムの DFD，及び図 4.5 に示した ER 図に相当するクラス図の例を**図 4.7** に示す（UML ツール JUDE/Community を使用）．図 4.7 と図 4.5 の対応は，Customer は「顧客」，SelOrder は「受注」，SelEstimation は「見積（図 4.5 にはないが検討が進み出現）」，SelOrderDtl は「受注明細」，ShippingReservation は「出庫予約」，Product は「製品」，Inventory は「在庫」，Warehouse は「倉庫」のそれぞれのクラス名及びデータベースのテーブル名に相当している．図中の有向線は誘導可能性を示し，図 4.5 の ER 図における有向線と若干異なる意味をもつ．図中注釈のコンテナクラスとは複数のオブジェクトをまとめるクラスである．

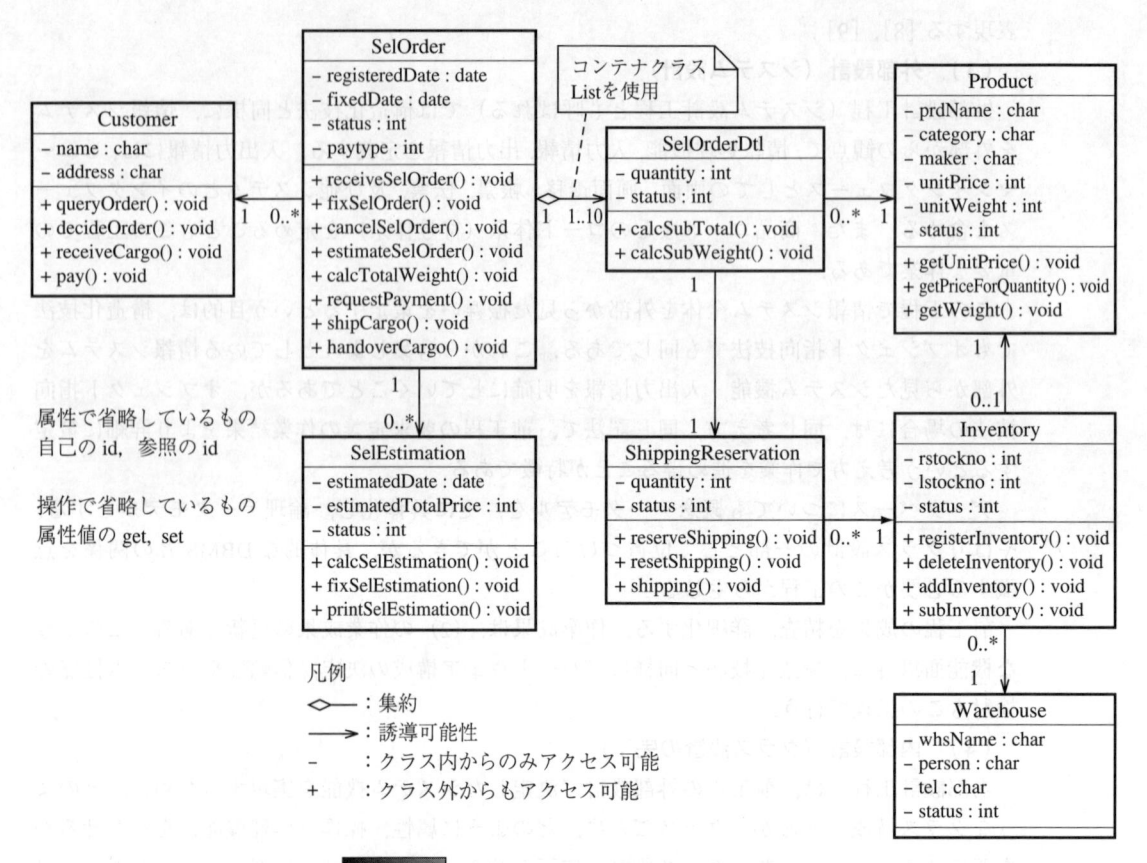

図 4.7 クラス図の例（販売管理サブシステム）

（5） プログラミング（実装）

プログラミング工程では，次のサブ工程を含んでいる．

① クラスの内部設計

複雑な処理を含む場合には，必要に応じて，ステートチャート図を用いて，または構造化フローチャートなどを用いて，処理内容の詳細を表現する．オブジェクト指向にフローチャートは場違いと思われるかもしれないが，複雑な動作を表現するような場合に，その利用はやはり有効な場合がある（なお，上記の状況とは異なるが，アクティビティ図はフローチャートの一種でもあり，ステートチャート図の一種でもあるとみなせる）．

② プログラムコードの作成

構造化技法と同様に，プロジェクト計画段階で選定されたオブジェクト指向プログラミング言語やコーディング規約に従って，チームで分担してプログラムコードの作成（コーディング）を行う．オブジェクト指向プログラミング言語として近年，Java が使用される場合が多い．

③ 単体テスト

構造化技法と同様に，ソースコードをコンパイルし，下位モジュールを組み込み，実行モジュールに変換し，クラスをしかるべきディレクトリ（フォルダ）の中に配置（デプロイ）し，単体で動作させて，クラス内部設計とおりの動作であることを確認する．

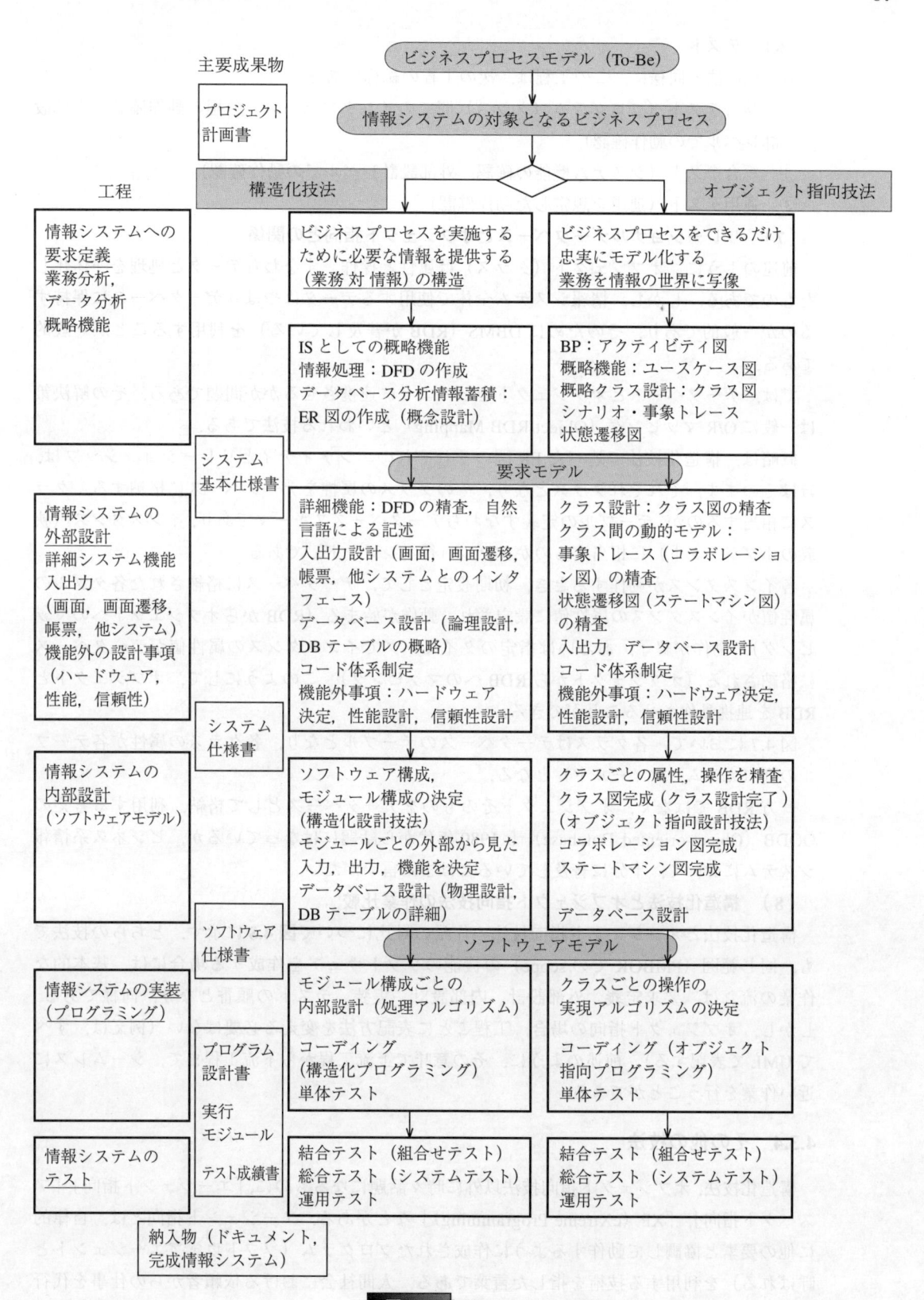

4.3 個別システム開発によるソフトウェア実現

主要成果物: プロジェクト計画書

ビジネスプロセスモデル（To-Be）
↓
情報システムの対象となるビジネスプロセス
↓
（分岐：構造化技法 / オブジェクト指向技法）

工程	構造化技法	オブジェクト指向技法	主要成果物
情報システムへの要求定義 業務分析，データ分析 概略機能	ビジネスプロセスを実施するために必要な情報を提供する （業務 対 情報）の構造 IS としての概略機能 情報処理：DFD の作成 データベース分析情報蓄積： ER 図の作成（概念設計）	ビジネスプロセスをできるだけ忠実にモデル化する 業務を情報の世界に写像 BP：アクティビティ図 概略機能：ユースケース図 概略クラス設計：クラス図 シナリオ・事象トレース 状態遷移図	システム基本仕様書

要求モデル

工程	構造化技法	オブジェクト指向技法	主要成果物
情報システムの外部設計 詳細システム機能 入出力 （画面，画面遷移，帳票，他システム） 機能外の設計事項 （ハードウェア，性能，信頼性）	詳細機能：DFD の精査，自然言語による記述 入出力設計（画面，画面遷移，帳票，他システムとのインタフェース） データベース設計（論理設計，DB テーブルの概略） コード体系制定 機能外事項：ハードウェア決定，性能設計，信頼性設計	クラス設計：クラス図の精査 クラス間の動的モデル： 事象トレース（コラボレーション図）の精査 状態遷移図（ステートマシン図）の精査 入出力，データベース設計 コード体系制定 機能外事項：ハードウェア決定，性能設計，信頼性設計	システム仕様書
情報システムの内部設計 （ソフトウェアモデル）	ソフトウェア構成，モジュール構成の決定 （構造化設計技法） モジュールごとの外部から見た入力，出力，機能を決定 データベース設計（物理設計，DB テーブルの詳細）	クラスごとの属性，操作を精査 クラス図完成（クラス設計完了） （オブジェクト指向設計技法） コラボレーション図完成 ステートマシン図完成 データベース設計	ソフトウェア仕様書

ソフトウェアモデル

工程	構造化技法	オブジェクト指向技法	主要成果物
情報システムの実装 （プログラミング）	モジュール構成ごとの内部設計（処理アルゴリズム） コーディング （構造化プログラミング） 単体テスト	クラスごとの操作の実現アルゴリズムの決定 コーディング（オブジェクト指向プログラミング） 単体テスト	プログラム設計書 実行モジュール
情報システムのテスト	結合テスト（組合せテスト） 総合テスト（システムテスト） 運用テスト	結合テスト（組合せテスト） 総合テスト（システムテスト） 運用テスト	テスト成績書

納入物（ドキュメント，完成情報システム）

図 4.8　情報システムの構築

（6） テスト

構造化技法と同様に，この工程は，次の工程の総称である．

① 結合テスト（プログラム（クラス）間でのインタフェース，分担の動作確認，内部設計レベルでの動作確認）
② 総合テスト（システム機能の確認，外部設計レベルでの動作確認）
③ 運用テスト（運用を想定した動作確認）

（7） リレーショナルデータベースとオブジェクト指向との関係

前述のように，オブジェクト（クラス）は属性と操作，すなわちデータと処理を一体化したものである．しかし，情報システム全体で使用するデータはやはりデータベースに保持するのが一般的であり，そのために DBMS（RDB が普及している）を利用することが一般的である．

では，データベースとオブジェクトをどのように連携させるかが問題である．その解決策は一般に O/R マッピング（Object/RDB Mapping）といわれる技法である．

概略は，構造化技法で述べた ER 図のそれぞれのエンティティとリレーションシップは，ほぼそのまま，それぞれクラスとなり，そのクラスの属性をデータベースに格納する．クラスに相当するのが，テーブルの定義すなわちデータベーススキーマであり，インスタンス（狭義のオブジェクト）に相当するのがタプル（行，レコード）である．

各インスタンスが動作するとき，初期設定として，データベースに格納された各タプルの属性値がインスタンスの属性値に設定され，動作が始まる（RDB からオブジェクトへのマッピング）．動作が終了，あるいは指定のタイミングでインスタンスの属性値がデータベースに格納される（オブジェクトから RDB へのマッピング）．このようにして，オブジェクトと RDB を連携動作させることができる．

図 4.7 において，各クラスはデータベースのテーブルとなり，各クラスの属性が各テーブルの列（カラム，フィールド）となる．

一方 RDB ではなく，オブジェクトそのものをデータベースとして格納，利用する考えの OODB（Object-oriented Database）も 1980 年代から話題にはなっているが，ビジネス系情報システムにおいて，十分に普及しているとはまだ言いがたい．

（8） 構造化技法とオブジェクト指向技法の作業比較

構造化技法とオブジェクト指向技法の作業の対比について図 4.8 に示す．どちらの技法でも，同じ範囲（PMBOK での scope）の機能のソフトウェアを作成する場合には，基本的な作業の流れは，要求定義，外部設計，内部設計，実装，テストの順番となり，同様である．しかし，オブジェクト指向の場合，工程ごとに表記方法を変える必要はない（例えば，すべて UML で表記する）．前述のように，その意味で上流工程から下流工程まで，シームレスに近い作業を行うことができる．

4.3.4 その他の技法

構造化技法，オブジェクト指向技法以外に時々話題になるものに，「エージェント指向」，「アスペクト指向」，「XP（eXtreme Programming）」などがある．エージェント指向とは，自律的に他の要素と協調して動作するように作成されたプログラム（ソフトウェアエージェントと呼ばれる）を利用する技術を指した言葉である．人間社会における依頼者からの仕事を代行して行う代理人（agent）を比喩としている．人間のもつ知的判断処理をコンピュータシステ

ムにもたせたい（人工知能）という背景がある．

アスペクト指向におけるアスペクト（様相）とは，クラス個別の動作とは別に共通の側面としての動作を抽出したものを意味する．例えば，実世界での製造業の企業にたとえると，生産ラインの機能に対して，設備を保全する部門や人事総務部門など，ライン部門とは別に，共通の事項を分担するスタッフ部門が行っている機能に類似する．この比喩のように情報システムでも，エラー処理などのように，クラスに共通な機能を抽出し，従来のオブジェクト指向と並存する仕組みがアスペクト指向という考え方である．

XP は設計図や仕様書のようなドキュメントよりも，ソースコードを重要視する考え方であり，ドキュメントとソースコードが不一致になりがちといった従来の問題点の改善を図った技法である．従来のソフトウェア工学の考えである要求定義，設計，実装といった工程を一つずつ完全に終わって次の作業を行う逐次的なウォーターフォール開発モデルに対して一石を投じるものとなっている．

XP 手法の概略は，全体機能の中から，ある部分的機能について，二人一組で設計，プログラミングを行い，それをテストして，これを繰り返すという考え方であり，将来顕在化することが想定される機能については重視せず，現在判明している機能を優先するという姿勢である．この手法は，高いスキルをもつ少人数での短納期プロジェクトに向いている．作成効率は高いが，ソフトウェアのメンテナンスという点では，担当者の変更での引継ぎ時などで，ドキュメント作成作業を軽減したというメリットがデメリットに転じ，ソフトウェアを作成者以外の者が理解する点で難点があると考えられる．この対策を講じれば，広く普及していくことも予想される．

また，ソフトウェアの自動生成についても，数十年来，話題となってきた．目標とする姿は，ソフトウェアの設計図（4.2 節で前述したソフトウェア設計結果としてのソフトウェアモデル）を描けば，ソースコードが自動的に生成される，という方法である．この方法はモデル駆動型開発またはモデルベース開発といわれる．

組込みソフトウェアの領域では，この方法が実用になっている [22]．この領域では，ソフトウェアの動的な振舞いを状態遷移図（UML1.X ではステートチャート図，UML2.X ではステートマシン図）で的確に表現できる場合が多いことが普及の理由であろう．

ビジネス系の場合には，変数が多数にのぼり，ソフトウェアの動的振舞いを状態遷移図で表現することは非常に手間のかかる作業である．よってビジネス系では別のアプローチがとられる．

すなわち，ビジネスプロセスモデルからソフトウェア実現につなげる方法であり，それが 4.5 節の SOA による実現のタイプである．

4.4　パッケージ利用によるソフトウェア実現

従来，外部調達の場合，有償で購入する場合がほとんどであり，それに伴いソフトウェア実体（実行モジュールなど）は利用される前に，提供者から利用者の管理下に移動する．利用まではカスタマイズ作業などに一定の調整期間を要するのが一般的である．

ソフトウェアに対する要求定義が終わった後，これを満たすパッケージソフトウェアを探し選択する．外部から調達する場合，ソフトウェアについて，範囲を考える必要がある．粒

度[12]の小さい順で，①ソフトウェア部品レベル，②サブ機能，すなわち特定業務レベル，③統合機能レベル，が想定されるが，ほとんどは②と③である．

いずれの場合でも，以下の要件が明確になっている必要がある．①提供者，提供価格，②ソフトウェア製品の仕様，③インタフェース（購入ソフトウェアとそれ以外の部分とのインタフェース），④カスタマイズの可能性，カスタマイズ方法．

(1) ソフトウェア部品の購入によるソフトウェア実現

この場合，作成するプログラムにソフトウェア部品を組み込むので，部品は関数の形である．その条件は，以下のとおりである．

① 関数のインタフェース（関数名，引数，戻り値）が明確になっていること．
② ソースコードが開示されていることが望ましい．

(2) 業務パッケージの購入によるソフトウェア実現

この場合には，作成するプログラムと業務パッケージとは，協調して動作する必要がある．したがって，インタフェースは一般的に，業務パッケージ呼出しの方法および共通で使われるデータベースとなる．例えば，Webアプリケーションの場合，呼出し方法は，その業務部分のトップ画面を設け，それを利用側から呼び出し，業務処理が終了すると，利用側に戻るといった方法がよい．比喩的にいうならば，パッケージの入口と出口を集中しておくということである．

データベースについては，当該購入ソフトウェアの中に閉じているのではなく，開示されていることが望ましい．廉価版の業務ソフトウェアの一部には，データベースが開示されていない製品もあるが，そのようなソフトウェアでは，発展性が望めない．更には，DBMS製品も選択できれば，より望ましい．また，カスタマイズを行わずに目的の情報システムが構築できることが望ましいが，やはりどうしてもカスタマイズが必要になる場合を想定すると，その可能性と方法についても，開示されている必要がある．まとめると，以下のとおりである．

① 呼出し方法が明確であること．
② 当該ソフトウェアで使用するデータベースが開示されていること，また利用するDBMS製品の選択ができることが望ましい．
③ 追加機能のインタフェースが明確で，このインタフェースについてはバージョンアップ時に影響を受けないこと．
④ カスタマイズの可能性と方法が開示されていること．
⑤ 画面などユーザインタフェース設計の自由度があることが望ましい．
⑥ ソースコードが開示されていることが望ましい．

(3) 統合パッケージの購入によるソフトウェア実現

上記(2)が単一の業務を意味するのに対し，複数業務（企業内のほとんどすべての業務を目標とする）を対象とする統合パッケージ（Enterprise Resource Planning：ERP）ソフトウェア購入によるソフトウェアの実現である．この場合の条件は，以下のとおりである．

① 利用しようとしているERPパッケージが対象とする業務にどれほど適合しているか（必要な機能がどれほどそろっているか）．
② カスタマイズの可能性と方法についても，開示されていること．
（カスタマイズは最小限とすることがERP導入時の注意事項であるが）

---

[12] ここでの粒度は一般的な意味で，物事を分割する場合の粗さまたは細かさを意味する．分割数が多いと，「粒度は小さいまたは細かい」のように使われる．

③ 機能変更のためのパラメータの設定方法が明確であること．
④ 追加機能のインタフェースが明確で，このインタフェースがバージョンにより変わらないことが保証されていること．
⑤ DBMS 製品が選択できること．
⑥ ソースコードが開示されていることが望ましい．

市販 ERP パッケージは，ほとんど問題がないと考えられる．ただ，このタイプも統合パッケージとはいえ，企業内の全業務を含めない場合もあり，他の業務パッケージとの連携の容易さという面も無視できない．

ERP パッケージ選択の基準は，技術の面では，上記のカスタマイズの容易さ，DBMS 製品選択の柔軟性，方法論のサポート，適用の容易さなどであろう．技術以外では，納入実績，価格，パッケージ供給元をとりまくシステムインテグレータなどのサポート体制も検討の対象となろう．

4.5 SOA 活用によるソフトウェア実現

企業情報システム構築者が必要なソフトウェアを外部から調達する場合に，従来のパッケージ購入とは異なるタイプが近年，注目されている．ソフトウェアでの情報処理機能をサービスとしてとらえ，インターネット上で提供されているサービスを利用して，ソフトウェアを実現するタイプである．その代表的なタイプは SOA 活用によるものである．このタイプでは，ソフトウェア実体は提供者から利用者の管理下へ移動せず，サービス提供者にサービスを要求すると，サービスの結果が返送される．この詳細については，第 6 章を参照されたい．

SOA のタイプに類似するものとして，ASP（Application Service Provider），SaaS（Software as a Service），Web サービス，Web 上に公開されている API（Web API）の利用，オンデマンドアプリケーション開発，クラウドコンピューティング，ユーティリティコンピューティング，マッシュアップなど様々な呼び名で若干のニュアンスの違いを含ませつつ，広がりを見せている．マッシュアップについては，第 5 章を参照されたい．

SOA 活用によるソフトウェア実現においても，アプリケーションシステムとして整えるためには，やはり事前にソフトウェアを組み立てておく必要がある．しかし，その組立てに要する時間は，前記の二つのタイプ（個別開発，パッケージ利用）に比べ，極めて短期間で行うことができる．現在，このタイプが注目されている背景は，①高速通信基盤の普及，②総務省や経済産業省の普及促進の政策，③低コスト，短工期のソフトウェア実現，などが挙げられる．

また，SOA への大きな流れ（情報システム構築視点のパラダイムシフト）の中で，既存のソフトウェアを SOA 対応にすること(サービス化)も重要な課題である．その準備として，4.3 節に述べた個別ソフトウェア開発を行うにしても，ビジネスプロセスを整理し，これに対応する自己完結的なソフトウェア要素の集合としてソフトウェア開発しておくことが重要である．また，既存ソフトウェアを SOA の考えで連携させるためには，レガシーラッピング技術が重要な役割を果たすものとみなされる．

このタイプの実現に使用される基本的な要素技術には，SOAP，WSDL，UDDI，WS-BPEL，ESB が挙げられるが，詳細は第 6 章を参照されたい．また実例については第 7 章を参照されたい．

このタイプのソフトウェア実現は，まだ初期段階であり，方式について様々な試行がなされている段階であるが，有望な考え方は，SOA の考えに基づき準備され，Web 上で提供される SaaS ではないだろうか．

SOA の観点とは，若干異なるが，実際に SaaS 利用の場合には，利用者はサービスを SaaS 事業者に依存する，すなわち情報処理を依存するだけではなく，データベースについても SaaS 事業者のデータセンターの中に預けて依存することになる．利用者としては，情報セキュリティ，すなわち情報の保護が最も気になる点である．現状では，業界団体の定めたセキュリティ基準を遵守することで，情報保護の対策としている [23]．

この点を含めて，利用者が求める点は，「早く（短納期）」，「安く（低コスト）」，「安心（信頼性とセキュリティ）」の 3 点である．このニーズに対応して，多くの研究者や企業が活発な活動を行っている [24]，[25]．

4.6 まとめ

ソフトウェア実現について，「個別システム開発によるソフトウェア実現のタイプ」，「パッケージ利用によるソフトウェア実現のタイプ」，「SOA 活用によるソフトウェア実現のタイプ」の三つのタイプに分類し，概観した．伝統的に，「個別システム開発」タイプを中心にして，ソフトウェアの実現がなされてきた．本章でも，それを中心に述べた．一方現在及び今後，最も注目されているタイプは「SOA 活用」タイプであり，技術の黎明期あるいは発展時期にある．方式も事業者も群雄割拠の状態にあり，やがて有力な方式や事業者に絞られてくるものと予想される．このタイプで利用者が最も気になると予想されるのは，データのセキュリティであろう．現状はセキュリティ基準を定め，それを遵守するという方式である．この点を含めて，「早く」，「安く」，「安心」の 3 点で必要なソフトウェアを実現することを利用者は求めている．

また，経営環境などの事情に応じて，三つのタイプを最適に組み合わせることも，今後の利用者の工夫や知見になっていくものと予想される．

参 考 文 献

経営学全般について：
[1] 伊丹敬之，加護野忠男，ゼミナール経営学入門 第 3 版，日本経済新聞社，2003．

構造化プログラムについて：
[2] E. W. Dijkstra, "Go to statement considered harmful," ACM, vol. 11, no. 3, pp. 147–148, March 1968, (http://ctp.di.fct.unl.pt/~amd/lap/papers/e.w.%20dijkstra%20%5B1968%5D%20-%20go%20to%20statement%20considered%20harmful.pdf で再掲)（確認年月日：2008 年 9 月 1 日）

構造化設計について：
[3] G. J. Myers（著），久保未沙，国友義久（訳），高信頼性ソフトウェア－複合設計，近代科学社，1976．

SADT について：
IDEF（米空軍 ICAM (Integrated Computer Aided Manufacturing) プロジェクトの ICAM DEFinition (IDEF) から転じて Integration DEFinition，IDEF0，IDEF1X が著名）のもととなった構造化分析設計 SADT (Structured Analysis and Design Technique)

[4] D. T. Ross, "Structured Analysis (SA) A language for Communicating Ideas," in "Tutorial on Software Design Techniques second edition," IEEE Computer Society, pp. 149–167, April 1977, Reprinted from IEEE Trans. Softw. Eng. Jan. 1977.

4.6 まとめ

構造化分析，DFD について：
［5］ T. DeMarco（著），高梨智弘，黒田純一郎（監訳），構造化分析とシステム仕様，日経マグロウヒル社，1986．

リレーショナルデータベースについて：
［6］ 増永良文，リレーショナルデータベース入門（新訂版），サイエンス社，2003．

オブジェクト指向設計方法について：
［7］ J. Rumbaugh, M. Blaha, W. Premerlni, F. Eddy, W. Lorensen（著），羽生田栄一（監訳），オブジェクト指向方法論 OMT，トッパン，1992．

UML について：
［8］ 加藤正和（監修），かんたん UML 増補改訂版，翔泳社，2003．

UML2.0 について：
［9］ テクノロジックアート，独習 UML 第 3 版，翔泳社，2005．
［10］ 児玉公信，UML モデリング入門，日経 BP 社，2008．

EA について：
［11］ J. A. Zachman, "A Framework for Information Systems Architecture," IBM Systems Journal, vol. 26, no. 3, pp. 276–292, 1987.
(http://www.research.ibm.com/journal/sj/263/ibmsj2603E.pdf で再掲)（確認年月日：2008 年 9 月 1 日）
［12］ "EA 大全，"日経コンピュータ，no.582, Sept. 2003.
［13］ NTT ソフトウェア EA コンサルティングセンター，エンタープライズ・アーキテクチャの基本と仕組み，秀和システム，2005．

筆者らのソフトウェア構造提案について：
［14］ 宮西洋太郎，片岡信弘，田窪昭夫，柳下孝義，"企業速度と企業競争力についての一考察，"信学技報，SGC99-31, 1999.
［15］ 宮西洋太郎，"環境変化への迅速な対応を目指す企業情報システムのソフトウェア構造，"宮城大学紀要 2005 年第 8 号，pp.51–62，2006．
［16］ 宮西洋太郎，"階層型ビジネスロジック検討のためのプロトタイプシステムの試作，"信学技報，SWIM2006-8, 2006.

ソフトウェア開発方法論について：
［17］ 経営情報研究会，図解でわかるソフトウェア開発のすべて，日本実業出版社，2000．
［18］ 独立行政法人情報処理機構ソフトウェアエンジニアリング・センター編，共通フレーム 2007，オーム社，2007．
［19］ 大西　淳，佐伯元司，"要求仕様の品質特性，"情報処理，vol. 49, no. 4, pp. 386–390, April 2008.

オブジェクト指向についての見解：
［20］ 平澤　章，オブジェクト指向でなぜつくるのか，日経 BP 社，2004．

デザインパターンについて：
［21］ E. Gamma, R. Helm, R. Johnson, J. Vlissides（著），本位田真一，吉田和樹（監訳），デザインパターン改訂版，ソフトバンク，1999．

モデルベース開発について：
［22］ モデルベース開発ツール：Telelogic 社の Statemate.
http://www.ctc-g.co.jp/~product/category_jp/product_id_39.html（確認年月日：2008 年 9 月 1 日）

SaaS について：
［23］ 総務省 ASP・SaaS の情報セキュリティ対策に関する研究会，ASP・SaaS における情報セキュリティ対策ガイドライン，2008．
［24］ 経済産業省，SaaS 向け SLA ガイドライン，2008．
［25］ セールスフォース.com 社ホームページ：http://www.salesforce.com/jp/（確認年月日：2008 年 9 月 1 日）

5 ソフトウェア技術革新
——マッシュアップ——

ソフトウェア革新技術の一つとして最近注目を浴びているのが，マッシュアップである．これは，Web サイト上にある複数のサービス（ある自己完結的機能を IT で実現したもの）を特定の Web サイトにネットワーク経由で呼び出し，新規の Web サイトを実現する方式である．これにより，情報システム実現の生産性が格段に向上する．

一つの事例として 5.1.4 項で説明する「出張 JAWS」の場合は従来方式で 5〜8 人月の機能のものが 10 人日で作成されている．また，従来思いもよらなかったような Web サイトが実現されている．例えば，「自動入力検索エンジン「アンドロイド」」(http://search.satoru.net/web) は検索キーワードを入力しなくても，今話題の旬な検索キーワードを一定周期で自動的に入力し検索結果を表示する機能を提供している．この技術の大きな特徴は，第 6 章で述べられる SOA（Service-oriented Architecture）と異なり他のサイトのサービスを呼び出す場合，多くの場合，呼出しを行う Web サイトに JavaScript を追加するのみで可能であることである．この点が，SOA よりも取り組みやすいという面をもたらしている．しかし，この技術は，個人的な Web サイト（サービスがビジネス向きでないもの）の作成に広く利用が始まっているものの，エンタプライズでの業務遂行の世界では，利用が進んでいない．どのようにすれば，これを推進することができるかについて論じたものがこの章である．これがうまく推進できると，経営が必要とする情報システムを，従来よりもはるかに手軽に素早く実現することが可能となり，経営と情報システムのアラインメントに大きく貢献できると考えられる．

5.1 はじめに

この節では，マッシュアップ技術全般，及び現状のマッシュアップの利用状況について述べる．

5.1.1 マッシュアップ技術とは

マッシュアップとは，もともと音楽の世界で二つ以上の曲から例えば，片方はボーカルトラック，もう片方はオーケストラトラックを取り出して重ねて一つの曲にする音楽の手法で

5.1 はじめに

ある．

情報技術の世界での定義は，Web サイト上にある複数のサービスを特定の Web サイトにネットワーク経由で呼び出し，新規の Web サイトを実現する方式であることは前に述べたとおりであるが，この取り込む Web サイト上のサービスのインタフェースは Web API（Web Application Programming Interface）と呼ばれる．

このサービスを実際に利用するためには，サービスがネットワーク経由で提供されていることが必要である．Web で公開されているサービスはインターネット経由であるが，社内の場合は LAN 経由やイントラネット経由となる．これにより，Web サイト上で公開されている複数のサービスや，自社内の他のシステムのサービスを Web API で特定の Web サイトで呼び出し，あたかもその Web サイトでの機能のように利用者に提供することができる．これらの基本的な概念を**図 5.1** で説明している．

例えば，Google Maps が提供している地図情報サービスとホテルの情報を提供している Web サイトのサービスを呼び出す Web サイトを作成したとする．このサイトでは Google Maps の地図情報の画面上をクリックするとその周りのホテルの位置を示すマークが表示され，そのマークをクリックするとホテルの詳細な情報を表示させることが可能となる．これは，一つの典型的な利用例である．このようにして作成した Web サイトをマッシュアップサイトと呼ぶ．

マッシュアップサイトでは多数の Web API をうまく利用することにより，様々な機能をマッシュアップサイトの利用者に提供することが可能である．このような Web サイトは通常 JavaScript の極めてわずかなプログラミングで簡単に作成可能である点が大きな特徴といえる．例えば，前記のホテルの検索の事例では JavaScript は 80 ステップ程度である．この JavaScript では，呼び出すサービスの提供サイトとのコネクションの宣言，サービス実行中のデータ受渡しの関数の宣言などを行う．

マッシュアップで Web API を利用する場合は，そのサービスはネットワーク経由で実行段階に呼び出される．このときの Web API はサービスのインタフェース（サービスを実現しているプログラムのインタフェース）を意味するのみであり，サービスの実体が移動するわけ

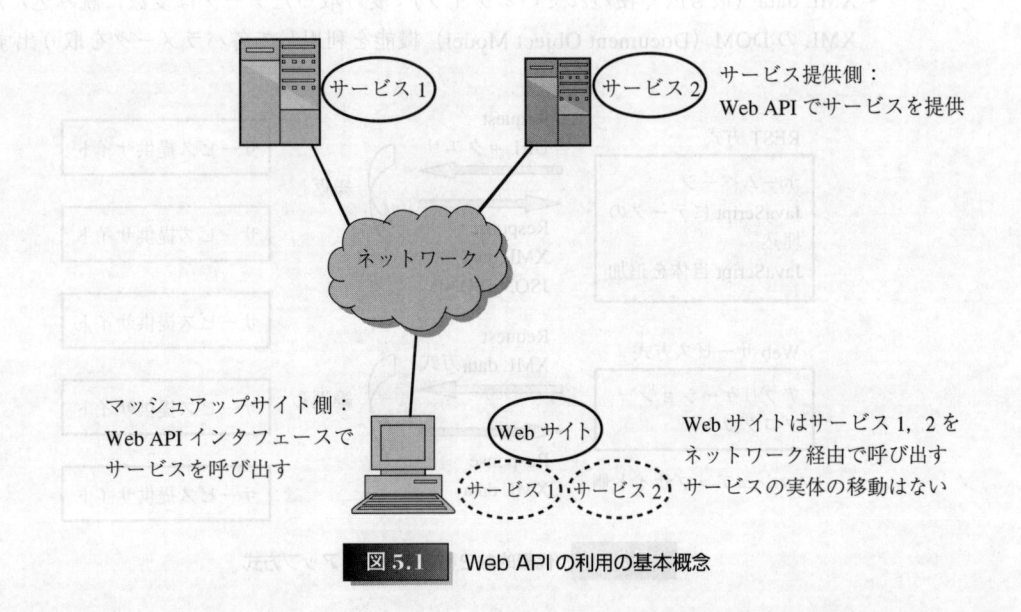

図 5.1 Web API の利用の基本概念

ではない.

このようなWeb APIは多数が存在する.一般に企業が提供しているものは無償が多いが,商用利用には有償とか,アフィリエイト以外は商用利用禁止とか,1日の利用回数の制限など各種の制約が存在するものもある.またこれらを利用して実現したマッシュアップサイトも広く公開されほとんどの場合無償で利用することが可能である.

5.1.2 マッシュアップの実現方式の概要

マッシュアップの実現方式の概要について以下述べる.詳細は,5.4.2項参照.

マッシュアップの実現方式の代表的なものとして,REST方式とWebサービス方式の2種類が存在する.実際には,REST方式がほとんどであり,他の方式を採用していても,REST方式も併せて利用可能としているものが大多数である[1].したがってこの章もREST方式を重点的に取り上げ説明する.

REST方式は,WebサイトのJavaScriptの作成のみで,サーバ上にプログラムとやり取りする必要がないのが特徴であり,これによりマッシュアップが急速に普及したともいえる.

(1) REST方式

RESTとは,REpresentational State Transferの略であり,URI(Uniform Resource Identifier)が示すリソースをHTTPを使って操作する方法である.以下データの送受信の方式について述べる.

- サービス提供側に送られる情報:マッシュアップを実現するWebサイトのURLとクエリを送付する.クエリはパラメータ名とパラメータ値を必要な数並べてカンマで区切ったものである.

  例えばカカクコムの商品検索の場合は次のようになる.詳細は5.4.2項参照.

  http://api.kakaku.com/Ver1/ItemSearch.asp?　　パラメータ名＝パラメータ値,・・・
  ←-------------------- URL -------------------→　　←---------------- クエリ ---------------→

- 受け取る情報:
  - XML data(最も広く使われているタイプ):受け取ったデータは変数に読み込んだ後,XMLのDOM(Document Object Model)機能を利用して各パラメータを取り出す.

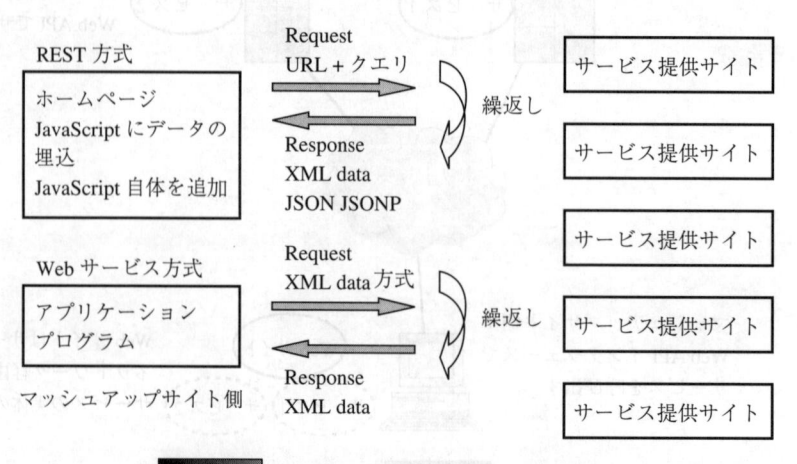

図5.2　代表的な2種のマッシュアップ方式

- JSON 形式：JavaScript プログラム自体を受け取る．
- JSONP 形式：データ受取り用の関数を用意し，クエリに含め要求を送るとその関数の引数として受取りデータが渡される．

（2） Web サービス方式

いわゆる Web サービス型（詳細は第 6 章参照）であり，SOAP（Simple Object Access Protocol）でデータがやり取りされる方式である．この場合には，サーバ側のプログラムと SOAP 方式でサービス提供側とやり取りを行うことが必要となる．この場合送受信されるデータは，XML 形式であり，伝送プロトコルは HTTP である．

これら二つの方式の概要を図 5.2 に示す．

5.1.3 ここまで来ているマッシュアップ利用

ProgrammableWeb [2] のホームページによると，マッシュアップで作成された Web サイトは 2008 年 5 月時点で 3000 件弱存在し，ここ 6 か月間で 550 件増加している．またこの 3000 件の利用の対象分野としては mapping が 33% を占め最も多く，photo, video, music などがそれぞれ 10% 前後を占めている．また，Web API の提供元の比率では，Google Maps が約半数を占め，そのほかには，Flickr, Amazon, YouTube が 10% 前後で続く．

一方，日本のものは mashupedia [3] で紹介されているが，Web API の件数は 400 件にも満たない．それでも日々増加している．残念ながらこのサイトは，2008 年 3 月 31 日時点で閉鎖されリニューアル中である．この数字は 2008 年 3 月時点の数字である．

5.1.4 Mash up Award（マッシュアップ競技会）

サンマイクロシステムズ社，リクルート社及び 17 の協力企業，団体主催で Mash up Award

http://fairyware.jp/jaws/jaws.htm

図 5.3 出張 JAWS のメイン画面

表 5.1 Mash up Award 3rd 協力企業

アシアル株式会社	株式会社 EC ナビ
イースト株式会社	ウノウ株式会社
株式会社 NTT データ	株式会社カカクコム
株式会社カヤック	株式会社きざしカンパニー
Koozyt, Inc	株式会社ぐるなび
株式会社ゴーガ	字幕 in 株式会社
GMO アドネットワークス株式会社	Skype Technologies
株式会社セールスフォース・ドットコム	チームラボ株式会社
株式会社テクノラティジャパン	株式会社ドリコムジェネレーティッドメディア
日産自動車株式会社	株式会社ベクター
フォートラベル株式会社	富士ゼロックス株式会社
有限会社 Preferred Infrastructure	株式会社 paperboy&co
楽天株式会社	有限責任中間法人 Mozilla Japan
株式会社レーベルゲート	

http://jp.sun.com/mashupaward/3rd/ より作成

2nd が 2007 年 1 月 23 日より開催され，3 月 22 日に審査結果を発表している．ここでは主催の団体からのコーディングサンプルの提供も行われ 108 作品中，24 作品が受賞している．

ここでの最優秀作品が「出張 JAWS」(図 5.3 参照) である [4]．この作品は，出張支援の Web サイトであり，土日の休日の 10 日の日数で作成されたといわれている．内容的には，5〜8 人月と想定されるソフトウェアである．開発生産性の抜群の高さを物語る典型的な例である [5]．

そのあと Mash up Award 3rd が行われた．そのときは主催元のリクルート社，サンマイクロシステムズ社以外に表 5.1 に示す 26 社が Web API の提供を行っている．また，2008 年 6 月 3 日から 9 月 16 日の期間で Mash up Award 4th が開催されている [6]．このようにマッシュアップによる Web サイトの実現及び Web API の提供は着実に増加してきている．

5.1.5 エンタプライズでのマッシュアップ利用の現状

今まで述べたマッシュアップの事例は多くの場合，地図情報，宿泊情報，グルメ情報，路線情報，画像検索等に関するものであり，エンタプライズでの利用が進んでいないのが現状である．ここでのエンタプライズとは，企業や団体，官庁，地方公共団体などで，そこでの業務全体のことを意味する．

エンタプライズでのマッシュアップの利用の目的は，次のものである．利用者側としては世の中に存在する多数の Web API の有効利用により情報システムの実現をより迅速に行い，経営と情報システムのアラインメントに貢献する方策を探ることである．

提供者側としての目的では，現在のアマゾンやカカクコムなどが行っているように，自社のデータベースに対するアクセスのための Web API を提供して販売チャネルを拡大することである．現状では既に多数の企業がこの Web API の提供を行っており，その代表的なものを表 5.2 に示す．

現状は，サービス産業が大勢を占めているが，製造業者がその製品データベースに関する

5.1 はじめに

表 5.2 データベース提供の代表的 Web API

ベンダー	サイト名
アマゾンジャパン	書籍情報ほか
イースト	路線情報など
カカクコム	価格.com で扱う商品
リクルート	中古車情報，カタログ
JAL	企業向け予約サービス
JTB	JTB で扱う旅行

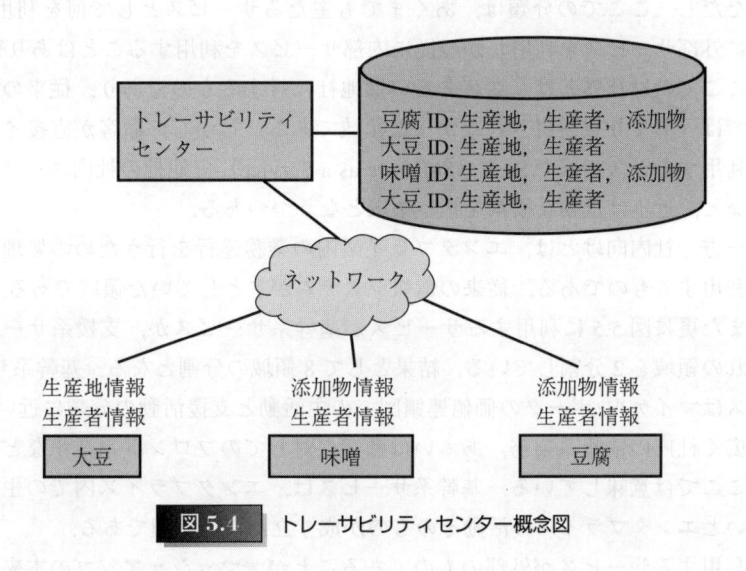

図 5.4 トレーサビリティセンター概念図

Web API を提供し，部品供給業者が部品データベースに関する Web API を提供することにより，それらの販売会社は，有効なビジネスモデルを構築することが可能になると考えられる．

このような製品データベース以外に，第三者による情報管理の Web API も考えられる．具体的な例としては下記のものが想定される．

（1） トレーサビリティセンター

最近は食料品の産地や加工業者，添加物などのトレーサビリティが食品安全性及び偽装防止の観点から要求される．このような要求に対して，第三者が管理するトレーサビリティセンターを作る．各加工業者，メーカはこのセンターの自社に関連する製品データベースに Web API を利用し加工原料，添加物のトレース情報を書き込む方式である（**図 5.4** 参照）．

（2） 顧客情報管理センター

個人情報保護法施行により個人情報の管理には，各社ともに大きな費用を投じている．大企業の場合はともかく中小企業の場合は，これの管理のための費用は頭の痛いところである．そこで，自社での管理をやめ，信用ある専門の会社に任せようとの考え方である．実際に個人情報の利用時のみ Web API で必要な情報のアクセスを行い，必要なものを取り出す方式となる．当然ながら各社対応の個人情報は暗号化等十分な機密管理を行い取り出して利用する側のアプリケーションで複号化を行うなどの処置が必要である．

このように挙げればきりがないが，一種の ASP（Application Service Provider）であり，自

社以外のサービスと自社でのサービスをマッシュアップして利用する方式である．

5.2 エンタプライズでの利用加速化

エンタプライズでのマッシュアップ利用の加速化のためにどのような利用方式が適しているかを分類することから始める．そのため情報システムを社内向けの提供か，社外（顧客，他社）向けのものかを縦軸として，マッシュアップで呼び出すサービスが外部のサービスか社内のサービスかを横軸として四つの領域に分類し，それぞれのマッシュアップ利用の特質を明確にする．これを図5.5に示す．

ただし，ここでの分類は，あくまでも主たるサービスとして何を利用しているかであり，主に外部サービスを利用しかつ従に内部サービスを利用することはあり得る．

ここでの対社外とは，顧客あるいは他社に対するものであり，従来の基幹系中心のシステムでは，あまり重要視されなかった領域である．しかし，顧客が直接インターネットや電話で利用するシステムやSaaS（Software as a Service）で他社の社内ユーザがシステムを利用するなど，近年は重要な役割を担う領域となりつつある．

一方，社内向けとは，エンタプライズ内の業務遂行を行うための処理であり，社内ユーザが利用するものである．従来の情報システムが主としていた領域であるといえる．

また更に図5.5に利用するサービスが基幹系サービスか，支援系サービスかにより，それぞれの領域を2分割している．結果として8領域の分割となる．基幹系サービス，支援系サービスはマイケル・ポータの価値連鎖図での主活動と支援活動の分類に近いが支援活動は，もっと広く社内の情報系業務，あるいは顧客に対してのフロント系業務などに広がっているものをここでは意味している．基幹系サービスは，エンタプライズ内での主活動であり，これがないとエンタプライズの活動そのものが成り立たない処理である．

利用するサービスが外部のものであることが，マッシュアップの本来の姿であるが，この章では，社内のサービスもマッシュアップの対象としていることは，5.1.1項でも述べたとお

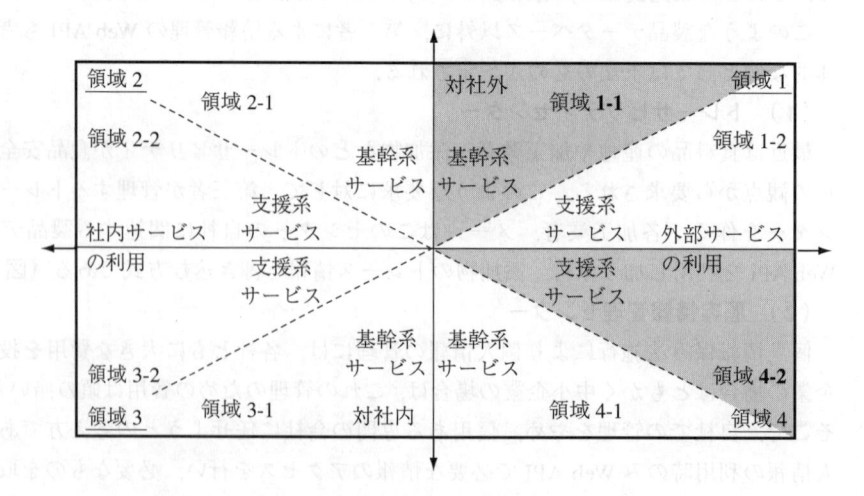

（注）色が付いた部分は今後早急に拡大が期待できる領域を示す．

図5.5 エンタプライズでのマッシュアップ利用領域分類

りである.

　この分類により領域ごとのマッシュアップ利用の特質を明確とし利用促進の方策を明確とする．この領域の中には，マッシュアップとして意味のない領域も存在する．マッシュアップの利用がどのような領域で有効であり，利用を促進すべき領域がどこかが明確となることをねらったものである．5.2.1項以下に各領域の特性の説明を行う．

5.2.1　領域 1：外部サービスの社外（顧客）への提供

　外部サービスを呼び出し，社外顧客にWebサイトの提供を行うものである．このときマッシュアップされるものは，外部サービスと共にエンタプライズの内部サービスも必要である．この内部サービスで利用者に関する情報の蓄積などを行わなければ，外部サービスを中継しているのみで，企業としての付加価値が出せない．

（1）領域 1-1　　外部基幹系サービスを利用したビジネス

　この領域は，基幹系外部サービスを主としたものである．表5.2に示したようなデータベースを提供するようなWeb APIを利用する場合がこれにあたる．ここではアマゾンのWebサービスやカカクコムのデータベースに対するWeb APIをマッシュアップし，企業としての内部サービスを追加することにより，目的としたビジネスモデルに対応した情報システムを迅速に実現するものである．

　この領域は今後急速に拡大していくものと考える．これは，このようなマッシュアップ技術があるから成立したビジネスモデルともいえる．

（2）領域 1-2　　外部支援系サービスの利用による顧客への粋なWebサイトの提供

　この領域は，外部サービスとして支援系サービスを利用するものである．支援系のサービスは比較的簡単にマッシュアップできる領域であるが，これを顧客サポートにどのように生かすかは，難しい要素がある．地図情報でその企業の所在地の説明や地方の企業の観光案内やあるいは天気予報などを企業Webサイトにマッシュアップすることは，一つの方策である．

　要するに，その企業のホームページを面白く，有益なものにするための方策とし利用することが用途である．うまいアイデアで顧客に粋なWebサイトを提供できる．

5.2.2　領域 2：内部サービスの社外への提供

　この領域のものは内部サービスをマッシュアップして社外（顧客）へ提供するものである．

（1）領域 2-1　　ビジネスの核となるWeb APIの提供

　この領域は，内部基幹系のサービスを社外のマッシュアップ作成者に提供するものである．この場合Web APIの利用（すなわちマッシュアップ）ではなくWeb APIの提供と考えられる．表5.2に現在提供されているWeb APIの代表的なものを示したが，今後エンタプライズでのマッシュアップ利用を促進させていくためには，このようなWeb APIの提供の拡大は重要であり，自社のビジネスモデルへの組込みを検討する価値のある領域である．

（2）領域 2-2　　支援系サービスの顧客への開放

　内部支援系のサービスの顧客への提供であり，従来はあまり考えられない領域である．しかし，顧客の登録した情報を直接顧客が確認するとか，自動車の保険の継続申込みを顧客が直接インターネットで行うとか，宅配便が今どこまでどう運ばれているのかを顧客が直接確認するなど内部サービスを顧客に提供するケースが増加している．このような業務に内部サービスを複数個マッシュアップすることにより，より良いWebサイトが提供できる．

5.2.3 領域3：内部サービスの社内への提供

この領域は，内部サービスの社内ユーザの利用である．

（1）領域3-1　基幹系サービスの利用

これは，社内に散在している基幹系情報サービスが対象となる．基幹系サービスの場合は，本来のWebサービスでの接続の世界であり，各システムがSOAに基づき構築されていることがポイントとなる．基幹系サービスの接続には，データベースの更新の同期性などの複雑な問題が存在する．したがってこの領域はマッシュアップでは対応できない世界となる．SOAの詳細については，第6章参照．

（2）領域3-2　支援系サービスの内部提供

この領域は，社内サービス同士をマッシュアップして社内ユーザへ提供するものである．これは社内に散在している顧客情報などの内部サービスを統合し，Webサイトとして社内ユーザに提供するようなケースである．このように事業部ごとや分社ごとに散在している顧客に関連する情報を集め，顧客ごとに関連付けをしておくことにより顧客に対するより綿密な対応が可能になる．また，顧客に関連する情報を一つにまとめるシステムを実現するよりはるかにコストも時間も少なくて済む．対象業務は多くの場合，顧客サポート（コールセンター）などのフロント業務が対象である．

5.2.4 領域4：外部サービスの社内への提供

この領域は，外部のサービスを呼び出し社内ユーザのために提供することをねらったものである．

（1）領域4-1　外部基幹系業務の社内ユーザへの提供

企業の基幹系業務サービスをマッシュアップするケースである．従来基幹系業務を外部サービスに頼ることは考えられなかったが，SaaS（Software as a Service）の出現でこれが可能となってきた新しい領域といえる．

例えば，SaaSは従来は支援系のサービスを主として扱ってきたが，最近はERPパッケージのサービスも行われるようになってきた．ERPパッケージのWeb APIで企業の他の内部サービスとマッシュアップすることが可能である．

これにより面倒な基幹系業務対応のERPパッケージの運用は，SaaSの提供会社に任せ，自分たちの必要な独自のシステムをERPパッケージと連動して実現できる手軽さが得られるようになってきた．

（2）領域4-2　外部支援系サービスの社内ユーザへの提供

社内ユーザに対するWebサイトを提供するものであり，現在世の中に多数存在するWeb APIの中から，適切な外部サービスを企業内に取り込むことにより社内ユーザ用サイトを充実させることが可能となる．

この例としては，前に述べた「出張JAWS」[4]がその典型である．これは，Google Maps，HertRails Express，RailGo，じゃらんWebサービス，ホットペッパーWebサービスの5種の外部サービスと旅費精算の内部サービスがマッシュアップされている．これにより出張者の支援サイトを提供している．

この領域は，現在のマッシュアップの利用方式（生活密着型，趣味的なもの）に比較的近いものであり，作成者も取り組みやすいと考えられる．多少工夫すれば，ビジネスに役立つ

ものがどんどんできるはずであり，社内の業務合理化の面からもマッシュアップのエンタプライズ利用の牽引役として期待される．

マッシュアップサイトの利用面の効率から考察をすると次のことがいえる．現在既に多くの企業で社内向けにポータルサイトを作成し，社内業務以外に，路線案内，ホテル検索，天気予報等の Web サイトを取り込んでいるが，これらはポータルサイトとなっているのみで，互いに連携していない．したがって利用するサイトごとに同じ情報を入力する必要がある．

マッシュアップサイトを利用すれば，これが 1 回で済むため大きなメリットが得られる．下記の五つのサイトがポータルサイト上にならんでいる場合と，出張 JAWS を比較すれば次のようになる．マッシュアップサイトのケースでは目的地入力は 1 回のみである．ポータルサイトの場合には，路線駅名検索のための目的地，駅経路検索のための目的地，目的地周辺の地図，目的地周辺宿泊施設検索，目的地周辺のレストラン検索と 5 回の目的地の入力が必要となる．

5.2.5 各領域分類のまとめ

この節では，8 領域についてその特性を説明した．領域によっては，マッシュアップ利用の対象でないもの（領域 3-1），マッシュアップ利用ではなく Web API 提供（領域 2-1）のものを明確にした．また，基幹系業務対応の領域，支援系業務対応の領域でどこの領域が適しているかも明確となった．また，今後早急に拡大が期待できる領域 1-1，領域 4-2 も明確にした．

5.3 エンタプライズでのマッシュアップ利用の業務分類

マッシュアップをエンタプライズで利用していく場合もう一つの分類視点として，従来からある支援系，フロント系，情報系，基幹系の四つの分類ができる．以下はこの分類に沿って，具体的事例も挙げながらマッシュアップ利用促進策を探る．

5.3.1 支援系への利用

支援系とは，社内，社外ユーザや一般市民に対して各種業務遂行上のサポートを行うものである．

これは次のいくつかに分類される．

（1）社内ユーザ業務支援

これは図 5.5 の領域 4-2「出張 JAWS」で代表される利用方式である．これの一例を図 5.6 に示す．これは，出張のとき目的地周辺の地図検索のために Google Maps，路線検索のために RailGo，目的地周辺宿泊施設検索，目的地周辺のレストラン検索など目的に合ったサービスを呼び出していることを示している．内部サービスとしては旅費清算のシステムを想定している．利用できるものはどしどし利用する．今まで社内で開発するしか他に方法がないと信じられてきた案件が，外部のサービスを利用することにより極めて簡単に実現できるということである．利用しなかった理由は，マッシュアップがグルメや地図など生活系の Web サイト作成であり，エンタプライズ用に利用できるとの認識がなかったことによるものと考えられる．

また，他人が作成したものをネットワークにより利用することに対する違和感，心理的抵

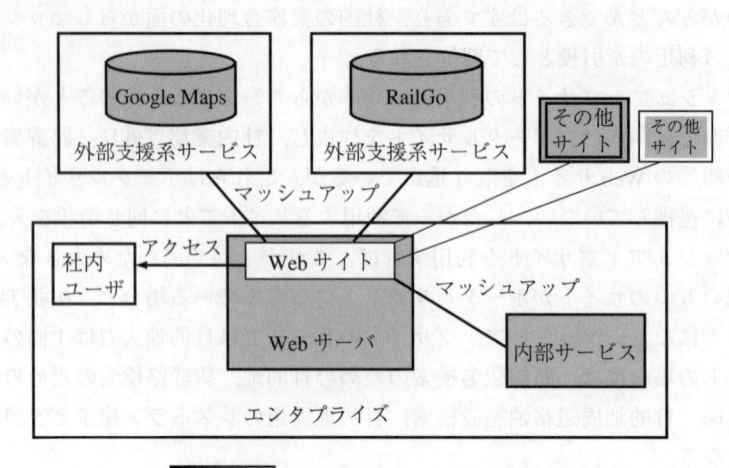

図 5.6 外部支援系サービスの利用例

抗感が従来の情報システム部門に存在するので，これをいかにして払拭するかの課題もある．基本的には，先駆者が率先して作成しその価値を認めさせ，仕事として認知させていく必要がある．

また，外部サービスと内部サービスの接続に対する Java Script の脆弱性に対する対応など機密性に対しても十分な検証を行う必要がある．一方で費用対効果が優れていることを認知させることが必要である（領域 4-2 対応）．

（2） 社内ユーザ業務支援（システム間連携）

LMS（Learning Management System）などもネットワーク経由の教育専門会社のシステムと利用する企業の教育システムをマッシュアップさせ，教育結果を企業独自の教育体系のデータに反映させることが考えられる．具体的には，受講者の受講状況は，教育専門会社のシステムが日々把握しているが，受講が完了したとき，あるいは途中放棄したとき，この情報を企業側の教育データ管理システムが取り込む仕組みを Web API を利用し作成することである（領域 4-2 対応）．

（3） 社外ユーザ業務支援

(1) と似た事例として米国のリアーデンコマースサービスの調達サービス（http://www.reardencommerce.com）がある．これは，出張者用の Web サイトでありホテル予約，航空券予約の外部サービス，旅費清算の内部サービスをもち SaaS として展開している．つまり前述の「出張 JAWS」の SaaS 版である．このシステムは SaaS として企業と契約を行いその企業の社内ユーザに対して，このような出張に関する支援機能を提供している．この場合図 5.6 でエンタプライズに相当するのが SaaS 提供会社であり Web サイトをアクセスするユーザは社内ユーザではなく社外ユーザ（契約している企業の社内ユーザ）である．これは他社のサービスを仲介することで，ビジネスを成り立たせる新しいビジネスモデルともいえる（人手を介入する方式では当たり前に存在した）（領域 1-2 対応）．

（4） 一般市民業務支援

更に，最近は政府や地方自治体の各種の電子申請も増加したが，これらのインタフェースは，それぞれ異なっている．また，民間のサービスとのインタフェースとも当然異なっている．これをマッシュアップによりインタフェースを統一し利用者の利便性を図ったとの事例もあ

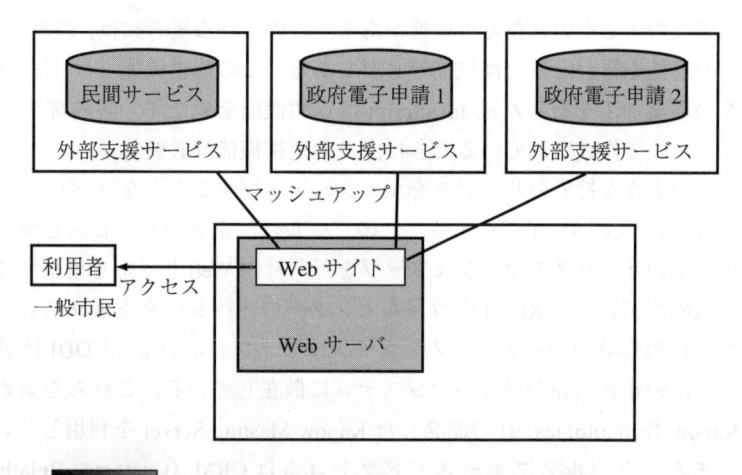

5.3 エンタプライズでのマッシュアップ利用の業務分類

図 5.7 外部支援サービスインタフェースの統一化の実現

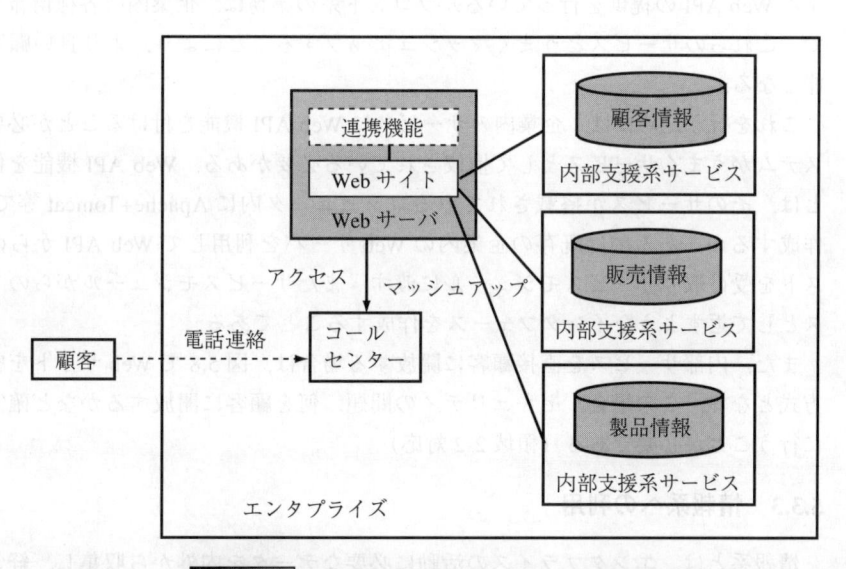

図 5.8 内部支援系サービスの社内ユーザへの提供

る[7]．これを**図 5.7** に示す．ただしこれは，利用者の便宜を図ることができるが，ビジネスモデルとしてどのように生かせるかは未知数である．一つの利用方式としては，プロバイダがこのような機能を提供し，そこに商品の宣伝を載せる方式も考えられる（領域 1-2 対応）．

5.3.2 フロント系への利用

フロント系とは，顧客に対してのサポート業務であり，その代表的なものにコールセンターがある．

フロント系のサポートの場合には，**図 5.8** に示すように，社内に存在する各種情報を集め顧客対応に情報のつなぎを作っておくためのマッシュアップが必要である．これを Web サイトとして社内ユーザに提供することにより綿密な顧客サポートが可能になる．

マッシュアップする内部データが統一性のないものである場合 JavaScript が複雑になり，

保守性の劣るものになる可能性がある．このような場合には，別のプログラムを作成し，データの連携を行わせる連携機能が必要である．この連携機能では，JavaScript が受け取ったデータの編集加工を行った後 JavaScript に返す機能を果たす．各内部サービスのデータがある統一ルールで作成されているときは，この連携機能は必要ない．

このような社内のサービスをマッシュアップするようなツールの一つとして Data Mashups online service [8] が存在する．このツールは，企業のサービスをマッシュアップするとともに外部のサービスのマッシュアップを行い社内 Web サイトを構築する機能を提供している．

他の事例として KDDI のコールセンターのオペレータ支援システムは，社内（関連会社を含め）の複数のデータベースをマッシュアップしている．KDDI は過去に合併を繰り返してきたため顧客情報が異なったシステムに散在している．これらを集めてくる目的で，米国の Kapow Technologies [9] の開発した Kapow Mashup Server を利用している [5]（領域 3-2 対応）．

また，セールスフォース・ドットコムは CRM（Customer Relationship Management）や CSM（Customer Satisfaction Management）等のサービスを SaaS で行っているが，これに対する Web API の提供を行っている．フロント系の業務は，企業内の各種情報を必要とするので，これらのサービスとうまくマッシュアップすることにより，より良い顧客サポートが可能となる．

これを行うためには，企業内のサービスに Web API 機能を付けることが必要であり，各システムがうまくサービスとして構成されている必要がある．Web API 機能を付けるということは，そのサービスが搭載されているコンピュータ内に Apache+Tomcat 等で Web サーバを作成するか，あるいは既存の企業内の Web サーバを利用して Web API からの HTTP リクエストを受け取りサービスモジュールに渡す．またサービスモジュールからの HTTP レスポンスとして返すようなインタフェースを作成することである．

また，内部サービスを直接顧客に開放する場合は，図 5.8 で Web サイトを顧客に開放する方式となる．この場合，セキュリティの問題，何を顧客に開放するかなど確実な方針のもとに行うことが必要である（領域 2-2 対応）．

5.3.3 情報系への利用

情報系とは，エンタプライズの活動に必要なデータを内外から収集し，経営戦略や製品戦略，販売戦略のためなどに，分析や計画立案を行う業務である．領域的には，図 5.5 の 4-2 に近い．最も企業の独自性を出す必要がある部分である．

最近は，商品に対する顧客の評価にブログが重要な役割を果たしている．自社製品の市場での評価分析のためブログの解析を行う場合には，ブログ検索分析 Web API，ブログ収集 Web API，また収集したブログを解析するための形態素解析の Web API が存在する．

これらをうまくマッシュアップして利用すれば，効率の良いブログ活用ソフトウェアの作成が可能と考えられる．

5.3.4 基幹系への利用

基幹系とは，その業務が停止するとエンタプライズ活動そのものが停止するミッションクリティカルな業務である．

外部で提供されているデータベースを利用してビジネスを行うケースがまず考えられる．これは，既に多くの Web サイトで利用されている方式である．この場合，Web API で入手し

た情報や顧客に関する情報に対して，企業としての付加価値を出すためのデータの編集，加工，蓄積等は，WebサイトのJavaScriptのみでは不可能である．これらの処理のために内部サービスが必要である．これは，JavaScriptは変数をもちJavaScript内でデータを伝え合うことはできても，データの蓄積をするためには，データベースをもった内部サービスの機能を必要とするからである．

また，複数の外部サービスと内部サービスをマッシュアップする場合，時によっては膨大なJavaScriptを記述が必要となるケースが発生する．これは，内部サービスを汎用的なものとして作成した場合は特にそうである．このような場合JavaScriptの保守性を悪くしないために一部の機能をPHP等で作成する必要が発生する．

このプログラムは，連携機能としてJavaScriptからデータを受け取りデータ編集，加工の処理を行った後Webサイト経由で再度JavaScriptに戻す．このようにJavaScriptの機能の一部を分離することによりJavaScriptをあまり大きくならないようにし保守しやすいものとする．

複数の外部サービスから受け渡されるデータがそれほど複雑でなく内部サービスに受渡し可能な場合は，この連携機能は不要である．このような外部サービスの取込みは，新しいビジネスモデル創出に最も貢献する領域であり，ビジネスモデルに対応した情報システムを迅速に実現可能である．逆にいえば，このような情報システムの実現ができるからビジネスモデルが成り立つともいえる．

まさにITがビジネスを牽引する領域といえる．したがって，この領域が今後マッシュアップとして早急に伸びていく領域の一つと考えることができる．図5.5の領域1-1の太字はこれを意味する．

これを**図5.9**に示す．これは，リクルートの中古車情報から自分のこだわりの車の情報を得て，カカクコムの中古車情報と比較することが簡単にできるサイトを提供している事例である．ここでは，内部情報として，検索したサイトの履歴を内部サービスとしてもち何度も同じ情報を検索しなくてもよい機能を提供している．車好きの人に対する機能であり，会員制として各種情報の提供と広告で事業を成り立たせようとするものである．

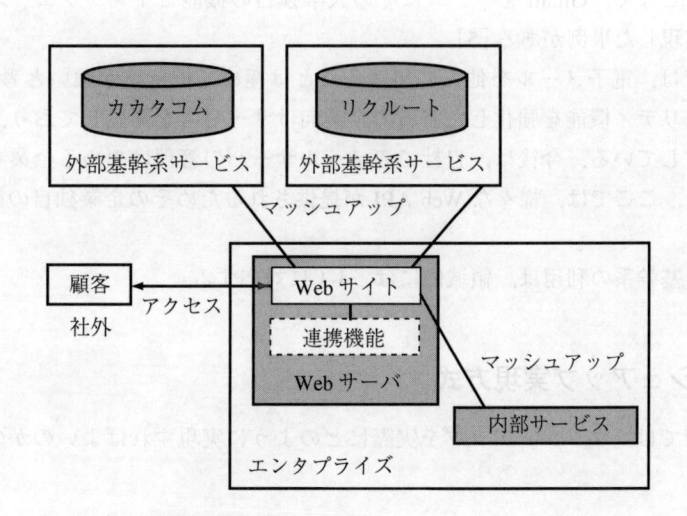

図5.9 外部基幹系サービスの利用

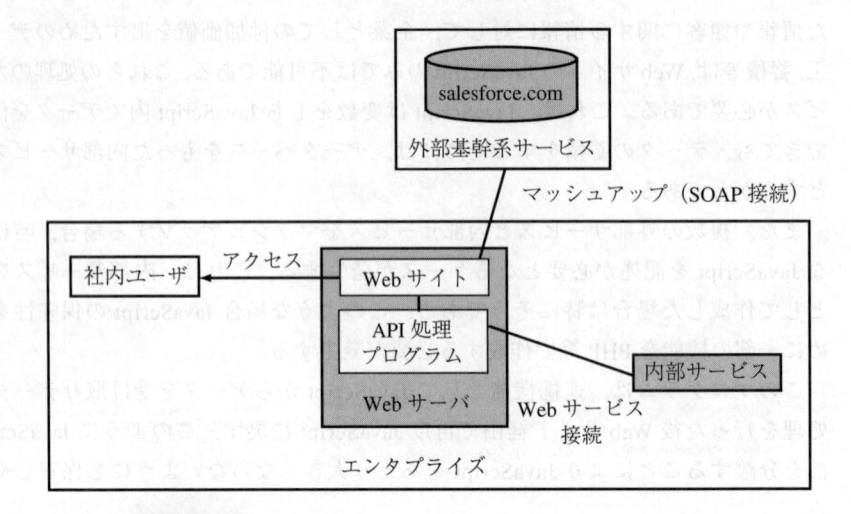

図 5.10　外部基幹系サービスの利用例（Salesforce 利用）

　一方，5.2.4 項で述べたように従来社内で行ってきた，ERP 等の基幹系業務を SaaS で外部委託するケースが出始めている．例えば，Salesforce.com は，外部との接続に API（彼らは Web API とは呼ばず API と呼んでいる）を用意している．この API を利用して社内のサービスとマッシュアップすることが可能である．ただしこのような内部処理は，基幹系業務からデータを受け取り情報系の処理に利用する方向で行うべきであり，基幹系業務にデータを送り込むことは，基幹系業務のデータの一貫性の保障の点から十分な注意が必要である．

　また，接続方式は，Salesforce.com の場合 SOAP（Web サービスの方式）のみを採用している．したがってこのような場合には，JavaScript のみでは不可であり，SOAP インタフェースでデータをやり取りするプログラムが必要となる．したがって内部処理とのつなぎも併せて Web サービス（SOAP）の方式とする方が素直である．これを図 5.10 に示す．

　これとは別に，某大学が 10 万人の学生，教職員に対して学内のメールシステムを独自構築することなく，Gmail をベースにその大学独自の機能とインタフェースをマッシュアップにより実現した事例がある [5]．

　企業では，電子メールを他人に預けることは極めて抵抗感が強いと考えられるが，Gmail はセキュリティ機能を強化した有料の企業向けサービスを開始しており，利用企業の信頼を得ようとしている．今後は，自社でのメールサーバの管理はやめる企業も増加するものと考えられる．ここでは，様々な Web API が提供されるためその企業独自の機能の追加も容易となる．

　これら基幹系の利用は，領域的には，4-1 に対応する．

5.4　マッシュアップ実現方式

　この節では，マッシュアップを実際にどのように実現すればよいのかの概要について述べる．

5.4.1 実現方式

（1） マッシュアップ作成のための環境

（a） 作成に必要な技術

マッシュアップ作成のために必要な基本的な技術は，ホームページの作成技術とJavaScriptの技術である．マッシュアップ作成手順は下記である．

・マッシュアップとして公開するためのもととなるホームページを作成する．
・5.4.2項に述べるWeb APIの種類により異なる方式のJavaScriptをホームページに埋め込んでいく．
・できたホームページをこれが動作するサーバにアップロードする．これは通常のホームページ作成と同様である．

（b） デバッグ関連

IE（Internet Explorer）の場合WebサイトのJavaScriptの異常に対してエラーメッセージがほとんど出ない．Firefoxの場合には，Firebugなるデバッグ機能が存在する．これをFirefoxに組み込めば，Webサイト内での異常に対してかなりのエラーメッセージが表示されデバッグに役立つ．テストはFirefoxで行い，本番はIEというのが一般的な使い方となる．

（c） クロスブラウザの問題

現在ブラウザの主流はIEであるが，それ以外にFirefox, Opera, Safariなども広く利用されている．JavaScriptの動作は，すべてが同じではなく，特にIEとそれ以外のブラウザとの違いがある．問題となるのは，通信オブジェクトの部分でこれを解決するためには，各ブラウザに対応する自作の通信オブジェクトを作成する方式もあるが，Google Mapsを基本サービスとして利用する場合は，GXmlHttt.create()なる関数が用意されており，これを利用することにより解決できる．

（2） 実現目的の明確化

これは，実現において最も重要なものである．また，このとき実現対象が図5.5のどの領域のものであるか，また，5.3節でのどの種類のものを実現するのかを認識し，そこで必要とされる要件を確認する．

（3） 実現機能の決定と利用Web APIの決定

実現目的を明確にすれば，次に実現機能が明確になる．このとき必要機能に対して，これを実現するために必要なWeb APIの検索を行う．適切なWeb APIが見つからないときは，実現機能の変更もあり得る．ここが，通常のソフトウェアの実現方式と異なる点である．

この段階でBP（ビジネスプロセス）を明確にする．ここでは，詳細なBP図を作成する必要はなくマッシュアップのためのどのようなWeb APIを利用するか，受け渡す情報は何かを明確にするのみでよい．

（4） Web APIの検索方法

これには，ProgrammableWeb[2]のようなコミュニティサイトが有用である．しかし，これは米国のもので，英語のWeb APIであり日本語のものは登録されていない．

一般的によく利用されるWeb APIは参考文献[1]「マッシュアップ かんたんAtoZ」の付録に各Web APIサービスの一覧が存在する．また，Google APIに関しては，参考文献[10]などがある．

また，Web APIとマッシュアップに関連する情報を集めたusing APIというブログサイト

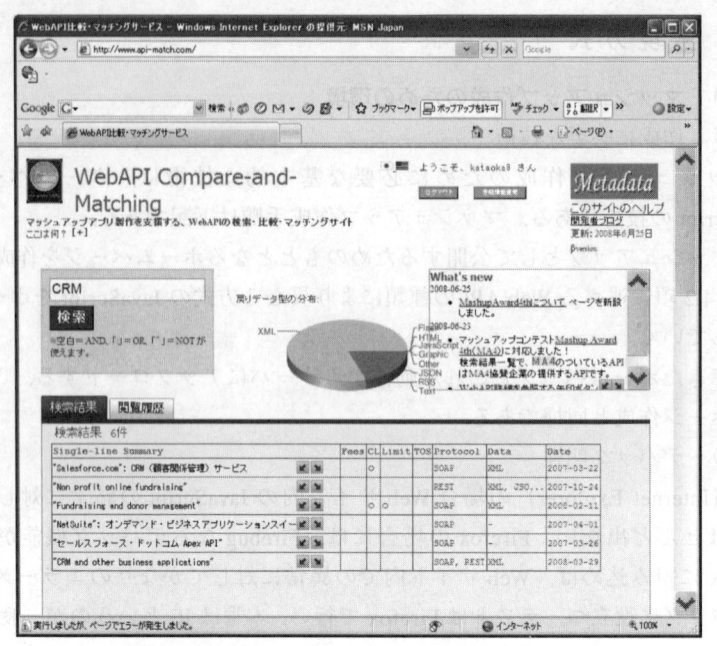

図 5.11　Web API Compare-and-Matching サイト図

も存在する[11]．その他，Webサイトの検索でも多数のものが見つかる．

　マッシュアップのためのWeb APIの検索・比較・マッチングサイトとしてメタデータ（株）が提供しているWeb API Compare-and-Matchingが存在する[12]．ここでは，利用するWeb APIのキーワードを入力することにより関連するWeb APIの一覧が表示される．表示されたものの詳細を表示できるが，二つのWeb APIの詳細までを並べて表示できるため，どちらを利用すべきかの判断が行いやすい．

　これを図5.11に示す．表示された，項目の左下向きの矢印をクリックするとそのWeb APIの詳細が左下画面のずっと下に表示され，別の項目の右下矢印をクリックすると右下画面の図のずっと下に表示される（この図では，画面のキャプチャリングの都合で表示はされていない）．この例ではCRMに関するWeb APIを検索している例である．

（5） Web API 利用方式

　マッシュアップの実現方式は，メインとして利用するWeb APIにより異なる．代表的なものを挙げると次のようになる．

　（a）　Google Maps方式

　Google MapsのWeb API提供サイトにアクセスし，ここにサービスを利用するホームページのURLを入力することにより，アクセスキーの取得ができる．Google Maps提供サイトより，サンプルのJavaScriptファイルを入手しサービスを利用するホームページのHTMLに埋め込む．

　（b）　Yahoo! 地図情報方式

　サービスを利用するWeb API提供サイトにアクセスし，アプリケーションIDの取得を行う．次にJava Scriptサンプルが表示されるのでこれを，サービスを取り込むホームページに貼り

付ける．

（c） 楽天のトラベル施設検索方式

サービスを利用するWeb API提供サイトにアクセスし利用者IDの取得を行う．次にサービスを利用するWeb APIサイトにパラメータとその値を複数個つなげアクセス要求を出すことにより，パラメータ値に応じて値が戻される．

（6） Web APIの利用規約の問題

Web APIによっては，無償のものとライセンス契約が必要なものとが存在する．また，無償のものでも1日のアクセス回数を制限しているものもある．場合によっては，1日のアクセス回数がある回数を超える場合は，事前に連絡するようにとの要請が存在するものもある．これらのWeb APIの利用に関する内容をよく理解した上でシステムの実現を図る必要がある．

5.4.2 マッシュアップ開発事例

ここでは，「Yahoo! 地図情報」と「楽天のトラベル施設検索」の実現方法と，Google Mapsを利用したプログラムの事例を紹介する．基本的な概念レベルのものであり，詳細は参考文献参照のこと．

（1） Yahoo! 地図情報

Yahoo developer Network（http://code.google.com/apis/maps/）にアクセスし，アプリケーションIDの取得行う．このIDはアプリケーションごとに取得が必要である．次にYahoo! 地図情報 Java Scriptサンプルが表示されるのでこれを自分のホームページに貼り付ければ一応動作可能なものとなる．このサンプル事例を図5.12に示す．

（2） 楽天のトラベル施設検索

東京駅から半径0.5 km圏内の宿を検索する場合は図5.13に示すような要求を出せばよい．実際には，全部を一つにつないだ形での要求となる．Developer IDは楽天から受け取ったdeveloperとしての自分のIDであり，これの取得は，別途手続きが必要である．これを要求

```
<html>
<head>
<script type="text/javascript"
   src="http://map.yahooapis.jp/MapsService/js/V2/?appid=xxxxx">    アプリケーションごとのキー設定
</script>
<script type="text/javascript">
  window.onload=function(){
  _map = new YahooMapsCtrl("map", "35.40.39.980,139.46.13.730", 2);    地図の表示と位置の指定
  }
</script>
<title>Yahoo! 地図 サンプル </title>
</head>
<body>
<div id="map" style="height: 600px; width: 600px"></div>    地図表示のサイズ設定
</body>
</html>
```

図5.12　Yahoo! 地図情報 Java Scriptサンプル

```
ttp://api.rakuten.co.jp/rws/1.11/rest?          利用者の ID をここに入れる
developerId=[YOUR_developerID]
&operation=SimpleHotelSearch                    楽天トラベル施設検索
&version=2007-11-21                             バージョン
&latitude=128440.51                             東京駅の緯度
&longitude=503172.21                            経度
&searchRadius=0.5                               半径 0.5 km 以内
```

図 5.13 楽天のトラベル施設検索サンプル

に埋め込む形式となる．

（3） Google Maps の実現事例

ここでは，簡単な事例として Google Maps を利用したカロリー計算 Web サイトを取り上げて説明する．歩いた距離を Google の地図上でたどると地図上に線が引かれ，最後に何カロリー消費したかを計算する極めて簡単な Web サイトである．最近問題となっているメタボリック対策に役立つものと考えられる．利用したのは Google API のみで，作成した HTML と Java Script は 62 行である．利用した Web API は 6 件である．

まず，Google にログインした後　http://code.google.com/apis/maps/ にアクセスし，公開する Web サイトの URL を入力するとキーが表示される．このとき同時にサンプル JavaScript が表示されるのでこれを元に機能を拡張していく．

① キーの設定

このサンプルの key=xxxxx を取得したキーに置き換える．

② 初期化位置の指定

マップを開いたときの中心のポイントを設定する．

setCenter を使用し，緯度，経度，初期のズーム度の順に入力する．

map.setCenter（new GLatLng（35.361457,139.272723），15）；東海大学の緯度経度を設定

③ 地図タイプ切換

addControl を利用し，衛星写真と地図の切換ボタンを地図上に表示する．これは，切換ボタンの表示と同時に切換機能そのものをもっている．

map.addControl（new GMapTypeControl（1））；

④ 地図の縮小拡大，スクロール

map.addControl を利用し，地図の縮小拡大，スクロールが可能なボタンを表示するコントロールボタンを表示．

map.addControl（new GLargeMapControl（））；

⑤ 地図上に縮尺のガイドの表示

map.addControl を利用し，地図に縮尺のガイドを配置する．

map.addControl（new GScaleControl（300））；

⑥ 2 点間の距離の測定

地図上の経度，緯度を取り出す．経度，緯度は地球を球としたときの角度であるから，2 点の緯度と経度が分かれば，2 点間の距離を割り出すことができる．

var distance = points[0].distanceFrom（points[1]）；

map.openInfoWindow（points[0], distance + " meters"）；}

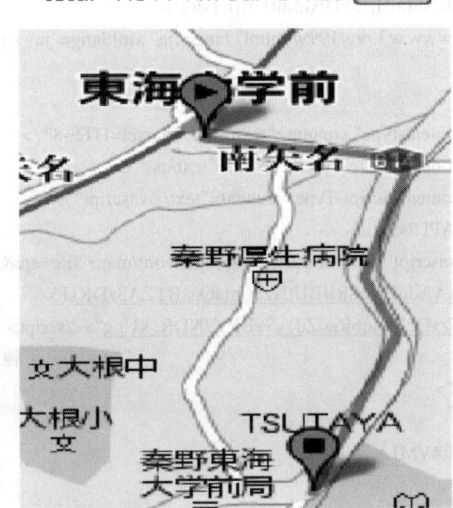

図5.14　カロリー計算の最終画面

⑦　多点間の距離測定

2点間の距離測定を複数回組み合わせることによって多点間の距離を測定する．ユーザがクリックしていくとGoogle Maps APIが用意しているGPolylineで線が引かれていき，合計距離が算出される．GPolylineのAPIの記述は，線の色，太さの順で入力する．

polyline = new GPolyline（points, "#0000ff", 4）；

⑧　消費カロリー計算はJava Scriptで計算

体重60 kgと想定して簡易計算している．

これの実行結果を図5.14に示す．

このプログラムのソースを図5.15に示す．

5.5 マッシュアップの利用の課題

ソフトウェア実現技術の大変革を起こすためには，乗り越えるべき課題も多々ある．

5.5.1 ライセンスの問題

一つのマッシュアップサイトが複数のWeb APIを利用し，かつそのWeb APIが他のWeb APIを利用して実現されている場合を想定する．利用しているWeb APIがいずれもライセンスを要求していない場合は問題ないが，そうでない場合のライセンス関係が極めて複雑となる．これをどのように解決するかの問題がある．

これに関しては，XMLコンソーシアムが法的メタモデルの利用を提案している[13]．これは，各Web APIにクリエイティブ・コモンズ[14]（http://www.creativecommons.jp）が行っているようなライセンス表示を法的メタモデルとして付け，これを参照することにより関係する多数のWeb API間の権利に関する許諾状況を一目で分かるようにすることを目的とするものである．このクリエイティブ・コモンズ・ライセンスを図5.16に示す．

```html
<!DOCTYPE html PUBLIC "-//W3C//DTD XHTML 1.0 Strict//EN"
http://www.w3.org/TR/xhtml1/DTD/xhtml1-strict.dtd">
<html xmlns="http://www.w3.org/1999/xhtml" lang="ja" xml:lang="ja" xmlns:v="urn:schemas-microsoft-com:vml">
<head>
<meta http-equiv="content-type" content="text/html; charset=UTF-8" />
<meta http-equiv="Content-Style-Type" content="text/css" />
<meta http-equiv="Content-Script-Type" content="text/javascript" />
<title>Google Maps API 2</title>
<script type="text/javascript" src="http://www.google.com/maps?file=api&amp;v=2.x&amp;key=BQIAAAAduBKc8RiIBUtNZXYlaOaaBTZA3zDKsFx--G5FA2uJeuKpOV8XzxQcEbxq6RaoZdzy7vBPY7NDR_xUpg"></script>
                                                        下線部がキー
<style type="text/css">
v\:* {
  behavior:url(#default#VML);
}
body {
  font-family: Arial, sans serif;
  font-size: 14px;
}
</style>
<script type="text/javascript">
function onLoad() {
  var map = new GMap2(document.getElementById("map"));          map が読み込まれる
  map.setCenter(new GLatLng(35.361457,139.272723), 15);         地図表示の初期位置の設定
  map.addControl(new GLargeMapControl());                       地図の縮小拡大を表示するボタン表示
  map.addControl(new GMapTypeControl(1));                       地図の切換のボタン表示
  map.addControl(new GScaleControl(300));                       地図の縮尺のガイドの配置
  var points = [];
  var polyline = null;
  var endMarker = null;
  var distance = 0;
  var listener = null;
  var start_icon = new GIcon(G_DEFAULT_ICON, 'http://maps.google.com/mapfiles/dd-start.png');
  var end_icon = new GIcon(G_DEFAULT_ICON, 'http://maps.google.com/mapfiles/dd-end.png');
  listener = GEvent.addListener(map, 'click', function(target, point) {   マウスクリック認識
    if (point) {
      if (polyline) {
        updateEnd(point);
        map.removeOverlay(polyline);
        distance += points[points.length-1].distanceFrom(point);
        var result = distance;
        var calorie;
        result = Math.round(result*1)/1000;
        calorie = Math.round(result*60000)/1000;                カロリー計算式体重 60 kg と想定して計算
        $("Result").innerHTML = "total=" + result + " km ";
        $("Calorie").innerHTML = "cal=" + calorie + "kcal";
      } else {
        addStart(point);
```

```
            $("Result").innerHTML = "total=" + result + " km ";
            $("Calorie").innerHTML = "cal=" + calorie + " kcal";
          } else {
            addStart(point);
                }
          }
          points.push(point);
                polyline = new GPolyline(points, "#0000ff", 4);
          map.addOverlay(polyline);
        }
      });
      marker.markerId = markerId;
      map.addOverlay(marker);
    }
    function updateEnd(point) {
      if (!endMarker) {
        endMarker = new GMarker(point, {
          icon: end_icon
        });
        endMarker.markerId = 'end';
        map.addOverlay(endMarker);
      }
      endMarker.setPoint(point);
    }
    function restart() {
      map.clearOverlays();
      points = [];
      polyline = null;
      endMarker = null;
      distance = 0;
      $("Result").innerHTML = "";
    }
    function $(id) {
      return document.getElementById(id);
    }
  }
</script>
</head>
<body onload="onLoad()">
<form onsubmit="restart(); return false;" action=""><p>
  <span id="Result"></span><br>
  <span id="Calorie"></span>
  <input type="submit" value="reset" />
</p></form>
<div id="map" style="width: 720px; height: 560px; border: 1px solid black;">Loading...</div>
</body>
</html>
```

以下プロットした位置と次のプロット点間に直線を引き距離の計算をする

図 5.15　カロリー計算プログラム

図 5.16 クリエイティブ・コモンズ・ライセンス (CC ライセンス) の基本
(http://www.creativecommons.jp/faq/1cc/post_69/ より)

ここでは，以下のものを規定している．
- 表示（複製，頒布，上演の際に著作者を表示する必要がある）
- 非営利（非商用目的に限り頒布，表示，上演，派生物の利用を認める）
- 改変禁止（そのままの形でのみ複製，頒布，表示，上演を認める）
- 継承（同じライセンス下でのみ派生物の頒布を認める）

これらは適宜組み合わせて使用される．

クリエイティブ・コモンズは，音楽，教材，画像，映像などの創造的な作品に柔軟な著作権を定義することにより，これらの普及を図ることを意図する NPO 法人であり，これの日本法人が 2007 年 7 月 25 日本 NPO として設立認可されている．

これらは，現時点でソフトウェアを扱っているわけではないが，方式として大いに参考となる．XML コンソーシアムの提案の法的メタモデルとは，XML などの形式で前記に示した属性を各 Web API に付けることを意味している．

現在は，各 Web API のホームページの説明で各種ライセンスの記述がされているが，Web API 自体にこのようなメタデータが付与されれば，利用条件にあった Web API を探すことがたやすくなる．これは，Web API を作成時に他の Web API を利用する開発者，及び Web API を利用してマッシュアップサイトを実現する側の両者にとって極めて有益である．

例えば，現在 Google の英語版で「Advanced Search」を行うと「Date, usage rights, numeric range, and more」のオプションで「Usage rights」の指定が可能であり，ライセンスの有無を検索対象として指定可能である．このようなことが，Web API の世界でも行えることになる．

現在は，このような制度ができていないので，利用する Web API の利用規定を 1 件ずつ確認する必要がある．

5.5.2 SLA（Service Level Agreement）の問題

マッシュアップで実現したシステムで，そのサービスの安定度や品質をどのように考えるかの問題がある．つまり，SLA を考えるべき領域は，図 5.5 でどの領域かである．基本的には，基幹系の外部サービスを扱っている領域 1-1 と領域 4-1 と考えられる．

領域 1-1 は，Web サイトで提供されているデータベース情報を利用して，ビジネスを行うものであり Web API の利用も無料のものがほとんどである．Web API の提供の目的は，チャネルを増加させ販売を増加させることであり，ある程度の Service Level を保障しているものと考えてよい．むしろ Service Level の良いものが生き残っていく世界といえる．

一方，領域 4-1 は，SaaS でのサービス提供であり当然有償である．ここでは，しかるべき SLA を締結する必要がある．これは，経済産業省が 2008 年 1 月 21 日に「SaaS 向け SLA ガイドライン」[15] を公表しており，これに基づく締結が望ましい．

5.5.3 無償 Web API に対する取組み姿勢

有償の場合は，契約の関係が明確に発生するので比較的取り組みやすい．しかしマッシュアップの良さは，無償の多数の Web API を利用できることである．これをどのようにうまく利用するかが一つのかぎであり，この無償のものを怖がらず積極的に利用することがポイントである．

したがって無償の場合は，そのサービスが止まったときの重大性と照らし合わせ，代替可能なサービスの呼出しが必要である．

支援系外部サービスと企業の内部サービスをマッシュアップして社内に提供するケースでは，外部サービスは支援系であるから一時的な停止は利用者には必ずしも致命的なものにはならないが，利用者に外部サービス利用に対する不信感をもたせる危険性がある．支援系のサービスは同様の機能をもつ Web API が存在する可能性が高いのでトラブル時の切換方式の組込みを考慮することも可能である．

例えば，地図情報の場合，Google と Yahoo の両方の Web API を利用する Web サイトを作成しておきこれをトラブル発生時に切り換えることも可能である．このためには，サービス提供サイトから所定時間内に応答が返ることのチェックを行う方式が考えられる．このような時間監視は，JavaScript だけでは無理なため PHP 等でこのような機能を作成しておくことが必要となる．

ただし，これを行うと Web サイトの JavaScript の追加だけで済むという簡便性が失われる．また，この二つのサービスの内容はかなり異なるため，全く別の Web サイトを二つ作成することに等しい．このため本当にどこまで必要かをよく吟味する必要がある．

5.5.4 Web API の拡充対策

マッシュアップを有効利用していくには，Web API の増加が必要である．大企業の情報システム部門あるいはこれが分社化した企業の場合は，マッシュアップを利用することによって効率化し余剰となった人員を活用して Web API を開発し，自社サービスの社外への公開のビジネスモデルを検討する必要がある．これにより製品販売のチャネルを広げることが可能となる．

ソフトウェア会社は，パッケージソフトウェアの開発とともに Web API の開発に努めソフトウエアパッケージだけでなく，サービスとして販売するビジネスの展開を図る必要がある．これは SaaS のプラットホームのもとでパッケージをサービスとして販売する方式である．

5.6 まとめ

エンタプライズでのマッシュアップ利用が現在広がりつつある．このマッシュアップの利用により情報システムの実現のコスト，迅速性は大変革を起こす見通しが出てきた．

本章ではどのような領域で，このマッシュアップ利用が有効かを検討した．そのためサービスの利用者が社内ユーザか社外（顧客）かの軸と，利用するサービスの提供元が社外か社内かの二つの軸で 4 分割し，更に利用するサービスが基幹系か支援系かの 2 分類により全体として八つの領域に区分けし，領域ごとに利用形態と特質の検討を行った．

また，対象業務が，従来の支援系，フロント系，情報系，基幹系の分類から，どのような

事例があり，今後どのような利用が考えられるかの検討を行った．これにより今後どのような業務でマッシュアップ利用を推進していくべきかについて述べた．

これによりエンタプライズでのマッシュアップ利用に対する一つの方向付けが行われたものと考える．

参 考 文 献

[1] 本田正純，マッシュアップ　かんたん　AtoZ，シーアンドアール研究所，2007.
[2] ProgrammableWeb, http://programmableweb.com/（確認年月日：2008 年 6 月 17 日）
[3] mashupedia, http://www.mashupedia.jp/（2008/3/31 いったん閉鎖．近日公開予定）
[4] 出張 JAWS, http://fairyware.jp/jaws/jaws.htm（確認年月日：2008 年 6 月 17 日）
[5] "エンタプライズ 2.0 マッシュアップがもたらす破壊と創造，"日経コンピュータ，pp. 40-52, 2007 年 5 月 14 日号．
[6] Media Technology Labs, http://mtl.recruit.co.jp/（確認年月日：2008 年 9 月 15 日）
[7] 福井宏紀，岩田　彰，若山公威，杉木春洋，"マッシュアップ技術を用いた官民連携統合電子申請システムの提案，" IPSJ SIG Notes, vol. 2007, no. 16（20070301），pp. 19-24, 2007.
[8] Data Mashups online service, http://www.datamashups.com/（確認年月日：2008 年 6 月 17 日）
[9] Kapow Technologies, http://www.kapowtech.com/（確認年月日：2008 年 8 月 26 日）
http://www.nic.ad.jp/ja/materials/iw/2007/proceedings/W1/iw2007-W1-04.pdf（確認年月日：2008 年 8 月 26 日）
[10] 米田　聡，Google マップ＋Ajax で自分の地図を作る本，ソフトバンククリエイティブ，2005.
[11] using API, http://usingapi.com/（確認年月日：2008 年 8 月 15 日）
[12] WebAPI の検索・比較・マッチングサイト，http://www.api-match.com/（確認年月日：2008 年 6 月 17 日）
[13] エンタープライズ・システムのための Web 2.0,
http://www.xmlconsortium.org/wg/web2.0/teigensho/index.html（確認年月日：2008 年 6 月 17 日）
[14] クリエイティブ・コモンズ，http://www.creativecommons.jp（確認年月日：2008 年 6 月 17 日）
[15] 経済産業省 SaaS 向け SLA ガイドライン，
http://www.meti.go.jp/press/20080121004/20080121004.html（確認年月日：2008 年 8 月 15 日）

6 サービスコンピューティングの核心

　サービスコンピューティング（Service Computing：SVC）あるいはSOA（Service-oriented Architecture）という用語を聞いたことがあるだろうか．情報化技術の新たな潮流だという．それらは一体どんなインパクトがあるのだろうか．

　今日，使用している用語の意味が特にSOAという用語をめぐって混乱している．混乱が生じている原因は主要な用語であるサービスの意味が正しく理解されていないからである．「サービスをITで実現すること」を物語っているので，日常生活において古くから使用されているサービスとは異なる．サービス業や公益的な業務の意味，またはいわゆる「おまけ的」なサービスの意味ではなく，情報化の要素としての意味が込められている．

　サービスを意識して情報化を行うということは，ITの歴史においては革命的な発想である．なぜなら，今までの情報化の概念はオブジェクト指向も構造化技術もコンポーネントベース開発もすべて，ISの世界からの視点であった．今，IT外の世界の一つのことであるサービスに着目して，それをITに直結させようとする動きにやっとなった．この動きは当然のことであるが，コンピュータの黎明期より今まではプログラミングに関心が注がれボトムアップ思考にとらわれたまま推移してきた．今，ITの世界の中だけの情報化が，ITの外の世界，すなわち現実の世界の課題を，情報化ひいては情報システムに直接つなげる枠組みを追求する姿勢にようやくなった．これはコペルニクス的な発想の大転換であるといえる．外と内をつなぐための「素（もと）」をサービスといい，その素で情報化する技術体系をSVCという．更にSVCの実際の方法の一つがSOAであり，素をITの一群の標準に基づいて具現化したものを「Webサービス」と呼ぶ．

　しかし，そのサービス[1]がなかなか理解されない．そして，SOA関係において混乱が目立つ．混乱したまま説明を進めるのはよくないし，第一理解不能になるので，本章では最初に正し

---

[1] ある自己完結的なビジネス機能をITで実現したものをサービスという．世間一般で使用されている意味と違う．技術的にいえば，サービスは提供者と再利用者の間でデータ交換するためにメッセージを送受信するオペレーションを記述したものである．サービスを呼び出した結果の典型例には，提供システムまたはコンポーネントから情報を再利用者が得ることや，提供システムの状態を遷移させることなどがある．サービスを，それがもつ性質に基づいて，基本，複合，プロセスの3種類に分類する．個々の詳細は後述する．サービスは通常インタフェースで記述される．サービスの完全な記述は再利用者視点からは「良定義インタフェース」またはコントラクトと呼ばれる．

い意味を突き止める．その意味が広く多面的であるので，少なくとも技術的には，何を意味するのかを先に追求する．次に，SVCにおいて，SOAが大きな比重を占めていることを述べる．そして本章前半でSOAの概念を説明したあと，後半でSOAにおける実践上の重要点を説明する．

6.1 用語の混乱

SVCあるいはSOAという用語は，使用される文脈が技術かビジネスかで意味が相当違う．SVCとはビジネスサービスとITサービスの学際領域を指すといわれているが，ITサービスの定義が不明である．ITサービスはITに関するすべてのサービスとの誤解を与えやすいが，米国ではWebサービス[2]などを指す（本書でも余計な混乱を与えないように同じ立場をとる）．またIEEEやIBMのSVCの定義文の冒頭部分にWebサービスやSOAなどのキーワードが出てくる．SVCの意味を要約すれば，サービス革新の問題にWebサービスや後述のSOAを応用して解決を図るための考え方となる．

SOAの技術用語としての意味は「公開されているサービスを呼び出して再利用[3]するためのソフトウェアの基本構造を指し，その実践を支援する仕組みを含む」である．ビジネス用語としての意味は「設計されたビジネスプロセスを極めて短時間にコンピュータ上で実行し，その結果を得ることのできるコンピューティング基盤を活用すること，及びその活用で経営の優位性を高めること」を指す．更に，そうした技術基盤と経営のより良い情報化のおかげで，情報化投資効果の改善や，ビジネス環境変化への迅速な対応など，今までにない利点が見込

表6.1 SVCの定義

	IEEE [*1] [1]	IBM [2]
研究の主な領域	ビジネスサービスとITサービスの乖離を解消する科学技術[*2]	ビジネスサービスを下支えし，ビジネスサービスとITサービスの乖離を解消する科学技術
包含技術	WebサービスとSOA，並びにビジネスコンサルティング方法論とユーティリティ，ビジネスプロセスモデル化，変換，統合	SOAとWebサービス関係の研究 例：Business Explorer for Web Services, Web service outsource managerなど
核心	サービス革新[*3]の全ライフサイクルの研究	SOAとWebサービス，並びにビジネスプロセス統合とパフォーマンス管理

[*1] IEEE (Institute of Electric and Electronics Engineers) とは世界最大の電子情報通信関係の学会組織である．
[*2] IEEEはこの研究領域は学際的（cross-discipline）であると明記している．2003年に技術コミュニティを承認して以来，現在は技術委員会（TCSVC）を設置しこの領域の国際会議を開催するなど研究を促進している．
[*3] ビジネスのコンポーネント化，サービスモデル化，創造，実現，配布，発見，形成，配達，他サービスとの協働，監視，最適化，管理などを指す．

---

[2] SOA基盤を現実化する手段の一つとして使われている標準セットで，当初XML, HTTP, WSDL, SOAP, UDDIのコア標準で始まったが，W3C, OASIS, WS-Iなどの団体によって標準化が推進され今や60以上の標準やプロフィールを擁するに至っている．
[3] 用語としての再利用（reuse）は，あるソフトウェアが開発されたときに想定された文脈とは別の様々な文脈のもとで，別のISを開発するために利用することを意味する．再利用（reuse）はリサイクル（recycle）や単なる使用（use）とは意味が違うので注意を要する．

めることを指す.

以上のことから，SVC は目的を意味しており，SOA は SVC の実現を支える有力手段の一つととらえることができる．両者が相乗してサービスとそのコンポーネント化の概念に基づいてビジネス改革を成し遂げる力になろうとしている（**表 6.1**）．

6.2 SVC と SOA の違い

（1） SVC についての IEEE の見解

表 6.2 は IEEE SOAIS（SOA Industry Summit 2008）に見る SVC に関する研究テーマのうち基礎的な項目を示している．ここでは項目名の紹介だけを行い，説明は後述する本文において行うこととする．この枠組みの上層部にサービスのモデル化と実装が，中央部に SOA が位置づけられている．Web サービスは前者の一例である．このように，IEEE の SOAIS では SOA 関係を SVC の一部分に含めている．基礎の上に応用があり，応用にはサービス中心のビジネスモデル，ビジネスプロセス統合管理，サービス指向エンタプライズなどの項目がある．

（2） SOA についての Gartner Group の見解

もとはクライアント/サーバの意味を正すためにサービス指向開発の概念が提唱された

表 6.2 SVC の基礎項目

上位概念	中位概念	下位概念
サービス	サービスのモデル化と実装の方法	
	サービスの配達，配布（deployment）方法	
	サービス指向アーキテクチャ（SOA）	業界標準 ソリューションスタック
	サービスコンピューティング（MANETS（Mobile Ad-hoc NETworks）領域）	
	サービスレベルアグリーメント（SLA）[*1]	折衝 自動化 オーケストレーション[*2]
	サービスの非機能側面	セキュリティ プライバシー 信頼性 QoS（Quality of Service） CoS（Cost of Service）
	サービスコンピューティングの要素技術	セマンティック Web オントロジー

[*1] SLA（Service Level Agreements）：サービスの提供者と再利用者の二者間でのサービス品質についての正式合意で，優先権，責任，ワランティ条項を含む．可用性，サービス性，性能，運用性，料金，約束違反時の罰則などの水準を定める．
[*2] オーケストレーション（Orchestration）：サービスを集めてビジネスプロセスを作る一つの仕方．コレオグラフィと違って，プロセス全体を中央制御する形態の新サービスを作成する．BPMN（Business Process Modeling Notation）のあるプールの中のビジネスプロセスを Web サービスに対応させて制御する．コレオグラフィ（Choreography）について付記すると，BPMN のプールの境界を越えていくつかのプロセスを中央制御式ではなく協働させる形態でのビジネスプロセスの作り方を意味する．

表 6.3 SVC と SOA

	SVC	SOA
概　要	ビジネスサービスと IT サービスの乖離解消の科学技術	ソフトウェアのサービス指向の基本構造
研究領域	サービス革新のライフサイクル全体にわたる問題	上記概念に基づく，サービスコンポーネントの開発保守方法とソフトウェアでの再利用保守方法（含む，関連技術と支援環境）

[3]．その後 Web サービスと SOA はともに B2B（企業対企業の業務連携）のブームに乗って発展した．B2B においては，各社ともある部門の業務をほかの部門や他社のシステムと統合[4]しようとした．マイクロソフト以外に IBM，オラクル，HP，Sun などの IT ベンダーもこぞってこの市場に参入した．SOA の市場予測として，2008 年までに開発プロジェクトの 80％ は基盤を SOA に求めるだろうと述べられている [4]．

（3） SVC と SOA の意味範囲

　SVC と SOA とでは共通部分もあるが，相違する部分もある．SVC は上述のようにサービスに基づくコンピューティングの研究全般を指す．SVC は技術と経営とを包含した概念なので，SOA もそうかと誤解を招きやすい．SOA はサービスを指向したソフトウェアの基本構造である．SVC が比較的広範な領域を意味しているのに対し，SOA は特定の基本構造を主戦場としている（**表 6.3** 参照）．

6.3　SVC の柱：SOA

6.3.1　大いなる誤解

　「SOA を構築する」や「SOA を購入する」は間違い．「システム構築に SOA を採用する」や「SOA に基づいて業務プロセスやシステムを設計する」は正しい [8]．SOA のサービスの意味を貸別荘斡旋サービスやお助けマンサービスなど各種 SOB（Service-oriented Business：サービス指向ビジネス）のサービスと混同すべきではない．実に拡大解釈や誤解が多い．では本当の技術的な意味は何であろうか？

　SOA の定義によれば，「サービス指向のソフトウェアの基本構造」を意味する．その意味を以下に説明するが，少なくも本章ではあくまで SOA をソフトウェアの基本構造の意味に限定して用いる．

6.3.2　SOA の意味定義

　「機能的に意味のある粒度」でソフトウェアを準備し，その技術的な「呼出し情報を記述」しておく．そのソフトウェアを「稼動させておく」．このようなソフトウェアを「サービス」と呼ぶ．そのソフトウェアを「呼び出す」形で「別のソフトウェアと結合」してシステムを構築するというコンセプトを SOA という．結合するときには「記述された呼出し情報」を

---

[4] 本書の執筆編集陣が所属している SWIM（ソフトウェアインタプライズモデリング）研究専門委員会は，そうした動きに対応して設立された．企業内の EAI の段階からインターネットなどを介して他組織（企業や行政など）とビジネスプロセスのつながりを有する形態の研究を 1996 年から実施している．

6.3 SVC の柱：SOA

再利用する．SOA 利用形態の特徴を要約すると以下の 5 点になる．

① 機能的に意味のある粒度のソフトウェア（サービスと呼ぶ）を用意する．
② 呼出し情報を記述（WSDL 言語で）する．
③ サービスを稼動させておく（公開ともいう）．
④ 記述された情報を再利用してメッセージを結合（バインドともいう）（XML[5]，XML スキーマ[6]，Java 言語などの間で言語変換する）．
⑤ サービスを呼び出し実行する．

SOA の説明の中に，Invoke well documented function という字句が出てくる．この正確な意味は「機械処理可能言語で記述された呼出し可能な関数をソフトウェアから呼び出す」である．

SOA とは，もともと「サービスという単位に基づいたソフトウェアの基本構造」を指す[3]．サービス指向アーキテクチャという名詞は，ものの固有名詞ではなく，考え方を指す．「サービス」とはおまけ（無料）の業務や品物のような社会一般通念のそれではなく，「あるシステムの機能を別のシステムに提供すること（ここでシステムは基本的にソフトウェア）」を意味する．

サービスの提供を受ける，すなわちそのサービスを「呼び出す」ことであるが，呼び出す側（再利用者）は人間であると誤解している向きが多い．そうではなくソフトウェアからの呼出しである．人間がログインしたいとき，「ログインサービスを呼び出す」はサービスの解釈を誤った例である．また，「ソフトウェアからの○○サービス呼出し」はサービスの意味を正しく理解した例である[7]．

換言すると SOA とは「あるソフトウェアの機能を別のソフトウェアに提供することが可能なソフトウェアの基本構造」である．この点はソフトウェア再利用の通説と同等である．SOA の A はアーキテクチャ（基本構造の意）であり，もとは建築用語だが情報分野では概念や論理の用意周到な構造の意味に用いられる．SOA という基本構造は，ソフトウェアをサービスという単位でとらえようという意味である．

サービスとは，物質の世界にたとえると分子のようなものである．分子とは小さな単位であり，それらを組み合わせて更に複雑なものやシステムを作り上げることができる．成り立ちを示す分子構造図に相当するものがビジネスプロセス図である[7]．かつて鰺坂恒夫教授（和歌山大）は次のように述べられた．「ソフトウェアを構成する元素（アトム）みたいなものを突き止めたい．そうすればソフトウェアをもっと説明しやすく扱いやすく解明しやすくなるだろうから」と．ソフトウェアを作り変更しやすくするには，いろいろなソフトウェアに共通な素となるものを複数同定し，個々のソフトウェアをそれらの合成として見れば扱いやすくなるという意味である．この逸話は 1980 年代のことであるので，20 年以上たった今 SOA の出現で元素ならぬ分子までは突き止めたことになったといえよう．

6.3.3 SOA 技術の特長

SOA 技術の特長を二つ挙げるとすれば，

---

[5] XML：eXtensible Markup Language の略．データの記述と交換のために今日広く使用されている一般的記法で，人間解読可能である．特定の XML のフォーマットは XML スキーマで定義され検証される．
[6] XML スキーマ：XML 文書が違反してはならないルール集を定めた言語でデータの基本的な型を含む．
[7] 本章では特に断らない限り，ビジネスプロセスはそのルール側面だけでなく，ビジネスアクティビティ（サービス）や隠ぺいされているビジネスエンティティ（データクラス）も含む広義の意味とする．

- ビジネスプロセス（Business Process：BP）にアライン (align) した IS を短時間に用意し実行することや変更することが可能である．データベース構築や IS 設計を行う際，BP の構成要素としてデータエンティティやプロセスフローが明示されているので，サービスの組合せとの対応を付けやすく，短時間で実行にたどり着ける．
- サービスコンポーネントの保守や再利用が一元化され，容易になる．

であろう．以下，もう少し詳しく見ていこう．

（1） SOA を活用したシステム構築の特徴

柔軟性の向上と工期短縮の 2 面を述べる．

柔軟性が向上したこと：SOA を活用したシステム構築は，ニーズやその変化にピッタリ合致でき柔軟かつ遅滞なく対応できる．例えば企業合併にシステムを即応させること（連結決算開始を含む）が可能になるなどシステムを進化させやすい．従来は目的ごとに IT システムを構築してきた．システム自体の構造も剛直的であり，構築法もモノリシック開発方法（**表 6.4** の[*1]参照）なので，即応は無理であり，事実上不可能に近かった．

工期が短縮できること：システム化する工期が劇的に短縮できる．再利用できるサービスが充実すればするほど，更に工期短縮や工数削減が期待できる [12]．

（2） サービス再利用の手軽さ

サービス再利用に欠かせない呼出し手順が標準化，自動化されていて，しかも次に述べる特徴がある．

- 最小の再利用負荷で最大の再利用効果が得られる．
- サービスインタフェースが簡素な標準に準拠していて安定性がある．
- サービスごとの実行(稼動)の環境は ESB（Enterprise Service Bus）が克服してくれるので，環境が異なろうとも，そこから独立して再利用できる．
- サービスの保守は提供者が行うので，そうした業務から解放される．

（3） サービス提供のしやすさ

サービス提供者が準拠すべき標準がコンパクトに制定されている．新規にあるいはレガシーからサービスを作成し公開しやすい．公開されているサービスを閲覧するときに参照する UDDI（Universal Description, Discovery and Integration）レジストリなどの仕組みが整備されているので，再利用者への公開や再利用者との合意を成立させやすい．

サービスの開発技術が整備されているので，サービスを用意しやすい．プログラム実装言

表 6.4 アプローチごとの相違

	従来アプローチ	SOA アプローチ
①構築する情報システム	目的に合わせて構築（静的）	目的を満たすサービス結合体（動的）
②構築法	モノリシック開発方法か制約の多いコンポーネントを前提とした CBSD[*1]	制約の少ないサービスコンポーネントを簡単につないで構築する
③上記①の使用	上記①の目的と同一用途機能で	ニーズの変化に柔軟対応
④上記①の所有	著作権保持	自家製以外は SLA 準拠

[*1] コンポーネントを再利用してシステム開発（Component-Based Systems Development: CBSD）を行う形態を指す．これは従来の形態，すなわちシステムがいくつかの部品から構成されるのではなく「一枚岩盤（モノリシック）」で作られると開発も保守もしにくいことを反省したものである．

語から Web サービスを作成する開発手法（Bottom Up）がある．また WSDL（Web サービス記述言語）から指定したプログラム実装言語へ変換し，併せて形式を統一化する手法（Top Down）がある．これらの手法には自動化ツールが提供されている（例：AXSIS）．

6.3.4 SOA の技術構成

（1） 構成要素

SOA の構成要素は大別すると，環境整備，BP 管理技術，サービス開発技術，IT 通信基盤技術の四つである．基盤となる環境にはビジネスプロセスを実行するための環境とサービスを呼び出す（メッセージ結合）環境が含まれる．以下これらの構成要素の概要を述べる．

図 6.1 は主要な 4 点セットを示す．この項は構成要素を説明するのが目的であるので，SOA の構成要素には何があるのかを述べるだけとし，詳細説明は後ろの節で行う．図の中央上部に環境整備，左側に BP 試行と管理，中央下部に BP 実行，右側にサービス開発の四つが時計の逆回りに示されている．SOA は大別してこの四つから構成される．

（a） 環境整備

環境整備では SOA に基づいて実行したいこと，すなわちサービスやビジネスプロセスモデルを開発して，実行するのに必要な環境を設定する．一度設定すれば変更の必要がない限り何もしなくてよい．設定すべきことは，サービスの提供者とのサービス利用に関する同意の締結を行うことであり，またサービスの実行環境も設定する必要がある．BP を実行するための環境設定として BPEL（Business Process Execution Language）エンジンを導入する．実際に BP を実行するのに必要な通信も含めた統合環境を設定する．

（b） BP 試行と管理

BP 試行と管理は多岐にわたる．①BP を考えて作成すること（BP の考察），BP の記述には BPMN や UML が使用される．②BP を実行するために BP を実行（実装）水準の言語に変換すること（BP の実装言語への変換），③BP が目的にかなうか否か評価するために試運用をすること（BP の試行と評価），④合格した BP の各モデルを管理しておき，いつでも使用できるようにしておくこと，などである．③の BP の実装言語への変換は，使用する Web サービスとのインタフェースの定義，サービスサイトを結合するための定義，受け渡すメッセージ変数の定義，プロセス自体の定義など，多くの定義への変換を行う．これらすべてをここで一度に無理やり説明するのではなく，前提事項の説明を経て順次，解説する．ここでは次の大筋だけを理解してほしい．すなわち，BP の設計内容は BPEL という実装言語に変換される．BP の実行の形態は，BPEL エンジンが ESB のメッセージ結合機能を活用してサービスを呼び出しつつ BP を実行する．必要なサービスは提供者と再利用の合意をするか，それが見込めないと判断されるときは，サービスを開発する（(d) 参照）．

（c） BP 実行

BP の実行は BPEL エンジンが BPEL を参照しながら行う．SOA において最も肝心な点は，必要なサービスを呼び出すコーリングシーケンスは，サービスの所在が変更になっても影響を受けないような配慮がなされていることである．これはプロキシコードと呼ばれ自動生成される（詳細は後述）．ESB 環境の上で，各サービスが公開されていて，その再利用合意が成立していれば，それらのサービスはビジネスプロセスの指定にそって順次呼び出され，円滑に実行されていく．

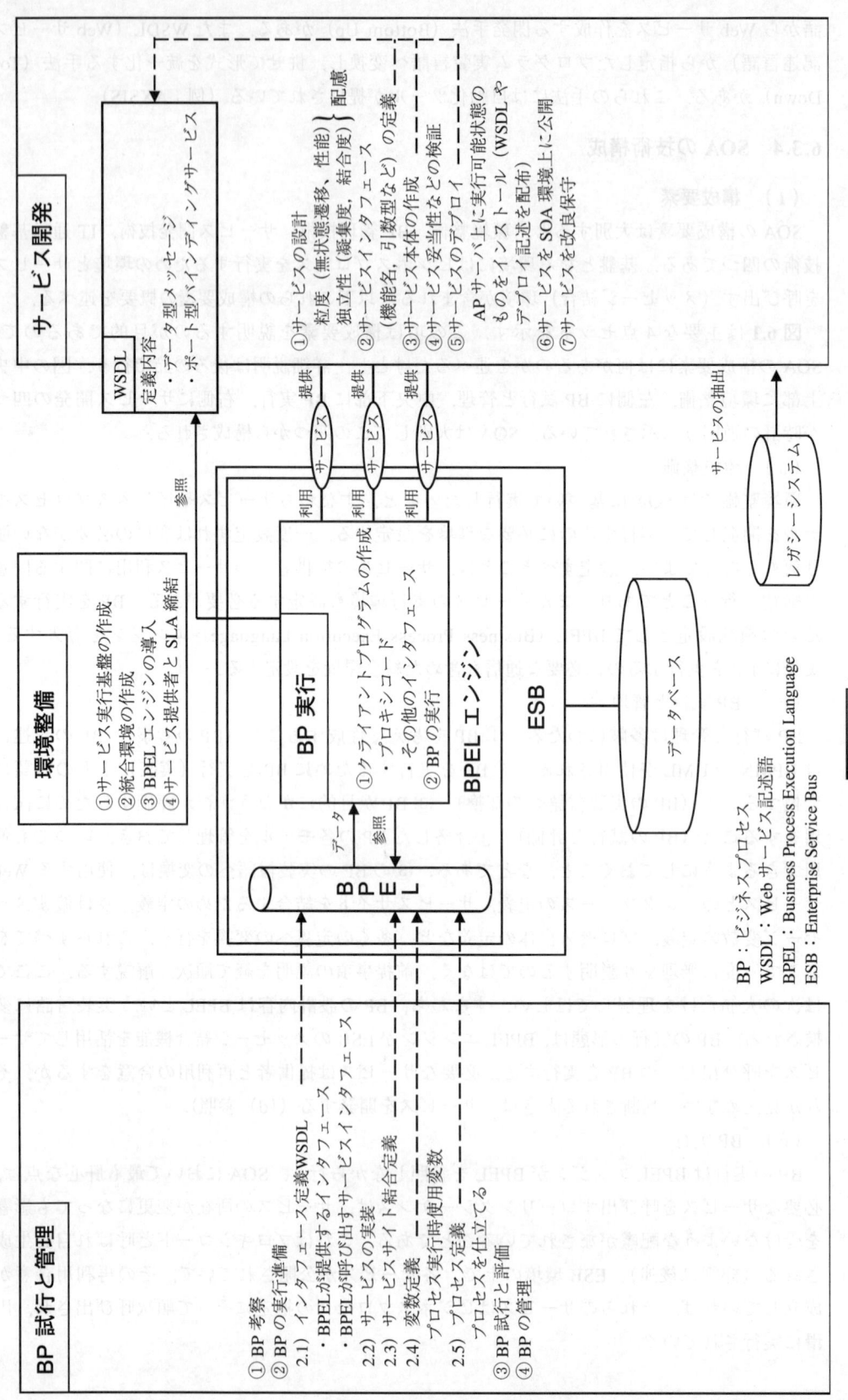

6. サービスコンピューティングの核心

図6.1 SOAの全貌

サービス開発

WSDL
定義内容
・データ型メッセージ
・ポート型バインディングサービス

① サービスの設計
　粒度（無状態遷移、性能）
　独立性（凝集度、結合度） ｝配慮
② サービスインタフェース
　（機能名、引数型など）の定義
③ サービス本体の作成
④ サービス妥当性などの検証
⑤ サービスのデプロイ
　AP サーバ上に実行可能状態のものをインストール（WSDL やデプロイ記述を配布）
⑥ サービスを SOA 環境上に公開
⑦ サービスを改良保守

環境整備

① サービス実行基盤の作成
② 統合環境の作成
③ BPEL エンジンの導入
④ サービス提供者と SLA 締結

BP 実行

① クライアントプログラムの作成
　・プロキシコード
　・その他のインタフェース
② BP の実行

BPEL エンジン

ESB

データベース

レガシーシステム
サービスの抽出

BP 試行と管理

① BP 考察
② BP の実行準備
　2.1) インタフェース定義 WSDL
　　　・BPEL が提供するインタフェース
　　　・BPEL が呼び出すサービスインタフェース
　2.2) サービスの実装
　2.3) サービスサイト結合定義
　2.4) 変数定義（プロセス実行時使用変数）
　2.5) プロセス定義
　　　プロセスを仕立てる
③ BP 試行と評価
④ BP の管理

BP：ビジネスプロセス
WSDL：Web サービス記述語
BPEL：Business Process Execution Language
ESB：Enterprise Service Bus

6.3 SVCの柱：SOA

(d) サービス開発

サービスの開発は通常サービス提供者によって行われる．開発は全く新規に行われる場合と既存のコードをもとに有用なサービスを抽出して開発される場合の2通りがある．ユーザは開発され公開されているサービスを提供者との合意に基づいて利用する．すなわちサービスの再利用を上手に行うことによって，BPの迅速で正鵠な実行を可能としていく点がSOAでは非常に重要である．

サービスを開発するには，通常六つの手順を踏む．①サービスを粒度や独立性などの性質に配慮して設計する．できるだけ再利用性が高くなるように配慮する．②サービスのインタフェースを決める．③サービス自体を定義する．④サービスの妥当性が十分か検証する．⑤サービスが実行可能状態になり得ることを確認して，アプリケーションサーバ上に配布または配置する．このときサービス本体やインタフェースをWebサービス記述言語（標準言語）で記述し，併せてこの配布の件のデプロイ記述とともにサーバ上に配置する．⑥そのサービスをSOA環境上に公開する．以上を図示したものが図6.1の右側のサービス開発である．

（2） SOAとビジネスプロセス管理（BPM）は車の両輪

SOAはBPM（ここではBPMはBusiness Process Managementの略称）とともに語られることが多い．なぜなら，SOAは現実世界の課題をIT世界に直結させる役割を果たそうとするので，BPの的確な把握に基づくBPモデルの作成とでき上がったBPの活用を図る立場に徹する．現実世界の課題はビジネスルール（プロセス図），業務（サービス），データの3層で表現するのが一般的である．経営戦略やビジネスモデルなどのより抽象化水準の高い事柄はビジネスルールに集約されるとする．BPの考案が固まったら，BPの実行準備として呼び出すWebサービスへのインタフェースの定義からビジネスプロセスの定義までの一連の作業を行う．作業成果はBPEL実装言語に自動変換される．このことは図6.1の左側部の説明である（b）BP試行と管理で大筋は述べた．以下，BPEL言語水準の詳細事項を説明する[8]．

図6.2はBP実行時に必要とされるサービスを示すのにBPELではpartnerLinksのあとに，ビジネスパートナー（ビジネスの相手）を指定する．そのあとに続くものは呼び出すサービスの入り口名である．この例ではサービスとして"座席を予約する"という名を指定している．

BPMNで書かれたBPをBPEL言語へ変換した場合

```
    ·
    ·
    ·
<partnerLinks = 注1
<entrynames = "座席を予約する"/>




注1：呼び出したいサービス相手の指定
```

図 6.2 BPEL言語におけるサービスの呼出し

呼び出すサービスのインタフェースを記述するWSDL

インタフェース記述	types：メッセージフォーマットの型定義（XML スキーマ言語） message：メッセージフォーマットの定義 portType：サービス単位の定義 binding：サービス呼出しプロトコル定義
実装記述	service：関連ポート（下記）をひとまとめにしたサービスを定義 port：エンドポイント（ネットワークアドレス）を上記の binding とバインドして具体的ポートを定義（注）

（注）サービス利用者は UDDI を通して WSDL 文書入手．

図 6.3　インタフェース

```
Process プロセス全体の記述の始まりを示す

［宣言部］

    <partnerLinks> BP と外部サービスのビジネスパートナー定義

    <variables> 変数定義（プロセス内で利用するデータをこの変数域にもつ．型は3通り）
              ・WSDL メッセージ型（message Type）
              ・XML スキーマ単純型（type）
              ・XML スキーマエレメント型（element）
    <faultHandler> 異常時例外処理定義（throw アクティビティで通知）

［プロセスロジック部 Sequence］ビジネスプロセス最小単位定義

    <receive> 外部からのプロセス起動待ち
    <reply>   上記レスポンスの定義
    <invoke>  処理の起動
    <assign>  変数へ値を代入
    <throw>   異常発生の通知
    <terminate> ビジネスプロセス強制終了
    <wait>    一定時間待機
    <empty>   空処理（並行処理と同期）
    <sequence> 逐次処理
    <switch>  java. と同じ
    <while>   java. と同じ
    <pick>    メッセージ受信イベントに対する処理
    <flow>    並行処理の定義
    <scope>   サブプロセス（アクティビティのグループ化）
    <compensate> 補修（補償ともいう）処理の定義
```

図 6.4　プロセスの定義（BPEL 仕様）

図 6.3 は呼び出すサービスのインタフェース記述と実装記述を示す．Web サービス記述言語（Web Service Description Language：WSDL）の場合のインタフェース記述の中身は types（メッセージフォーマットの型定義），message（メッセージフォーマットの定義），portType（サービスの単位の定義），binding（サービス呼出しプロトコルの定義）である．更に実装記述の中身は port（上記の binding のもとでネットワークアドレスとして具体的ポートを定義する），

service（関連するポートいくつかをひとまとめにしたサービスの定義）などである．

図6.4 は BPEL によるプロセスの記述に現れる言語要素を示している．中身を宣言に関係するものとプロセスロジックに関係するものとに分けて，それぞれ言語要素を挙げている．これらの言語要素は通常処理に対応したものと異常処理に対応したものとがある．大半の言語要素は通常処理に対応したものであるが，異常処理に対応したものは faultHandler，throw，compensate などである．

（3） BP の実行

図6.1中央下部に描かれているプロセス実行エンジンがBPEL言語に従ってBPを実行する．この機能を含めてベンダーから SOA 支援ツール製品が提供されている．作業の効率化には役立つが，困った問題はベンダー囲い込みが早くも起きていることである．BPMミドルウェア製品は孤島化状況をさらけ出しており，ベンダー製品間で相互接続性が全くない．Webサービスを再利用して BP を考案し BP モデルを実行するためのより標準化された言語とそれに準拠したツールの提供が望まれる．XML 技術に関連して Web サービスのフロー言語を各社が独立に[8] 開発して提供しているが，これらの言語は標準言語である BPEL の支えとしての役割は果たしたので，これからはユーザの便宜を考えた標準化を進めることが望ましい方向といえる．

（4） 情報通信技術

SOA を支援する通信技術にはメッセージ構成技術，メッセージング技術などがある．これらは ESB で統合的にサポートされる．ESB の機能は 6.6 節の図 6.5 を参照されたい．

（5） サービス開発技術

サービスの作成は大別して新規に作成する場合とレガシーから機能抽出して作成する場合とがある．それらの場合によって具体的な作業は異なるが，サービス実装技術，サービスインタフェース技術などがある．図 6.1 右側に具体的な項目が示されている．

（6） 実働のさせ方

SOA においてサービスの再利用者の立場としては，自己の BP をいかに円滑迅速にコンピュータ上で実行できるか，従来技術と比較してどれほど容易かを知りたいところであろう．サービスの開発者の立場からの手順は本項の前で述べたので，本項ではサービスを再利用する者の視点で実働のさせ方がいかに容易であるかを見よう．手順は以下の①から④に示すとおりであり，比較的楽に行えるようになっている．

① BP作成とサービス作成

図6.1 の左側部に BP 作成手順がある．経営課題に沿った BP を考案していくが，プロセスに必要となるサービスは BP モデルを考案するときに公開されているサービスに対応づける．もし公開されているサービスに適当なものがない場合は，右側に示すサービス作成手順を用いて開発する．

② サービスの確保

提供されているサービスの中から再利用したいものがあれば再利用契約を結ぶ．なければ上記①の手順で自家製で用意する．

③ 実働の指示

BP 記述を BPMN などの言語を使用してしっかり行えば，あとは呼び出すサービスから

---

[8] IBM は Web Service Flow Lang，MS は XLANG，Sun は Web Service Choreography Interface，BPEL4WS は WSFL に XLANG を追加．

WSDL を取得し，BP の実装言語への変換は自動化ツールがしてくれる．

④　実働の仕組み

BP（BPEL）エンジンによって上述③の指示どおり BP が自動的に実行される．必要なデータはアクセスできなければならない．アクセスするデータベースの準備は，実行環境の中にしなくてはならない．自力で準備するか，アクセス可能なデータベースを利用するかの選択肢があるので，どちらかを選定しなければならない．データベースの操作は検索や更新，取消しに伴う補修などサービスが豊富に提供されている．

6.4　サービス

サービス（ビジネスサービスとも呼ぶ）は業務視点でとらえた情報システムの構築と変更の単位である．サービスは BP の構成要素（アクティビティあるいはプロセス個片）であり，ビジネスエンティティ（データクラス）とカプセル化されたものである．サービス自体の開発の面と，サービスを再利用して情報システムを開発する面の二つがある．後者の場合，3P（プロセス，プロダクト，ピープル）と情報を総体的に把握した基本構造に基づいてシステムを設計構築すればよい．そこにおいてサービスを情報システム構築の素として活用するのが SOA 流である．もちろん，規模と複雑性の問題は階層化により解決されるであろう．

6.4.1　サービスの一般的な階層

サービスの三つの階層を述べる．

（1）　基本サービス

データやビジネスルールを保守するシステムをバックエンドという．バックエンドにおける基本的なビジネス機能を行うサービスを基本サービスという．通常，基本サービスは特定のバックエンドの詳細を隠ぺい（ラップ）する目的の最小のサービス集合の要素である．データ駆動型のものと論理駆動型のものがあり，より高機能なサービスを構成するための土台となる要素である．

（2）　複合サービス

基本サービスや他の複合サービスを組み合わせてできるサービスのことである．

（3）　プロセスサービス

瞬時ではなく，分単位から日単位程度の一定時間稼動するビジネスプロセス（またはワークフロー）を意味するサービスである．ビジネス視点からいうと，この種のサービスは一定時間稼動するアクティビティフローで人間が割り込むことが可能である．基本サービスや複合サービスとの相違は，状態を有しており，多重サービス呼出しの場合でも安定的である．

6.4.2　提供サービス

（1）　エンタプライズサービス

エンタプライズサービスの例には DCOM，CORBA，EJB，JMS，Web サービスがある．これらのサービスは ESB（エンタプライズサービスバス）に接続される．

（2）　Web サービス

Web サービスとはマイクロソフトが当初提唱したサービスで，その特徴は用語「Web サービス」を参照されたい．比較的簡単な標準に準拠しており，将来にわたって安定しているよ

うに見える．

　Web サービスは SOA に基づいた技術と断定するのは早計かもしれない．Web サービスがあるおかげで異環境でも SOA 流のシステム構築が可能になったといえる．しかし機能を Web サービスとして作成することがシステムを SOA にすることではない．SOA のシステムではサービスの結合を必ずしも Web サービス（XML）で行う必要はなく，そのときどきで最適な方法や言語を選択すればよい．ただし相互接続性を忘れてはならない．

6.4.3　サービスの呼出し方

　サービスにもいろいろなものがあって，Web サービスが SOA では主に使用される．Web サービスの呼出し方は 6.5 節で説明する．

　ここではサービス全般の呼出し方の説明であるので，混同しないでほしい．サービス全般の例として座席予約サービスを取り上げて，サービスの呼出し方を説明する．そのサービスはあるコンピュータ上で稼動しているとする．予約画面を表示するアプリケーションが座席予約サービスを必要とする場合，どのようにそのサービスを呼ぶか．このアプリケーションから座席予約サービスを呼び出す仕方は以下に示すように何通りもある．

　（1）　共有メモリを介した呼出し

　同じコンピュータ，同じアドレス空間にあるサービスを呼び出すなら共有メモリを介した仕方でよい．

　（2）　EJB のような SOA 技術で作られたコンポーネントの場合

　サービスとしてそのまま使うことができる．

　（3）　同一ネットワークにある Java 環境同士の場合

　RMI-IIOP（Remote Method Invocation Over Internet Inter-ORB Protocol）が最適である．

　（4）　異なるプラットホーム同士をインターネット経由でつなぐ場合

　SOAP（Simple Object Access Protocol）が最適である（これらの場合，共有メモリや RMI-IIOP は使用できない）．

6.4.4　サービス再利用管理支援（ESB）

　サービスの増大に伴う変更保守管理の問題への解決策として ESB が考案された．
- サービス増加に伴う管理コストの上昇
- サービスの統合，移動に伴う呼出し不可能問題

などに対処するためにバス形態を採用した．これが ESB である．

6.4.5　サービス作成のノウハウ

　Web サービス作成の仕方を，新規作成かレガシーから抽出して作成かの二つに分けて説明する．

　（1）　新規に Web サービスを作成する場合

　（a）　インタフェース準備の注意
- プログラミングインタフェースではない（サービスのインタフェースを考える）
- サービスの名前はユニークになるように決める（レジストリに登録すれば，後日の変更にわずらわされることはなくなる）

（b） サービスの粒度

最適粒度を決定する一般論は存在しないが，次の点に留意するのがよい．

- ステートレス（オブジェクトの状態）：各サービスにおける疎結合を保持するために状態管理の情報を要求しない設計を心がける．
- 性能に配慮（粒度と結合度）：粒度が細かすぎると性能が低下するので，性能とのトレードオフに留意すること．
- ユースケースの機能単位にサービスを設計するのが無難である．

（c） 独立性の高いサービス

- 相互に行き来する呼出し構造のサービスにしない（無限に行き来することになってしまうから）．
- 孫サービスを呼ぶ構造にしない（孫サービスの呼出しは想定せず，子サービスにゆだねる）．
- 結合度は弱く（例えば，データ結合），凝集度は強くというG.J.Myersのモジュール分割の指針を参考に（第3章，第4章参照）．
- データをサービスでラッピング（他からデータを直接アクセスさせない）

（d） サービスの単位の決め方

- 適当な機能の切れ目を見出して，サービスを作成すればよい．

（e） 開発の仕方

- ボトムアップ開発　指定プログラム言語（例えばJava）のコードからWSDLとDeployment記述を自動生成し，サーバにWebサービスとして置くツールを使用して開発する．マイクロソフトのVB．NET，C#言語もあり，Visual Studioやwsdl.exeがある．
- トップダウン開発　言語差異があっても形式統一化を目的としてWSDLからWSDLとDeployment記述と指定プログラム言語（例えばJava）を自動生成し，サーバにWebサービスとして置くツールを使用して行う．

（2） 既存システムからサービスを抽出作成する場合

まず背景事項としてITシステム運用状況が次のように変化してきている．

- 初期コスト問題
- 課金（負担指定）の仕組み変化
- サービス部品の配布や保持の概念が，1箇所に置いて集中管理する考えではなく複数箇所に置く考えに変化してきている．またシステムを構築する意識は薄れ，構築することよりも運用に重点が移ってきている．

既存システムをSOAに変更したいとき，既存物をすべて作り直す必要はない．インタフェースだけ作成すればよく，他はそのままでよい．どう実装されていようがかまわない．

- ラッピングの仕方
- 入出力データをもつ
- データ型定義
- WSDLで記述
- デザインパターンの「facade：ファサード」を再利用してサービスの入り口を作成
- 非同期型サービスの作成
- リクエストレスポンス型の同期サービス（特にSOAP-HTTP）

- SOAPでも実行が非同期型のものを作成可能

6.4.6 サービスとコンポーネントの違い

両者の違いの概要のみ述べる．両者ともソフトウェアの分割単位である．違いは配布の仕方である．SOAにおけるサービスは1箇所に，コンポーネントは再利用される複数箇所に置かれる．また使用されるインタフェース技術や記述言語に関しても両者の間に違いがあり，**表6.5**に要約して示す．配布の違いは表6.5の「配布」の項を参照のこと．また分散コンピューティングとSOAとの相違点は**表6.6**に示す．

表6.5 サービスとコンポーネントの相違

	サービス	コンポーネント
目的達成に再利用する事柄	概念理念から発想した機能を具現化したもの	ソフトウェア動作から発想した機能を具現化したもの
実体の有無	手元になし（理解は可）	手元にあり（実体あり）
感知	論理的	物理的
分割の主旨	機能中心（組合せ）	構成要素（分割）
把握の仕方	元来独立機能	全体分割
主眼	目的物の組立て作成	分割征服式管理
BPまたはシステム構築での再利用	含蓄された機能を再利用	含蓄された機能を再利用
環境（動作条件など）	独立	依存
配布	提供元	再利用箇所に展開
設計する人	BPから抽出	コンポーネント提供産業
実装する人	サービス提供者	コンポーネント提供産業
保守改訂	1箇所	該当複数箇所
目的ソフト実現上の粒度	BPやISの構成要素	ソフトの構成要素
インタフェース定義	WSDLサービスコンポーネント	CBSDのCOTS定義
連携指示	BPEL	ISの制御フロー

表6.6 分散コンピューティングとSOAの相違

	分散コンピューティング	SOA
中心概念	Distributed Computing	De-centralized（W3C会議で確認されたこと）
目的	分散させ（配布し）て負荷分散を図る	ソフトウェア分割でなく，元来独立な機能を登録しておきそれらを組み合わせる
構成要素	分散オブジェクト	サービス（コンポーネント）

6.5 SOA たる条件

SOA を構成する重要要素の一つが Web サービスである．Web サービスを再利用する場合の SOA の条件を述べる．

（1） サービスの呼出し方

6.4 節ではサービス全般の呼出し方を説明したが，ここでは Web サービスに限定してその呼出し方を述べる．サービスインタフェース，Web サービス記述言語（WSDL），プロキシコード経由といった仕組みを遵守する．

(a) サービスインタフェース
① サービスエンドポイント（ソフトウェアの entry point に相当する）
② メッセージ（XML 言語で記述する）
③ XML 封筒構造（SOAP 言語で記述する）

(b) WSDL

Web サービスの記述言語が WSDL（Web Service Description Language）で，SOAP と親和性がある．WSDL の要素として以下のものがある．

① データ型
② メッセージ
③ インタフェース（入力と出力のメッセージの組合せ及び名前）
④ バインディング方法（具体的な結合方法）→疎結合か密結合か指定
⑤ エンドポイント情報（アクセスしたいサービスが置かれている場所のアドレス）

(c) プロキシコード

サービスの呼出しはプロキシコード（状況に即したコーリングシークエンスを用意する仕組み）を経由して行うようにする．プロキシコードは呼び出すサービスの状況を把握して，そのもとで呼び出す準備を代行してくれる．再利用する側のソフトウェアはサービスの属性に配慮しなくて済む．プロキシコードは自動生成される．

（2） 環境独立性

提供側と再利用側の環境が異なっていてもサービスを呼び出すことが可能である．

- 呼出し方（プログラミングスタイル）は一定である（プロキシまたはスタブ経由）．
- 特にネットワーク経由のサービス再利用に関してはプロキシと提供側をつなげデータ送受信を環境が行う．

6.6 メッセージ制御環境

6.6.1 形　式

ハブアンドスポーク形式とバス（ここでは ESB と呼ぶ）形式とがある．前者は中央集権的にメッセージ送受信を制御する．制御を一括させ得るが，その必要のないときでも必ず中央（ハブ）を経由するのでオーバヘッドが大きくなる可能性がある．後者はそうではなく，バスをメッセージが通過する．

6.6.2 ESBに要求される機能

ESBを呼び出す手順はすべて同一である点が特徴である．同一インタフェース，同一URI (Unified Resource Identifiers) のサービスであれば，呼出し形態が違って（ローカル，RMI-IIOP，SOAPなど）も再利用側から見れば同一物として扱える．例えばローカルに存在していたサービスが，ある日，違うロケーションのコンピュータ上のSOAPサービスに変更になったとしても，ESBの構成を変更するだけで済む．呼び出す再利用側のプログラムやプロキシコードは無変更のままでよい．このことによる効果は再利用件数が多くなるほど大きいはずである．

ESBの役割はSOAにおけるサービス間の仲介を果たす．すなわち，サービスの再利用者と提供者の間を柔軟に結合する．仲介（Mediation），伝達と転送（Routing），変換（Translation），マルチプロトコルサポート，ロギングと監査などの機能は従来のメッセージハブ製品が有していたものである．それがSOA対応として姿を変えた．以下これらの機能を説明し，**図6.5**にESBの機能構成を示す．

（1） 仲介

サービスの再利用側はESBに対し仲介，つまり「これこれのサービスを呼び出したい」と話しかける．するとESB経由でサービスが呼び出される．重要なことは，ESBはサービスを仮想化する技術だという点である．再利用側がESBを介してサービスを呼び出すとき，サービスの形態が何であるか（WebサービスかDCOMかEJBかなど）を気にする必要はなく，ESBに対するサービスの呼出し方だけに留意していればよいとする技術である．サービスの呼出し方は抽象化されている．仲介機能は以降の（2）から（5）までの四つの機能とレポジトリ管理を組み合わせて実現する．

（2） 伝達と転送

サービス呼出しの基本はメッセージパッシングである．サービスの呼出しには何らかのメッセージを使う．このことはEJBのRMI-IIOPやWebサービスのSOAPなど種々の技術において共通なことである．違うのは作成され伝達されていくメッセージのフォーマットだけであ

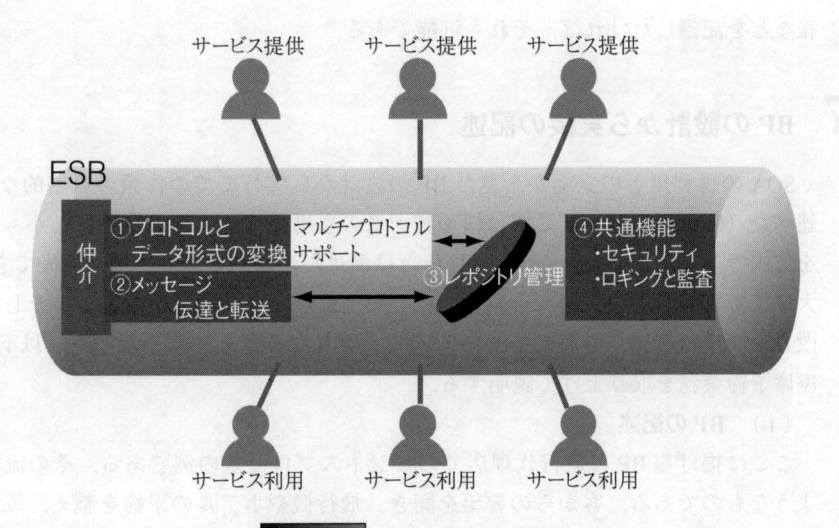

図6.5 ESBの主要機能構成図

る．メッセージは伝達される必要があるがネットワークはメッセージを意識せず動作するので，サービスに変動があると呼び出せなくなる．ESB はそうではなくメッセージを認識できるネットワークとして伝達と転送の機能を行う．ESB はサービスを URI（Uniform Resource Identifiers）で識別し呼び出す．すべてのサービスには URI ベースの ID が振られている．ESB に ID を渡せば該当するサービスへメッセージを伝達する．サービスの稼動場所が変更されても転送する．

（3）変換

メッセージをあて先に送付するまでの間に何らかのロジックを使って変換する．スキーマの変換とデータの変換の2種類ある．スキーマ変換とはデータ形式（例えば XML の要素名）や並び順の変換で，データの変換とは使用通貨，度量衡の単位，顧客番号，商品番号などデータの値変換である．

（4）マルチプロトコルサポート

エンタプライズサービスのサポートにハブを使用せずバスを使用した理由は，ハブの場合は「必ずある一定の範囲のメッセージ通信技術を使う」という制限がある．ハブを使ったサービス呼出しの場合，メッセージがハブ中心点を往復するので必ずネットワーク経由になってしまい(たとえ同一アドレス空間のサービスでも)効率の悪いシステムになる．バスの場合は，その問題は起きず，多くのサービスを擁し，そのサービス呼出しの組合せでシステム構築ができる．

SOA ではサービス呼出しを何かのメッセージ規約に統一化する必要もないので，ハブのようにメッセージを集中させることが常に最適とはいえない．バスはどこかのサーバに単独であるものではない．複数サーバにまたがる場合もあれば，一つのサーバに複数バスが通っていることもある．それぞれのサービスはいずれかのバスに登録されている．

このマルチプロトコル機能はベンダーすべての製品に備わっているかどうかは確認すべきである．

（5）ロギングと監査

SOA は監査目的に役に立つ．ESB を基盤としている SOA のシステムでは，ESB に接続されているサービスの呼出しや応答などすべてが，ESB 上を流れる．監査目的のために取引情報などを記録したければ，それも可能である．

6.7 BP の設計から実装の記述

SOA の再利用者の立場から見た BP の設計から実行までの作業の概略的な流れは図 6.1 に述べた（6.3 節参照）．ここでは情報技術者の立場から，いかに簡単にしかも的確に，必要物を作成できるか見てみよう．良い技術とは簡単だが目的をより的確に達成できる手段である．大げさで複雑なものが優れた技術ではない．SOA は BP 設計から実行，そして必要な是正や改良も簡単に行え，合目的でもあるので，優れた技術といえるだろう．以下 BP の例として座席予約業務を取り上げて説明する．

（1）BP の記述

ここに掲げる BP は旅行代理店でのビジネスプロセスの例である．その流れは次に述べるようなものである．客からの要望を聞き，飛行機やホテルの予約を整え，成約すれば代金請求発券へ進むし，変更や中止などがあれば，そうした要求に順応する．

6.7 BPの設計から実装の記述

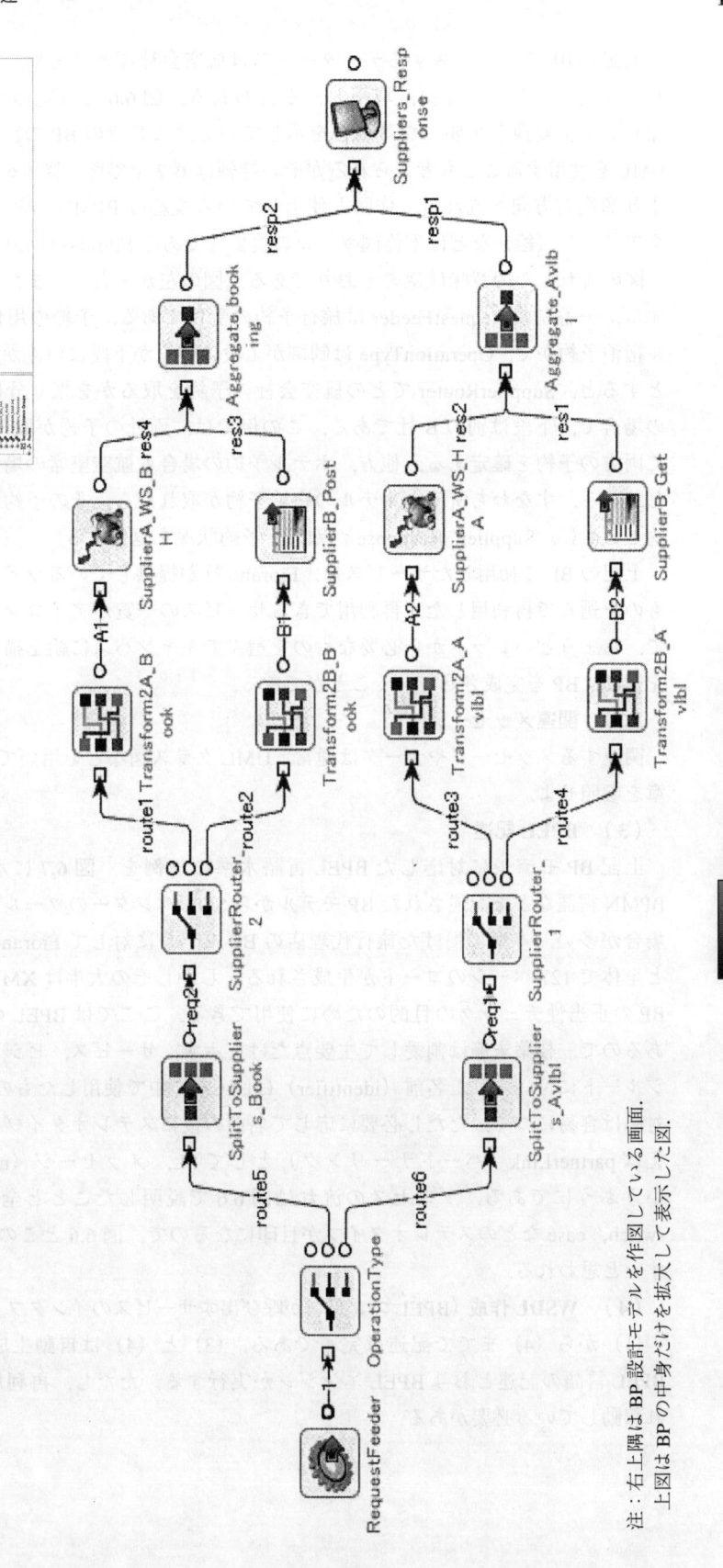

図 6.6 BPの例（旅行代理店の業務）

注：右上隅はBP設計モデルを作図している画面。
上図はBPの中身だけを拡大して表示した図。

上記の BP でアクセスするデータベースは航空会社ごとにあり，旅行代理店から空席問合せや予約（あるいは変更，取消し）が行われる．**図 6.6** は特定のデータベースアクセスに際しデータ変換が必要になる場合を示している．ここでの BP の記述言語は BPMN である．UML を使用することも考えられるがその詳細は第 7 章参照．図 6.6 のプロセスは左端から始まり順次右方向へ流れる．作図上使用している規約は BPMN 言語であるが，プロセスを表すアイコン（絵）などは本作図ツールの提供元である Fiorano 社の仕様を使用している．

　図の流れとその意味は次のとおりである．図の左から右へ，また上段から下段へ順次説明する．一番左端 RequestFeeder は旅行予約の受付である．予約の用件が航空座席予約かホテル宿泊予約かで，OperationType は制御が上段にいくか下段にいくかを決定する．上段にいくとすると，SupplierRouter でどの航空会社の予約を取るかを振り分ける．上段は航空会社 A の場合で，下段は別の B 社である．この例では，両社の予約が取れたとき，AggregateBook で両方の予約を確定する．他方，ホテル予約の場合も航空座席の場合と同じロジックを使用している．すなわち所望のホテルの宿泊予約が取れたら，その予約を確実にし，航空座席予約とともに，Supplier_Response が顧客へ予約状況を返信する．

　上記の BP で使用したサービスは，Fiorano 社が提供しているライブラリの中から，適切なものを選んで再利用した．再利用できるサービスの一覧がアイコンを伴って示されているので，ちょうどパレットから必要なものを選んでキャンバスに絵を描くような仕方でサービスを選び，BP を完成させていくことができる．

（2）　関連メッセージ

　関連するメッセージやデータは通常，UML クラス図などを用いて設計する．第 2 章，第 5 章を参照せよ．

（3）　BPEL 記述

　上記 BP モデルに対応した BPEL 言語水準の一例を，**図 6.7** に示す．この BPEL 言語は BPMN 言語などで記述された BP モデルから SOA ベンダーのツールによって自動生成される場合が多い．本章に掲げた旅行代理店の BP モデルに対して Fiorano 社のツールを使用すると全体で 127 ページのコードが生成される．しかしその大半は XML コードであり，それは BP の正当性チェックの目的のために使用できる．ここでは BPEL の形を見ることが目的であるので，枝葉末節は割愛して主要点だけを示す．サービス，ビジネスプロセス，メッセージルートに付けられた名前（identifier）は図 6.6 の中で使用したものと全く同じであるので，対応は容易につく．ただし必要に応じて名前の後にステレオタイプの略称を添えている．例えば partnerLink（パートナーリンク）として PL，メッセージ（message）として MSG というふうにである．プロセスの流れは図 6.6 で説明したことと全く同一である．process，switch, case などのステレオタイプが目印になるので，図 6.6 とこの図 6.7 の対応は理解しやすいと思われる．

（4）　WSDL 作成（BPEL エンジンが呼び出すサービスのインタフェースの要素に対応する）

　（1）から（4）までで記述は完了である．（3）と（4）は自動生成が可能である．あとは BPEL 言語の記述どおり BPEL エンジンが実行する．ただし，再利用するサービスは公開され稼動している必要がある．

```xml
<sequence>
    <receive name="RequestFeeder" createInstance="yes"
        operation="OperationType"
        partnerLink="requestFeederPL"
        portType="requestFeeder"
        variable="estimateRequestMsg"/>
    <invoke name="SplitToSuppliers_Book"
        inputVariable="confirmCustomerInMsg"
        operation="SupplierRouter_2"
        outputVariable="confirmCustomerOutMsg"
        partnerLink="confirmCustomerPL"
        portType="SplitToSuppliers_Book"/>
    <invoke name="Transform2A_Book"
        inputVariable="examineInMsg"
        operation="SupplierA_WS_BH"
        outputVariable="Aggregate_bookingMsg"
        partnerLink="examine"
        portType="Transform2A_Book"/>
    <switch name="Supplier_Response">
        <case condition="Airline">
            <sequence/>
        </case>
        <case condition="Accomodation">
            <invoke name="SplitToSuppliers_Avlbl"
                inputVariable="confirmCustomerInMsg"
                operation="SupplierRouter_1"
                outputVariable="confirmCustomerOutMsg"
                partnerLink="confirmCustomerPL"
                portType="SplitToSuppliers_Avlbl"/>
            <invoke name="Transform2A_Avlbl"
                inputVariable="examineInMsg"
                operation="SupplierA_WS_HA"
                outputVariable="Aggregate_AvlblMsg"
                partnerLink="examine"
                portType="Transform2A_Avlbl"/>
        </case>
    </switch>
    <reply name="Supplier_Response"
        operation="RequestFeederOP"
        partnerLink="OperationTypePL"
        portType="requestFeederPT"
        variable="estimationResultMsg"/>
</sequence>
```

図 6.7 BPEL の出力例（旅行代理店 BP モデル対応）

6.8　SOAに関する五大教訓

SOAを活用して企業経営の優位性を高めていくために留意すべき教訓を五つに絞って説明する.

（1）環境独立なサービス

大規模分散システムにおいてビジネスプロセスを具現化し保守する考え方（パラダイム）がSOAである．そこには三つの主要な技術，すなわちサービス，ESBによる相互運用技術，疎結合があり注意して活用する必要がある．

サービスとは自己完結型のビジネス機能のかたまり（塊）であり，粒度も細かなものから粗いものまでいろいろある．細かい粒度の例は顧客データの蓄積検索，粗い例は受注処理業務である．サービスはビジネス価値を決め，ITとの間げきをつなぐ重要なインタフェースを意味するので，熟慮が要る．

ESBは基盤であり，サービスを受け持つ各分散システム間の相互運用性を高める．異なるプラットホームや技術を使った複合システムにビジネスプロセスを配置することが容易になる．

疎結合は，結合が疎であることから，結合するもの同士の自由度が高まり，結合も軽快に行えるが，疎結合を追及すればするほど，システムへの負荷が増大し性能劣化を招きやすい．疎結合にはいろいろな側面が介在するので注意を要する．自由度が高くなるなど疎結合の利点はあるが，疎結合を追求すればするほどオーバヘッドが増大し性能劣化を招くので，両者の間のトレードオフに留意しなければならない．

（2）ポリシーとプロセスが変わる

新規業務を実現することは従来は特定部門に特定タスクをアサインすることであったが，今後はそうではない．むしろ異なるシステム上に多重的にあるタスクを組み合わせて新規業務を実現するプロセスとなる．しかもそれらのシステムを互いに協調させなければならない．それに伴って組織の役割，ポリシー，プロセスを明確に定義し直さなければならない．ポリシーとはESB基盤，提供者，再利用者を縛る一般ルールやガイドラインであり，ネーミング規則や運用サービスの最大版数の規制などである．サービスライフサイクルの定義やモデル駆動のサービス開発，分散ソフトウェア開発のプロセスを見直さなければならない．製品が高度化すれば，工数も増加する．SOAの場合もコンポーネントが増えれば手間数は増加する．

（3）Webサービスを過信するな

WebサービスはSOAの技術面を現実的なものとする一つの手段である．しかしWebサービスは問題も起こす．その標準は相互運用性を十分保障するほど成熟していない．Webサービスは元来十分な疎結合を実現するには不十分である．Webサービスですべての技術課題が解決できると思ってはいけない．Webサービス固有に走りすぎてもいけない．なぜならシステム統合に程良い最終的な標準ではないからである．基盤選定問題としてほどほどに構えているべきである．

（4）実践の哲学を貫け

理論どおり事はいかないものである．このことはSOAにおいてもいえる．例えば性能やセキュリティも考慮しなければならない場合は，一般的なビジネス事例や概念は機能しない．保守段階の既存システムにSOAを適用する場合は安定性や逆方向の互換性が問題になる．

SOAの導入か否かが問題ではなく，導入するITソリューションが状況や要求に適しているか否かが問題となる．

引数ですべての必要情報を受け渡せる応用分野については，異なるシステム間をつないで素晴らしい機能を簡単に実現できる可能性が確かにある．しかし，一般的に見て異なる業務システムを複数つなぎ合わせるためには，マスタデータファイルが常に共通化されていることが必須要件である．共通化されていない場合は，必要な情報が裏で共用化（含む転送）されていることが必須要件である．これらのことを念頭に置かなければならない．

（5） SOAによるITガバナンス

SOAの最も重要なことはITガバナンスの正しいアプローチを見つけることである．

- 中央集権チームを有している場合SOAの全体枠組みを決めるだろうが，大規模システムでは非集中化が肝要である．したがって集中化と非集中化の均衡をとらなければならない．
- 適切な人材を投入しなくてはならない．大規模システムは小規模のそれと違うので，経験者が要る．実践上の理由で概念が適合しないとき，経験未熟者は元来のことに思いを馳せないで，実践上の問題だけに躍起になる．一方中央サービスチームは象牙の塔的な発想に陥りやすい．そうではなく基盤整備のために良きサービス提供者になるよう努力すべきである．
- 最初に行うべきことを最初に行え．サービスの管理から始めるな．サービスが増えてきたらその管理を行え．最初にすべてのサービスを設計してしまうとか，最初に基盤を作ってしまうなどの間違ったアプローチはとらない方がよい．成長につれて，諸般を成長させていく方針をとり将来のことも考える時間を十分とって現時点の問題に対処するのが賢明である．

CEOやCIOからの指導や支援を必要とすることもあろう．SOAは企業全体に影響を与える戦略であるので，経営層に概念を支持させ，適切な意思決定をさせ，十分な投資をさせるのがよい．短期間に多大な予算を獲得するのが重要ではなく，長期にわたって投資させるのがよい．中途で予算カットの憂き目にあうのでは，物事は成就しない．

6.9 まとめ

各国でSOAの実プロジェクトへの適用が試みられている[10]．我が国でも自治体での先進事例（第7章）や九州産業大学でのSOAの優位性比較研究[11]などいくつか試行されている．SOAの真価を高めるアプローチとして五つ挙げると

- 部門最適化から全体最適化
- より広い範囲へ普及（企業や自治体組織内ならITガバナンスで推進）
- 例えばEAに基づいてSOA化推進
- サービスの練成とサービスライブラリの充実
- インタフェースとプロセスの標準化（記法だけでなく）

などがある．これらは実務に即した努力目標である．

動向を鳥瞰して問題意識をまとめてみる．本章の冒頭で，現実世界と仮想世界を直接つなぐ枠組みがSVCであり，従来の仮想世界中心の枠組みと比べれば，コペルニクス的発想の大転換であると述べた．更に現実世界の課題はサービスという素で構成されているととらえ，

その素を情報化したもの[9]をいろいろ組み合わせて，現実世界の課題を手順化して，IT 上で実行する一つの仕方が SOA である．

SVC と SOA は互いに技術発展していて標準化も進んでいるように見える．しかし最も大事なことは，現実世界向けの記述と仮想世界向けの記述の両者のアラインメント性に問題がないかという点である．もし問題があれば，何のための IT かということになる．この点について本章では現実世界の課題は BP 関連記法で記述し，IT での実行へ向けて逐次変換されることを示した．変換の大部分は動作検証済みの自動化ツールによってなされるので，アラインメント性を確認する箇所は限定的で簡素である．ビジネスプロセスの実働を目視することが主作業になる．

関係者はアラインメント性に注意を払い，運用の実を収穫しつつ，更なるビジネスの発展を期すことになる．アラインメント性が確実になれば，経営モデルを確実に IT で支援できることになる．そのもとで経営目標の着実な達成を Plan-Do-See サイクルでらせん的に向上させていけば，優位性確保を現実とすることができよう．ビジネス上の付加価値の向上を確実に達成していくことができる．

参 考 文 献

［1］ "IEEE," http://tab.computer.org/tcsc/index.htm（確認年月日：2008 年 9 月 1 日）
［2］ "IBM," http://domino.research.ibm.com/comm/research.nsf./pages/r.servcom...（確認年月日：2008 年 9 月 1 日）
［3］ Malinverno, Paolo, "Service-oriented Architecture Craves Governance," http://www.gartner.com/DisplayDocument?id=488180（確認年月日：2008 年 9 月 1 日），Gartner Group 2006.
［4］ D. Ceralry, J. Fenn, and D. Plummer, "Gartner's Positions on the Five Hottest Topics and Trends in 2005," http://www.gartner.com/DisplayDocument?id=480912（確認年月日：2008 年 9 月 1 日），Gartner Group 2005.
［5］ N. M. Josuttis, SOA in Practice: The Art of Distributed System Design, O'Reilly, 2007.
［6］ T. Erl, "SOA Principles of Service Design," Prentice-Hall, 2008.
［7］ P. C. Brown, MPLEMENTING SOA Total Architecture in Practice, Addison-Wesley, 2007.
［8］ (株)テクノロジックアート，長瀬嘉秀，藤川幸一，SOA システムモデリングハンドブック 2006.
［9］ 米持幸寿，基礎から分かる SOA（サービス指向アーキテクチャ），日経 BP 社，2005.
［10］ 山下真澄（監訳），Krafzig, Dirk, Banke, Karl, Siama, Dirk（原著），SOA 大全（サービス指向アーキテクチャ導入・設計・構築の指針），(Service-Oriented Architecture Best Practices)，日経 BP 社，2005.
［11］ Cherbakov, Galambos, Harishankar, Kalyana, and Rackham, "Impact of Service orientation at the business level," IBM Syst. J., vol. 44, no. 4, pp. 653–668, 2005.
［12］ A. Iskandar and M. J. Matsumoto, "A functional framework of SOA synchronizing business model and IT," IEICE Technical Report, ISSN 0913-5685, SWIM 2007-23–32, March 2008.

---

[9] 情報化されたサービスの意味で「情報化サービス」または Web を意識して「一般 Web サービス」と呼ぶべきところ，単に「Web サービス」と簡便的に呼称しているので普通名詞なのか固有名詞なのか不明になり混乱しがちである．

7 SOAの電子自治体への適用事例

　本章においては，SOA（Service-oriented Architecture）を電子自治体システムに適用することにより，高品質，低コストかつ迅速にソフトウェアを開発する手法についての一提案を紹介する．また，これを実現するために，総務省が中心となって進めている自治体EA（Enterprise Architecture）事業の検討結果をもとに，民間企業などでの業務プロセス改善に利用が進んでいるUML（Unified Modeling Language）を利用した業務フローの検討並びにSOAによるソフトウェア開発のためのモデル化の実例を示す．

7.1 電子自治体システムの現状と課題

7.1.1 自治体の業務と情報システム

　地方自治体の業務を支援する電子自治体システムは，縦割り組織にほぼ対応する形で導入されているが，これらは大別して三つのグループに分けられる．第1は，市民からの様々な問合せ，届け出や市側からの情報公開を行うための「フロントオフィスシステム」である．第2は，住民から届けられた住民票情報や税務，国民保険，福祉，介護など住民サービスを実施するための「住民情報システム（基幹システム）」．第3は，職員の人事給与や財務会計，グループウェアなど，市の職員が使用して市役所内部の業務を効率化するための「内部情報システム」である．電子自治体システムの概要を，ある市役所の組織との対応例も含めて図7.1に示す．

7.1.2 地方自治体における情報化の課題

　市民に対するサービス向上という観点で見た場合，そのサービスを担当する課の対応を向上させることはもちろんであるが，案件によっては市役所内の複数の部署にまたがっている場合がある．また，県や国にも関連している場合もあり，市民サービスの向上にはこれらの組織間の連携が必須である．
　しかしながら，現状は，地方自治体における情報システムの発注は，当該事業の予算を掌

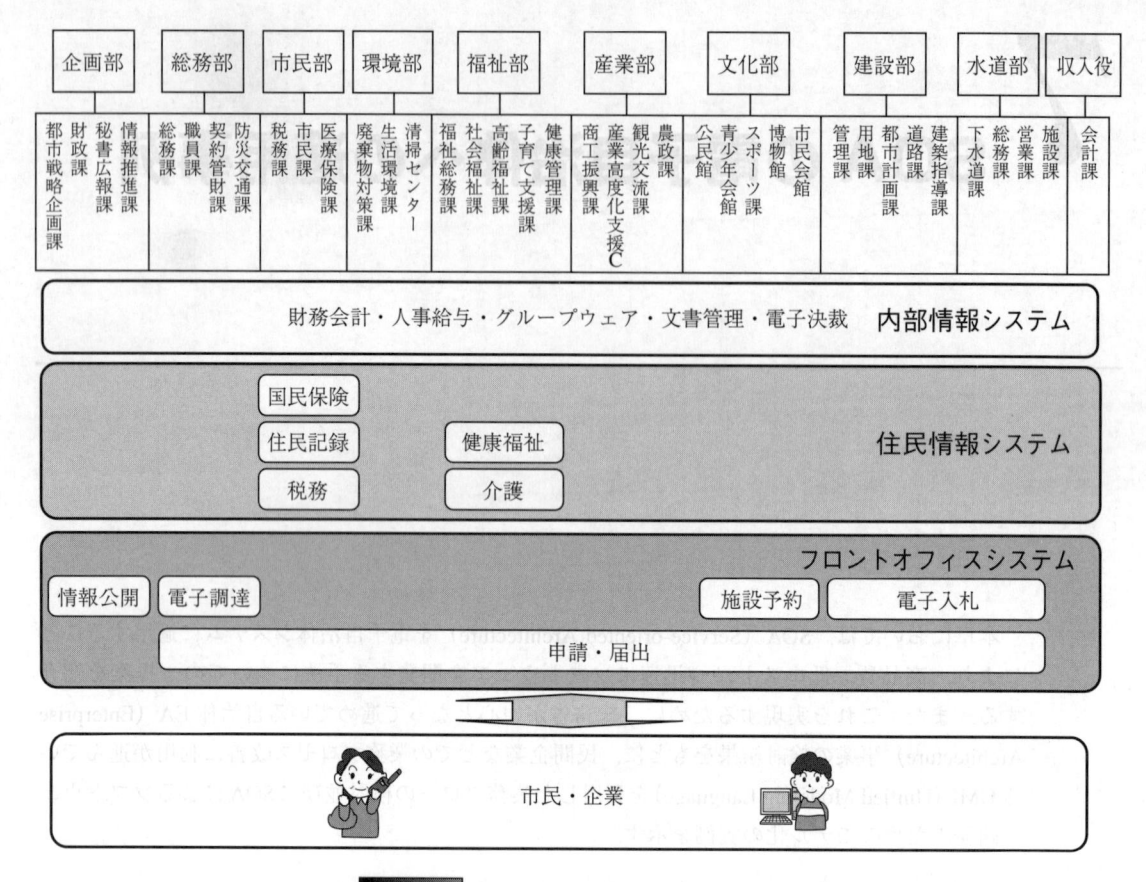

図 7.1 電子自治体システムの概要(ある市役所の例)

握する主管課が握り,個別発注となっている場合が多い.このような発注形態の場合,操作性の検討,データベース設計,ネットワークも含めた冗長化の設計,セキュリティレベルなどがシステムごとに個別に検討され,全体最適化が図られていないことが多い.これは結果的に開発予算の増大や仕様のアンバランスによる市民サービスの低下をもたらすリスクが高い.このため,自治体の業務全体を見据え,市民サービスの向上に主眼を置いたシステムの全体最適化を行うことが期待されている.

現行のシステム構成の例を**図 7.2** に示す.ここでは,各アプリケーションで使用するデータベースが個別に構築されているほか,システムへのアクセスを許可する認証機能がアプリケーションごとに設定されているなど,使い勝手やセキュリティ面でも課題が多い.

7.1.3 電子自治体システムのモデル化

例えば電気通信システムは非常に規模が大きく,いろいろな経路を介して通信することになるため,個々の機器の性能のみならず,通信網全体において一定水準以上の品質を確保する必要がある.同様に電子自治体システムも,個々のシステムの性能や品質のみならず,自治体の職員も含む全体の品質を一定水準以上に確保し,お客様である市民の満足度を最大化するように設計する必要がある.そこで,電気通信システムの設計において利用されてきた接続品質(迅速性),伝送品質(明りょう性),安定品質(安定性)[1] をベースに,**図 7.3**

7.1 電子自治体システムの現状と課題

図 7.2 システム構成の例（現状）

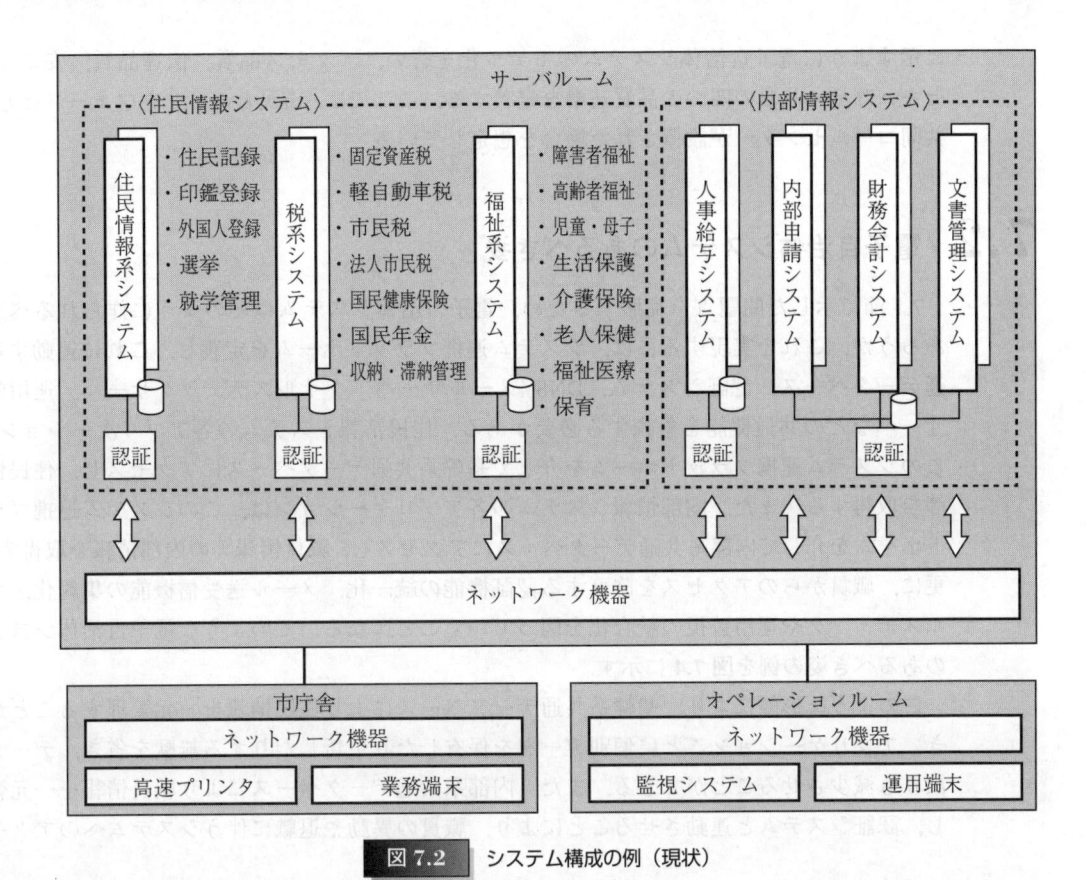

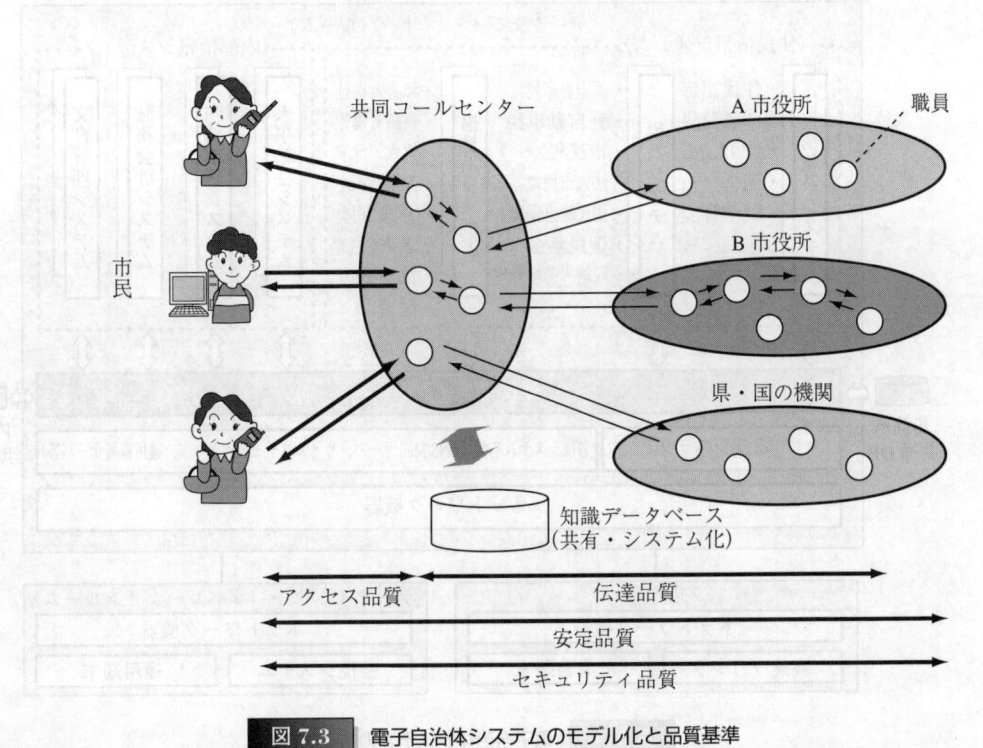

図 7.3 電子自治体システムのモデル化と品質基準

に示すように電子自治体システムのモデル化を行い，アクセス品質，伝達品質，安定品質，セキュリティ品質の四つの品質基準を定義する．ここでは，市民とのインタフェースとして，共同コールセンターが設置された場合を想定している．

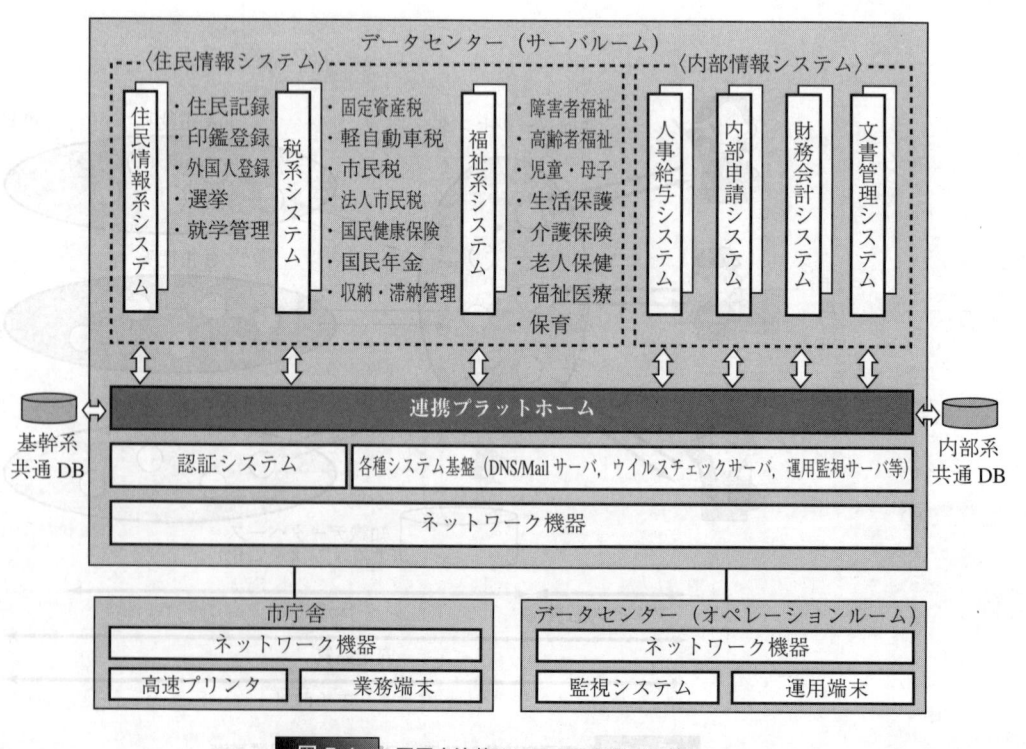

7.2 電子自治体システムのあるべき姿

7.1 節で示した問題点を克服するため，電子自治体システムはどのように作られるべきであろうか．これを実現するには，システム連携プラットホームを定義し，これに連動する共通データベース，認証システム，DNS/メールサーバ，ウイルスチェックサーバ，運用監視サーバなどの共通機能を整備する必要がある．住民情報システムの各アプリケーションは，このシステム連携プラットホームを介して基幹系共通データベースにアクセスし，住民情報等を取得する．また，内部情報システムの各アプリケーションは，このシステム連携プラットホームを介して内部系共通データベースにアクセスし，職員情報等の内部情報を取得する．更に，職員からのアクセスを許可する認証機能の統一化，メール送受信機能の集約化，ウイルスチェックや運用監視の統合化を図っていくことになる．このような電子自治体システムのあるべき姿の例を**図 7.4** に示す．

このような形態により，基幹系共通データベースにより住民情報を一元管理することができ，アプリケーションごとに個別データを保有したり更新したりする無駄を省き，データの誤りも減少させることができる．また，内部系共通データベースにより職員情報を一元管理し，認証システムと連動させることにより，職員の異動や退職に伴うシステムへのアクセス

図 7.4 電子自治体システムのあるべき姿

権限を統一的に管理できる．これにより，異動や退職した職員によるシステムへの不正アクセスを防止し，セキュリティをいっそう向上させることが可能である．更に，ウイルスチェックや運用監視を統合化することにより，運用コストを大幅に削減することができる．

アプリケーション面においては，UML を用いた業務分析をシステム開発に適用することにより，ソフトウェアの一部を Java コードなどで自動生成することが可能となり，新たな機能追加や変更が比較的容易になると考えられる．これらの要件を (1)〜(4) に示す．

(1) 情報システムのあり方

自治体業務で使用される情報システムは，まず，どの職員でも操作しやすいオープン系 (Web 系) システムを採用すべきである．また，システム個々の個別最適化ではなく，市役所全体の業務を最も効率化するため，全体最適化による機能改善，高度化が図られなければならない．このためには，連携プラットホームによるアプリケーション間の情報流通が滞りなく行われ，共通データベースによるデータの一元管理を実現しなければならない．

(2) ネットワークのあり方

電子自治体システムを接続するネットワーク機器及び配線は，故障時にも滞りなく市民サービスを維持できるように，二重化されていなければならない．また，ネットワークの負荷分散による帯域の有効利用を行うとともに，ネットワークのセキュリティレベルを向上する必要がある．

(3) システム運用のあり方

システムの運用にあたっては，端末も含めたセキュリティを常時管理し，いかなる場合であっても不正利用を発見及び防御できる仕組みが必要である．また，個別システムの運用レベルを標準化し，効率的な運用管理を行わなければならない．

(4) セキュリティのあり方

セキュリティ確保の観点では，サーバルームや建物自体のセキュリティを強化するか，公共 iDC（internet Data Center）[2] にシステムを格納し，いかなる場合でも個人情報などの情報漏えいが起こらないように万全のセキュリティを確保しなければならない．また，認証システムを一元化することにより操作性を向上させるとともに，職員や外部からの不正アクセスを防止しなければならない．

7.3 UML を利用したシステム最適化の試み

7.3.1 共同化と EA の取組み

効果的かつ効率的な電子自治体のシステム構築や国と地方間のデータ連携手法を検討するため，総務省が中心となって，2004 年の春に「電子自治体のシステム構築のあり方に関する検討会」が発足した．この検討会では，学識経験者，民間有識者，地方公共団体の参加を得て，2007 年 3 月までに 12 回の会合をもち，システム共同化と EA 事業等について検討が進められてきた．

ここで発表された住民基本台帳の機能情報関連図（Data Flow Diagram：DFD）から，図 7.5 に全体の機能情報関連図，図 7.6 に新規登録時の例を示す．図中の楕円は機能，長方形は外部環境，矢印は情報の流れ，中央部の 2 本の横線で挟まれた部分は情報の蓄積を表す．図 7.5 の住民基本台帳の DFD の場合，住民基本台帳にかかわる新規登録，住民票・証明書等発行，

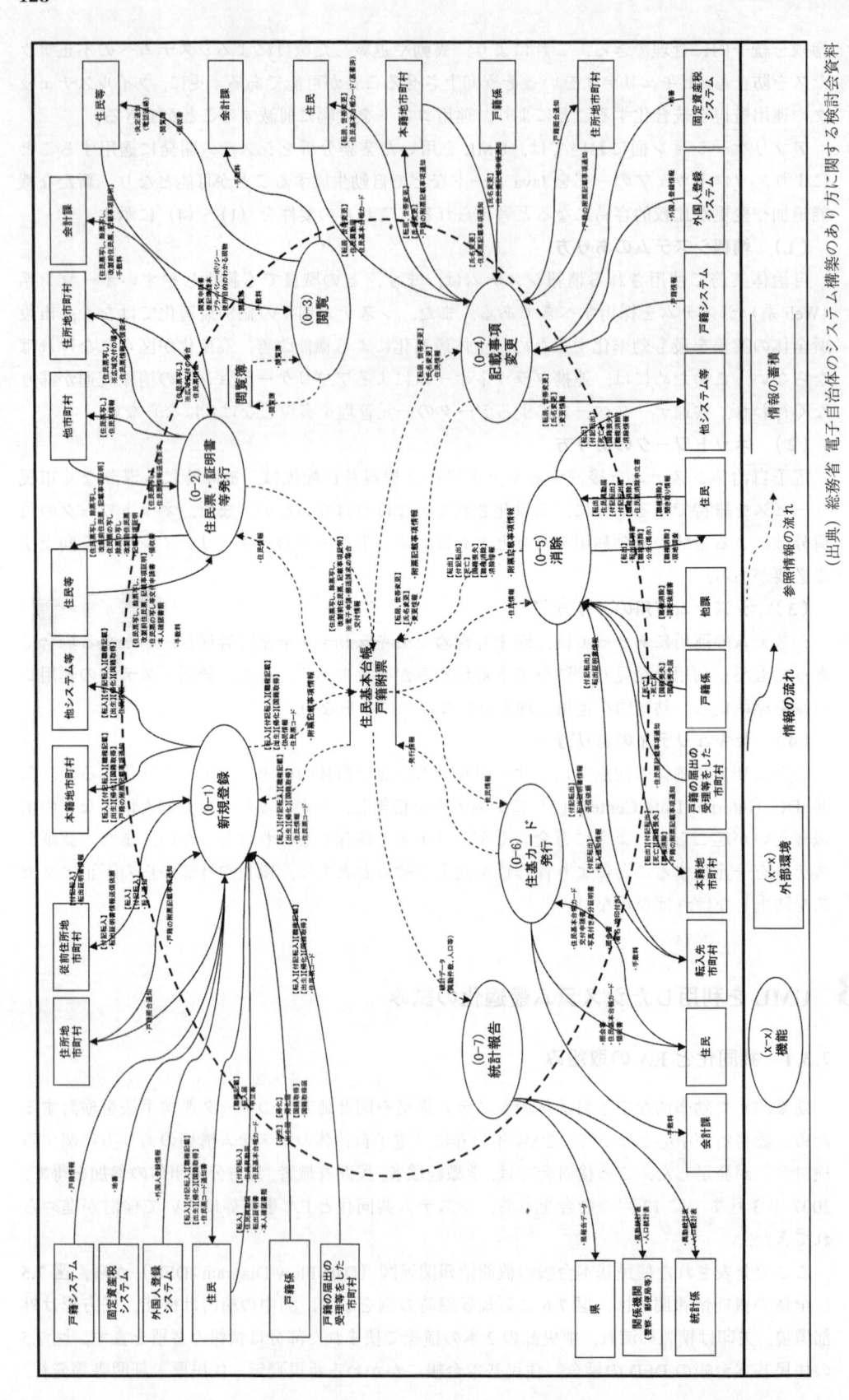

図 7.5 住民基本台帳の全体機能情報関連図 (DFD)

(出典) 総務省 電子自治体のシステム構築のあり方に関する検討会資料 [3]

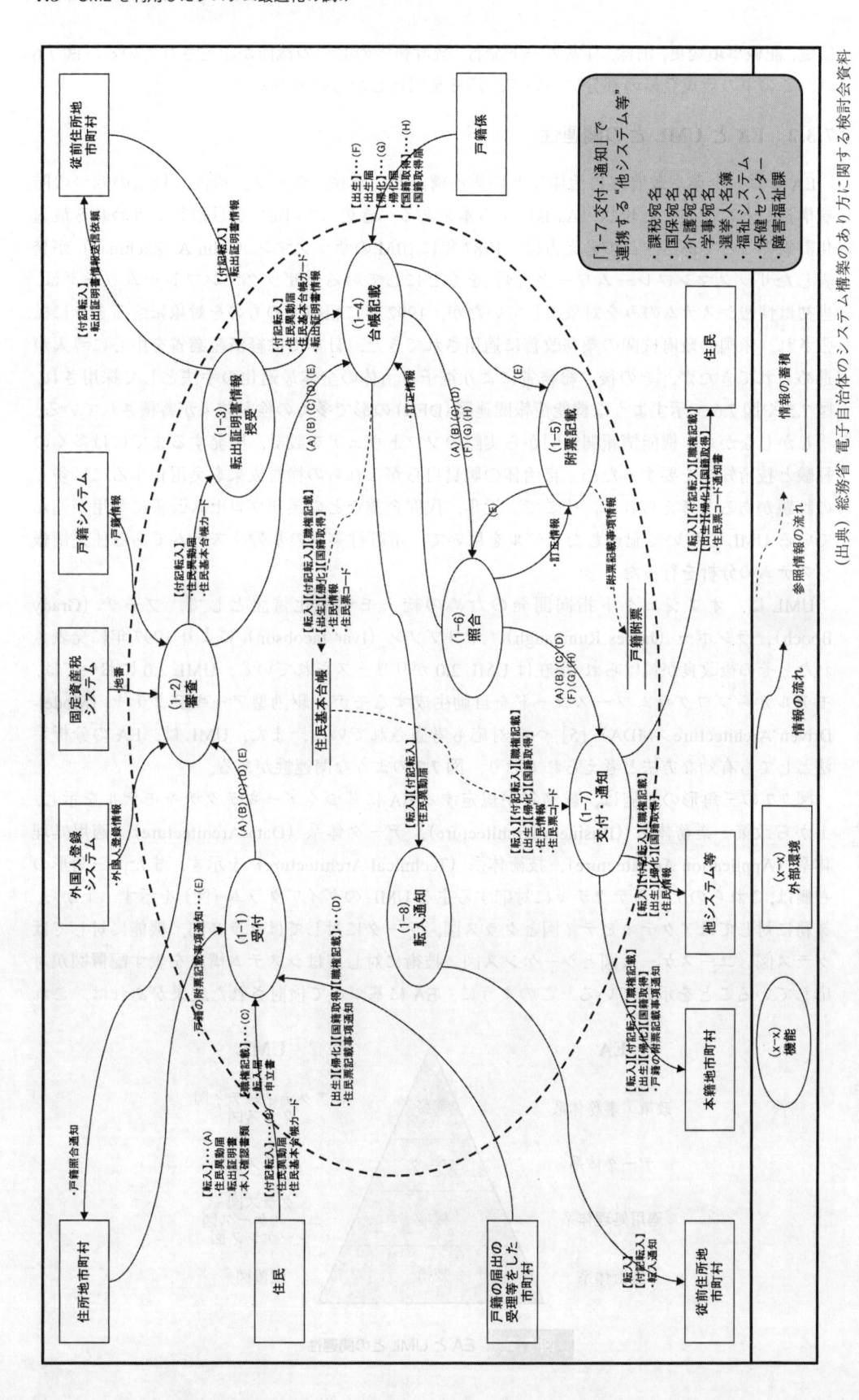

7.3 UMLを利用したシステム最適化の試み

図 7.6 住民基本台帳（新規登録）の DFD

(出典) 総務省 電子自治体のシステム構築のあり方に関する検討会資料 [3]

閲覧, 記載事項変更, 消除, 住基カード発行, 統計報告の七つの機能が記述されている. 図7.6は, この中の新規登録の部分について, 詳細を記述したものである.

7.3.2　EAとUMLとの関連性

　EAとは, 企業や政府, 自治体などの業務構造を, 業務, データ, 機能, 技術の四つの階層構造ごとに記述した現状（As-Is）から本来あるべき姿（To-Be）を目指して行われる最適化計画のことである. この考え方は, 1987年にIBMのザックマン（John A. Zachman）が発表したザックマンフレームワーク［4］をもとにしている. ザックマンフレームワークは, 当初は情報システムのみを対象にしていたが, 1992年に組織そのものを対象にするように拡張され, 米国の政府機関の業務改善に適用されてきた. 日本では経済産業省を中心に導入が進められてきたが, その後, 総務省により電子自治体の全体最適化の手法として採用され, 図7.5や図7.6で示すような機能情報関連図（DFD）の形で多くの検討結果が蓄積されている.

　しかしながら, 機能情報関連図から実際のソフトウェアを設計, 開発するまでには多くの経験と技術知識を要するため, 自治体の職員自らがこれらの検討成果を実用化するには多くの課題があると考えられる. そこで, 近年, 民間企業などの業務プロセス改善に利用が進んでいるUMLを用いて記述したモデルを用いて, 市町村業務の基幹システムである住民情報システムの分析を行った.

　UMLは, オブジェクト指向開発のための統一モデル化言語として, ブーチ（Grady Booch）, ランボー（James Rumbaugh）, ヤコブソン（Ivar Jacobson）により1997年に発表された. その後改良が続けられ, 現在はUML 2.0がリリースされている. UML 2.0においては, モデルからプログラムソースコードを自動生成するモデル駆動型アーキテクチャ（Model-Driven Architecture：MDA）［5］への対応も考慮されている. また, UMLは, EAの分析手法としても有効な方法と考えられており, **図7.7**のような関連性がある.

　図7.7の三角形の左側は, 総務省が規定するEAに基づくアーキテクチャモデルを示し, 上から政策・業務体系（Business Architecture）, データ体系（Data Architecture）, 適用処理体系（Application Architecture）, 技術体系（Technical Architecture）を示す. また, 三角形の右側は, これらのアーキテクチャに対応する主なUMLのダイアグラム（図）を示す. 上から, 業務に対してはアクティビティ図とクラス図, データに対してはクラス図, 機能に対してはクラス図, ユースケース図とシーケンス図, 技術に対してはシステム構成を表す配置図が対応していることを示している. このように, EAに基づいて検討された成果があれば, これ

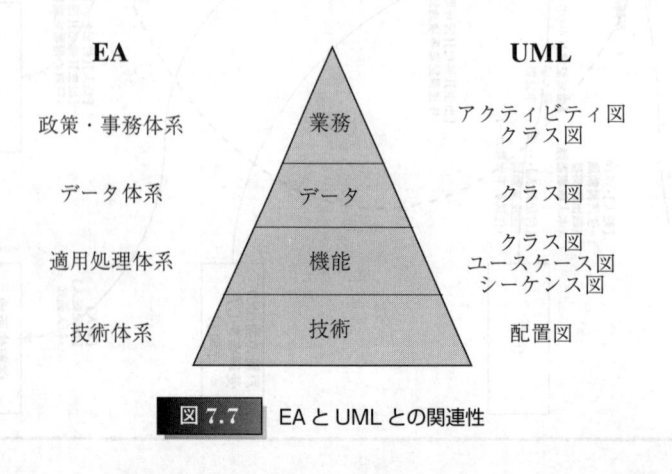

EA		UML
政策・事務体系	業務	アクティビティ図 クラス図
データ体系	データ	クラス図
適用処理体系	機能	クラス図 ユースケース図 シーケンス図
技術体系	技術	配置図

図7.7　EAとUMLとの関連性

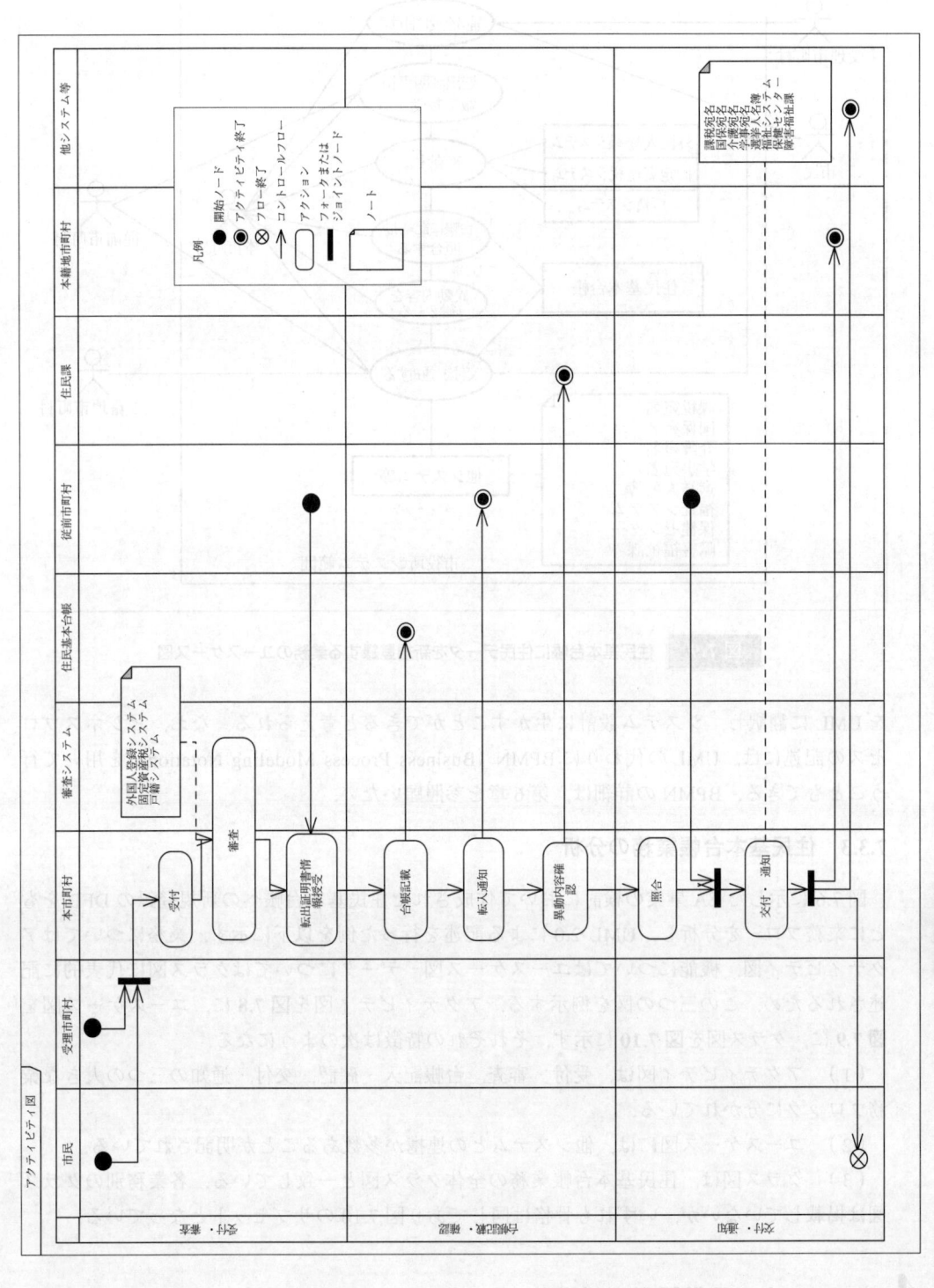

7.3 UMLを利用したシステム最適化の試み

図 7.8 住民基本台帳に住民データを新規登録する業務のアクティビティ図

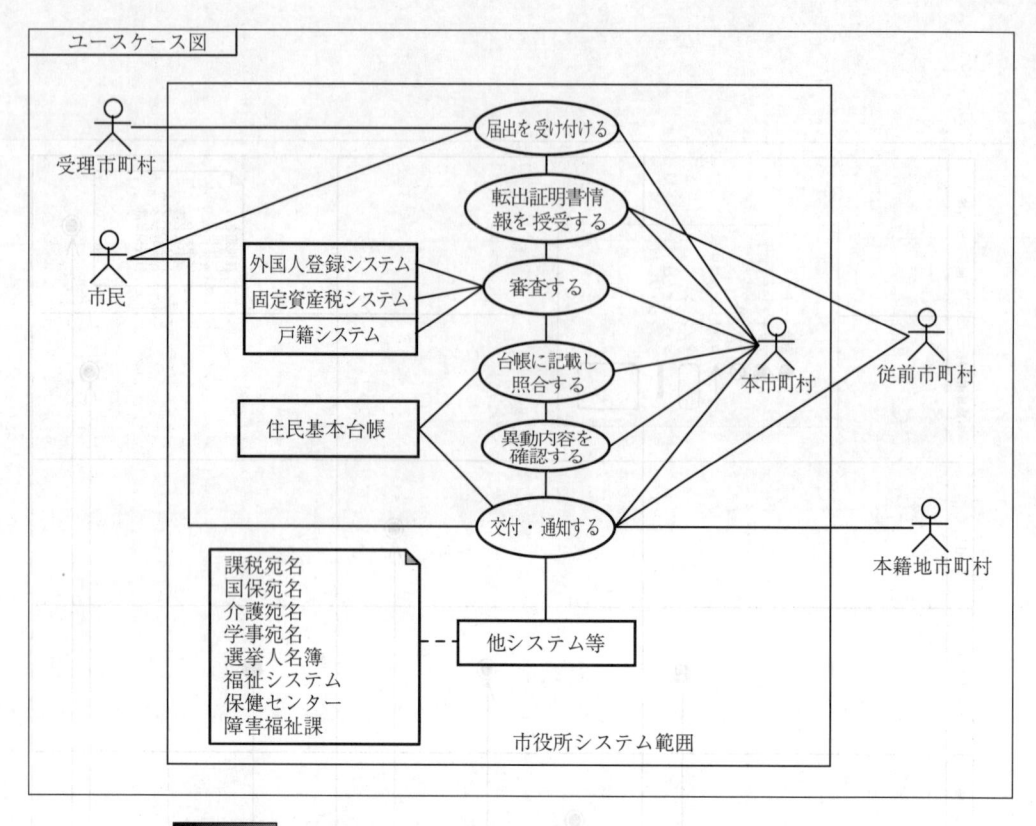

図 7.9 住民基本台帳に住民データを新規登録する業務のユースケース図

をUMLに翻訳し，システム設計に生かすことができると考えられる．なお，ビジネスプロセスの記述には，UMLの代わりにBPMN（Business Process Modeling Notation）を用いて行うこともできる．BPMNの詳細は，第6章を参照願いたい．

7.3.3 住民基本台帳業務の分析

図7.6に示したEA事業の検討において作成された住民基本台帳への新規登録のDFDをもとに業務フローを分析し，UML 2.0による記述を行った例を以下に示す．業務についてはアクティビティ図，機能についてはユースケース図，データについてはクラス図に代表的に記述されるため，この三つの図を例示する．アクティビティ図を**図7.8**に，ユースケース図を**図7.9**に，クラス図を**図7.10**に示す．それぞれの特徴は次のようになる．

（1）アクティビティ図は，受付・審査，台帳記入・確認，交付・通知の三つの大きな業務ブロックに分かれている．

（2）ユースケース図には，他システムとの連携が多数あることが明記されている．

（3）クラス図は，住民基本台帳業務の全体クラス図と一致している．各業務別のクラス図は掲載していないが，いずれも骨格は同じであり図7.10のサブセットとなっている．

7.4 SOAによる分散開発の推進

近年，UMLを用いて業務分析や要求分析を行い，オブジェクト指向のシステム開発に生

7.4 SOAによる分散開発の推進

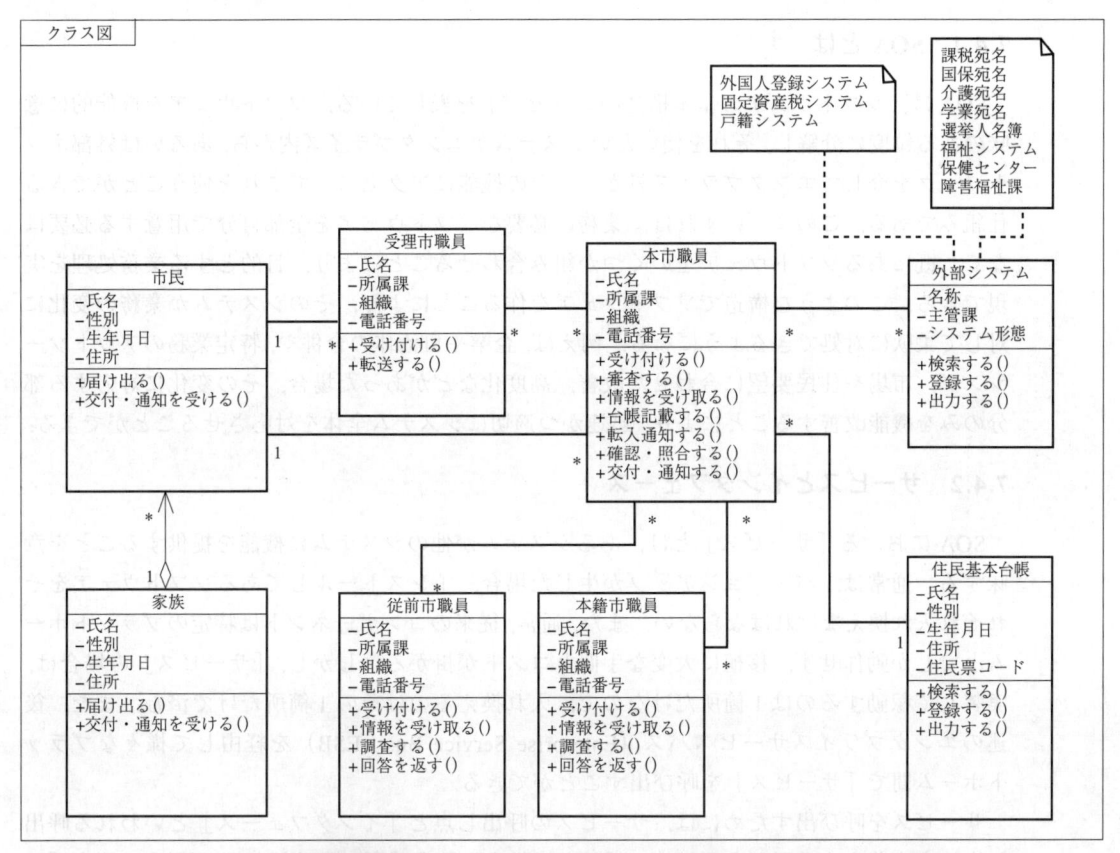

図 7.10 住民基本台帳に住民データを新規登録する業務のクラス図

かす例が増えている．しかし，電子自治体の分野ではUMLの利用は一部の先駆的システムに限られている．UMLの利点の一つは，作成したダイアグラムからソースコードを自動生成できることにある．新たなクラスが追加された場合にも，容易に生成や追加が可能である．これにより開発生産性の向上やプログラムの汎用性を保つことが可能となり，ソフトウェアのメンテナンスや機能追加にとって大きな利点がある．

今後は，住民サービスを更に向上させるため，共同コールセンターや住民情報システムなどの電子自治体システムにもUMLを用いたモデル化が進展していくと考えられる．IT企業の集積地であるソフトピアジャパン及び岐阜県においては，UMLを用いてSOA[6]による分散開発を行う専門エンジニアを育成するためのNPO法人が設立された[7]．今後，もし地方自治体がシステム構築を行う際の一般競争入札の仕様を，すべてUMLで表記することになれば，SOA並びにビジネスプロセスモデル化による飛躍的な生産性向上が期待できる．

SOAの適用にあたり，グローバルスタンダードのUMLを使用する意義は大きい．UMLにてモデル化を行い表記することにより，まず設計と施工の分離が可能となるばかりではなく，現在システム受託開発で抱えている多重下請やオフショアの問題を解決できる．またアジャイル開発の採用により，プログラマの抱える長時間労働の問題にも対処できる．

7.4.1 SOAとは

SOAは，ソフトウェアの基本構造のコンセプトを表している．ソフトウェアを機能的に意味のある粒度に分解し，それを使いたいシステムがエンタプライズ内から，あるいは外部ネットワークを介してエンタプライズ外から，その機能にアクセスしてこれを使うことができる仕組みである．このようにすれば，業務に必要なソフトウェアを全部自分で用意する必要はなく，既にあるソフトウェアをいくつか組み合わせることにより，目的とする業務処理を実現できる．このような構造でソフトウェアを作ることにより，そのシステムが業務の変化に対して柔軟に対処できるようになる．例えば，企業や自治体の合併や，特定業務のアウトソーシング，市場や住民要望に合わせた改善，高度化などがあった場合，その変化に対応する部分のみを機能改善することにより，迅速かつ適切にシステム全体を対応させることができる．

7.4.2 サービスとインタフェース

SOAにおける「サービス」とは，あるシステムが他のシステムに機能を提供することを意味する．通常は，バージョンアップが生じた場合，インストールしてあるソフトウェアをそれぞれ入れ換えなければならない．また，通常，従来のコンポーネントは特定のプラットホーム上でしか動作せず，移植に大変な手間とコストが掛かる．しかし，「サービス」の場合は，実装して稼動するのは1箇所だけなので，入れ換えるのはその1箇所だけで済む．また，後述のエンタプライズサービスバス（Enterprise Service Bus：ESB）を経由して様々なプラットホーム間で「サービス」を呼び出すことができる．

サービスを呼び出すためには，サービスの呼出し点と「インタフェース」といわれる呼出し方法を定義する必要がある．サービスを提供する側を「プロバイダ」，再利用する側を「コンシューマ」と呼ぶ．従来のクライアントサーバ方式と比較すると，クライアントがコンシューマ，サーバがプロバイダに相当するが，SOAにおいては，「プロバイダ」は，「コンシューマ」と同じコンピュータ上にあっても，あるいは同じLAN上の別のコンピュータ上にあっても，更にはネットワークを介して遠隔地のコンピュータ上にあってもプログラミングが変わらないようにできる．これを実現するための翻訳機能をつかさどるのが「プロキシコード」である．このプロキシコードは，IDL（Interface Definition Language）コンパイラによって自動生成される．

7.4.3 エンタプライズサービスバス（ESB）

「コンシューマ」が「サービス」を呼び出す場合，サービスが複数のコンピュータ上にあるとする．業務の統合や業務委託などに伴い，コンピュータが統合されたり他のコンピュータに移管されたりする場合，変更のあったコンピュータ上のWebサービスは呼び出せなくなってしまう．また，業務の一部がアウトソースされ，ファイアウォールを介して他社や他の団体に移管されたような場合も呼び出せなくなってしまう．

このような問題を解決するため，SOAでは，エンタプライズサービスバス（ESB：Enterprise Service Bus）が考えられた．ESBの機能としては，仲介，伝達と転送，変換，マルチプロトコルサポート，ロギングと監査がある．

コンシューマは，まずESBに対して，どのサービスを呼び出したいか働きかける．そうすると，ESBは必要なサービスを呼び出す代理人のような役割を果たす．コンシューマとESB

```
                    ┌──────────────┐
                    │  コンシューマ  │
                    └──────┬───────┘
            インタフェース ●
    ┌──────────────────────┼──────────────────────────────┐
    │            Enterprise Service Bus                   │
    │   仲介，伝達と転送，変換，マルチプロトコルサポート，ロギングと監査 │
    └──────────────────────────────────┬──────────────────┘
                                       │ インタフェース
                                       ●
                                ┌──────┴───────┐
                                │   サービス    │
                                └──────────────┘
```

図 7.11 エンタプライズサービスバス（ESB）

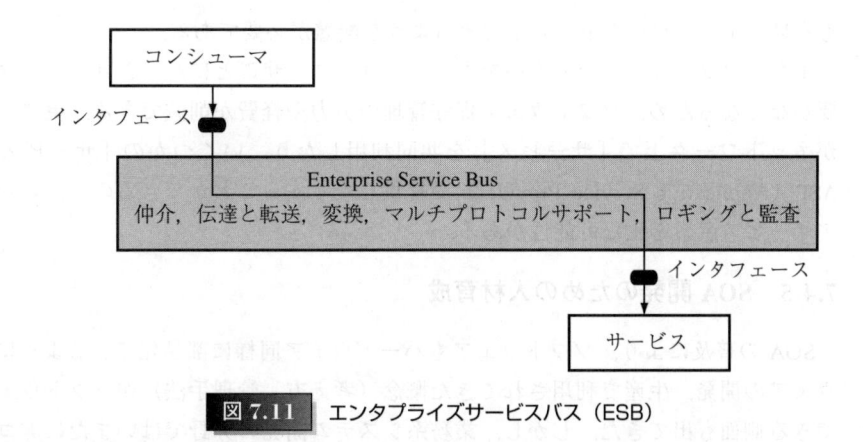

並びにサービスとの関係を**図 7.11** に示す．

7.4.4 トヨタ生産方式（TPS）と SOA との関連性

　SOA の本質は，我が国が得意とする製造業，とりわけトヨタ生産方式（Toyota Production System：TPS）[8] の考え方をソフトウェア生産に生かし，ソフトウェア生産のコスト低減と品質向上を両立できる，画期的な開発手法である．トヨタ生産方式では，在庫部品の到着を待って順次組み立てるプッシュ生産ではなく，顧客側からの要求に基づいて，後工程の方が前工程から部品を引き取るプル生産方式 [9] を採用している．これは，無駄なものは一切作らないリーン開発の本質であり，ソフトウェア開発においても応用が可能である．

　これを実現するためには，ソフトウェア部品の徹底したコンポーネント化を図る必要がある．SOA は，ネットワーク上のソフトウェア部品のインタフェースを公開して「サービス」という形で他のコンピュータでも部品としての利用が可能になり，いくつもの「サービス」を組み合わせてビジネスプロセス全体を実現する．このため，小さなソフト会社であっても，得意な「サービス」（つまり部品）に磨きをかけ，他社を圧倒する高品質と低コストを実現することができる．小さな自動車部品メーカが生き残っているのが良い例である．ソフトウェア部品は，機械部品と違って擦り切れたり磨耗したりすることがない．「サービス」が長期にわたって様々なシステムによって使われれば，バグは枯れ，信頼性が上がってくる．そして，コストは割勘メンバがどんどん増えてくるので，結局，競合者は割が合わなくなってだれもかなわなくなる．

　従来の非コンポーネントベース型のソフトウェア開発の場合は，明確な部品ごとの分業がなされておらず，元請の大企業が開発プロジェクト全体をどんぶり勘定的にマネージメントするため，どうしても高コスト，低品質の一品料理になっている．トヨタの車は，生産のどのプロセスでどの部品が何円何銭で，取付け工賃が何円何銭なのかがすべて分析されているので，部品の改良や工法改善でコスト削減も数字できちっと示せる上，同時に品質の向上も図ることができる．

　SOA に基づく分業開発体制を維持するためには，仕様書や設計書は，世界共通語である UML2.0 で記述し，複数の会社間で共有できるようにしなければならない．このため，従来のような詳細な要求定義（仕様）やソフトウェア仕様は，サービスを最初に作る場合以外は不要となる．それよりも，「サービス」を利用するためのインタフェースを公開し，だれで

も容易にネットワーク上で利用できるような配慮が必要である．

また，ソフトウェアそのものを配布したり，ユーザごとにバージョンアップしたりする必要がなくなるため，ソフトウェア保守管理の労力や経費が削減できる．更に，複数のユーザがネットワーク上で「サービス」を共同利用したり，いくつかの「サービス」をまとめてASP（Application Service Provider）で提供したりすることができるので，新たなソフトウェアサービス産業を生む可能性がある．

7.4.5 SOA開発のための人材育成

SOAの普及により，ソフトウェアもハードウェア同様に部品化できるようになり，ハードウェアの開発，生産で利用されてきた概念（考え方，管理手法）がソフトウェア開発に適用できる側面も出てきた．しかし，業務系システム開発の分野ではいまだに非コンポーネントベース型のソフトウェア開発が行われ，その結果多重下請構造や，ソフトウェア品質の問題，ソフトウェア開発技術者の厳しい労働環境が生じている．地域のIT企業はこのような環境下で技術者の不足や下請構造からの脱却ができずにいる．このような地域IT企業の環境を改善するためにSOAの業務系システムへの適用を促進し，地域IT企業の強化を図る必要がある．

業務系システム分野へのSOAの適用には，組込みシステムやパッケージソフト開発と異なる種々解決すべき課題があり，これらを克服していかなければ実際にSOAの適用が可能とならない．また，この新しい環境に適した上流工程を担う技術者の育成も整備されておらず，特に首都圏以外では皆無に近い．

SOAを利用した業務系システム開発に要求される技術者はPM（Project Manager）以外に主に三つのタイプ（職種）が想定できる．①UMLモデル化のデザイナー，②アジャイル開発エンジニアとビルドPM，③システムアーキテクトである．ここでいうビルドPMとは，ソースコードのコンパイルやライブラリとのリンクを行うプロジェクトマネージャのことである．いずれも従来いわれている上流工程のエンジニアであるが，このようなエンジニアを育成するには，座学の講習ではなく，実務でのOJTでの育成が必要となる．

7.5 SOAによる新たなビジネスモデル

7.5.1 自治体業務とSOAとの整合性

SOAはソフトウェア開発をコンポーネント化し，部品レベルでの修正，機能向上や交換を実現するものである．昨今の後期高齢者医療制度の追加や毎年の税率見直しなど，政府の方針により頻繁に処理が変わる自治体業務においては，SOAを利用することにより，柔軟なシステム変更が可能となる．

7.3.3項で分析した住民基本台帳業務をSOAにて実現した場合の例を図7.12に示す．この中で，届出受付処理や審査，台帳記載・照合，交付・通知などの処理は，他の業務でも繰り返し利用する「サービス」であり，この部分の流用が可能である．なお，図7.12では，内部サービスのみを利用するイメージを表し，外部サービスはまだ想定していない．

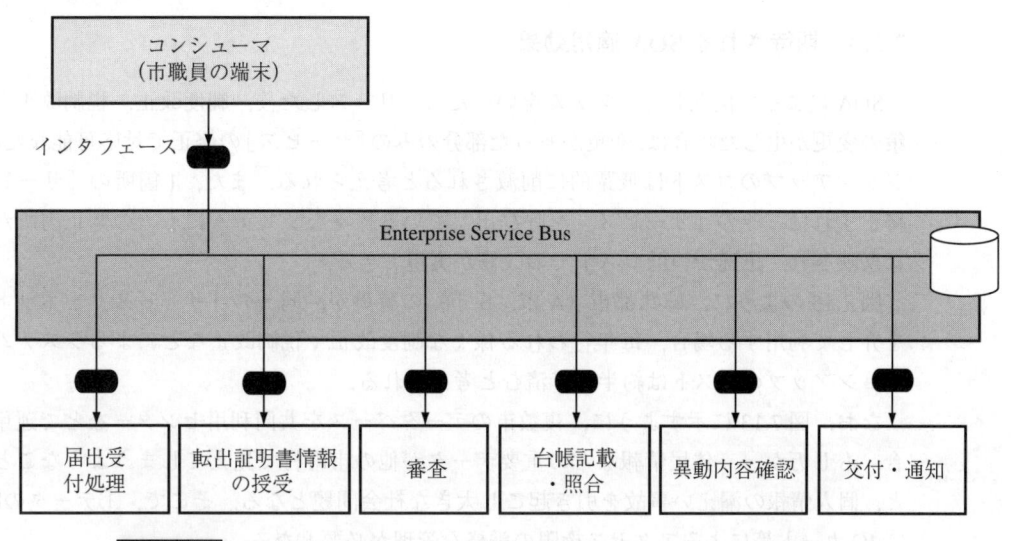

図 7.12 SOA による住民情報システムの実現（住民基本台帳の新規登録処理の例）

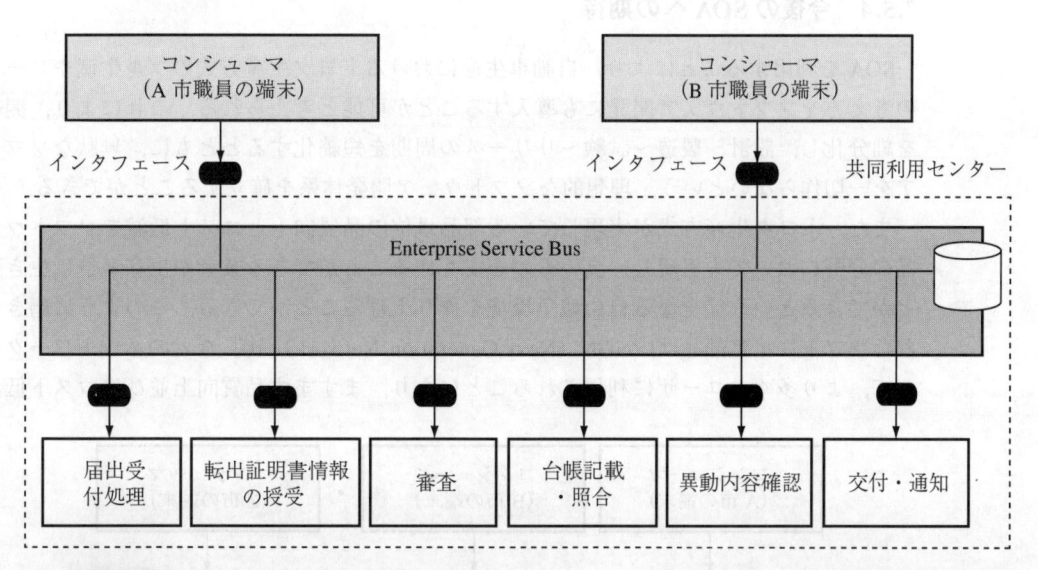

図 7.13 SOA による住民情報システムの共同利用のイメージ（住民基本台帳の新規登録処理の例）

7.5.2 SOA に基づく電子自治体システムの将来像

旧来は，各ベンダーが都道府県や市町村を囲い込み，非コンポーネントベース型のソフトウェア開発によって開発導入の後，運用フェーズにて利益を出すビジネスモデルが多用されてきた．しかしながら，今後は，SOA で開発された「サービス」を遠隔で利用し，ユーザはその利用料を払う形で機能を利用するようになる．そうすると，特定のベンダーが当該業務のすべてのソフトウェアを一元的に作り上げるのではなく，機能ごとに得意なベンダーが「サービス」をネットワークを経由して提供することにより，大きくその形態を変えていくものと考えられる．**図 7.13** では，例えば姉妹都市である A 市と B 市の職員が，ネットワークを経由して，同一の「サービス」を共同利用するイメージを示す．

7.5.3 期待されるSOA適用効果

SOAによって開発したシステムをいったんリリースした後，制度改正，税制改正など，政策の変更が生じた場合は，変更があった部分のみの「サービス」の修正で対応可能なため，バージョンアップのコストは飛躍的に削減されると考えられる．また，1箇所の「サービス」を修正すれば，その「サービス」を呼び出している様々なシステムにもその修正箇所が自動的に反映され，迅速かつ低コストでの改修が実現できる．

図7.13のように，姉妹都市（A市，B市）の職員が，同一の「サービス」をネットワークを介して利用する場合，毎年行われる様々な制度改正や税制改正などによるシステムのバージョンアップのコストは約半分で済むと考えられる．

なお，図7.13に示すように，複数市のデータベースを共同利用センターなどで運用する場合，もし万が一，住民情報などの重要データが他の市町村で見えてしまうようなことがあると，個人情報の漏えい事故を引き起こし大きな社会問題となる．そこで，①データの暗号化，②ICカード等によるアクセス権限の厳格な管理が必要となる．

7.5.4 今後のSOAへの期待

SOAを利用することにより，自動車生産におけるトヨタ生産方式のプル生産やリーン生産の考え方をソフトウェア開発にも導入することが可能と考えられる．これにより，開発単位を細分化し，設計〜製造〜試験〜リリースの周期を短縮化するとともに，無駄なソフトウェアを一切作らないという，理想的なソフトウェア開発体系を確立することができる．

また，トヨタ生産方式が実現している部品単位の品質向上とコスト低減をソフトウェア部品の分野においても実現し，良いものを安く作ることができる業者が生存競争に生き残ることができるという完全なる自由競争環境を作り上げることができる．このように磨き上げられたソフトウェア部品は，NGN（Next Generation Network）[10]などのネットワークを経由して，より多くのユーザに利用されることになり，ますます品質向上並びにコスト低減を達

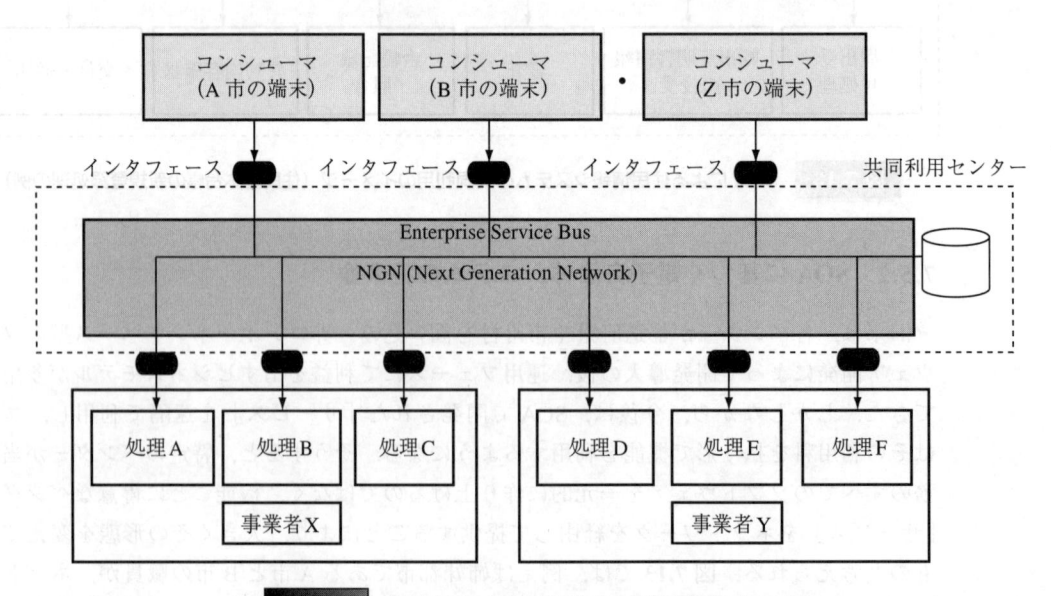

図7.14 SOAによる電子自治体サービス事業のイメージ

成できる.

　電子自治体の分野において，SOA に基づいた様々な「サービス」が，様々な事業者により複数の自治体に共同利用の形で提供されるイメージを図 7.14 に示す．SOA による今後のソフトウェア業界の新たな変革と高度化に大いに期待したい．

7.6 まとめ

　本章においては，電子自治体に SOA を導入し，ソフトウェアのコンポーネント化により，高品質かつ低コストにソフトウェアを開発する手法についての一提案を紹介した．また，これを実現するため，総務省が中心となって進めている自治体 EA 事業の検討結果をもとに，UML を利用した「サービス」粒度の検討並びに SOA によるソフトウェア開発のためのモデル化の実例を示した．更に，SOA の考え方に基づいて，トヨタ生産方式をソフトウェア開発にも生かすことができることを示し，電子自治体システムの共同利用を発展させた新たな事業イメージについて展望した．

参 考 文 献

[1] 本荒谷孝夫，通信ネットワーク，pp. 70-77，東京電機大学出版局，1997.
[2] 大橋正和，公共 iDC と C- 社会，工学図書，2003.
[3] 総務省，"電子自治体のシステム構築のあり方に関する検討会資料," Dec. 2005
[4] J. A. Zachman, "A framework for information systems architecture," IBM Syst. J., vol. 26, no. 3, pp. 276-292, 1987.
[5] S. J. Mellor and K. Scott, Principle of Model-Driven Architecture, Addison-Wesley Professional, 2004.
[6] 日本 BEA システムズ，SOA サービス指向アーキテクチャ，翔泳社，2005.
[7] 戸田孝一郎，家田信吾，"SOA モデル駆動開発に対応する人材育成とソフトウェア生産技術の確立，"信学技報，SWIM 2007-24, March 2008.
[8] 大野耐一，トヨタ生産方式，ダイヤモンド社，2008.
[9] メアリー　ポッペンディーク，トム　ポッペンディーク（著），平鍋健児（監訳），リーン開発の本質，日経 BP 社，2008.
[10] NTT 東日本 HP，"次世代ネットワーク (NGN) について," http://www.ntt-east.co.jp/ngn/（確認年月日：2008 年 9 月 15 日）

付録　情報システムの発展経緯

　情報システムの発展経緯を眺めるにあたって，まず付録1において，本付録での「情報システム工学」の考え方や取組み方法（アプローチ方法）について明確にする．

　従来の「ソフトウェア工学」は，ソフトウェアを品質管理可能にするため，及び作業を効率化するために，要求定義，設計，実装，テスト，保守などの開発や保守作業の実践方法について工学的な方法論を導入し，関連する知識を体系化したものである．

　それに比べ「情報システム工学」は，あまり一般的な用語ではないが，情報システムへのアプローチ方法として，工学的方法論の中でも，より数理的，あるいはよりシステム工学的取組みを行って，解決策を見出すことを目指し，関連する知識を体系化したものであると，本付録では定義する．特に，ビジネスシステム[1]を対象とする情報システム，すなわちビジネス系情報システム[1]についての情報システム工学を本付録では想定している．

　次に付録2において，ビジネス系情報システムを考察対象とする情報システム工学は従来の工学領域である制御工学と比べると，両者の考え方はかなり共通であるものの，後者に比べ，前者では数式モデルによるアプローチ方法に限界があり，図的モデルまたは言語的モデルに依存する点を示す．

　次に付録3において，情報システムの経営上の役割を述べ，今日の経営環境から，情報システム構築及び変更において，高速化（迅速化，短納期化）が求められていること，そうした環境下では，ビジネス側にも改革が求められており，その実施には，ビジネスプロセスについての観点が不可欠であることを示す．

　最後に付録4において，情報技術というシーズ面について，ソフトウェア技術発展の経緯として，構造化技法からオブジェクト指向技法への歴史的発展経緯を眺める．一方，経営のニーズ面について，各種の情報化キーワードのもとに，進められた情報化の歴史的発展経緯

---

[1] 本付録における「ビジネスシステム」と「ビジネス系」との用語の使い分け：本付録では「ビジネスシステム」は経営学での「ある企業が企業活動を行っている全体」の意味で用いる[1]．本付録では該当しないが一般に，xxビジネスシステム株式会社やビジネスシステム部などのように情報関連の会社名や組織名などにおいて，「ビジネスシステム」がビジネス系情報システムを意味する場合もあるので注意されたい．「系」は英語で system であるので，「ビジネス系」と「ビジネスシステム」は同義になってしまうが，「ビジネス系」は，慣習により，例えば「ビジネス系情報システム」またはそれを略して「ビジネス系」といった用法で，「ビジネス用途の」という意味で用いる．

を眺め，今後の情報システムの考察に資したい．また関連する通信技術について最近の動向を眺める．

付録 1　情報システムと情報システム工学

通常，従来から経営資源として，「人」，「物」，「金」が挙げられている．最近，それに「情報」を加えることも多い．更には「組織」，「時間」，「空間」を加え，人，物，金，情報，組織，時間，空間，を経営資源と考えるのが妥当であろう．この場合の情報とは，情報的経営資源のことであり，情報システムの中で取り扱われる狭義の情報だけではなく，保有する技術，業務ノウハウ，顧客信用，顧客満足度，ブランドイメージ，ショップロイヤリティなどをも含む広範な種類の情報を含むものである[1]．第2章での経営資源としての目的，目標，ビジョン，戦略，価値は，本付録では上記の情報の範疇に入るものとしている．

本付録では，特に企業の運用操作（オペレーションレベル），経営管理（マネジメントレベル），経営（トップマネジメント）にかかわり，コンピュータによって提供可能な狭義の「情報」，すなわち暗黙的な情報ではなく，明示的になっている情報にフォーカスする．その情報を企業活動に供給する，すなわち企業活動を情報の面からサポートするための情報システム（Information System：IS）を考察対象とする．このIS実現のための工学的体系，特に数理的，システム工学的体系が「情報システム工学（Information Systems Engineering：ISE）」であると，本付録では，定義する．他の資源，特に時間，などについても適宜，経営資源の観点で触れていきたい．

従来から，「経営工学」や「経営システム工学」の名称が示すように，多くの先人が，社会科学的対象である企業活動（ビジネスシステム[1]）を何とかして工学的な手法でとらえたいという取組みがなされてきた．それらの取組みに倣い，企業活動をサポートする情報システムを何とか工学的手法，できればシステム工学的手法[2]でとらえたいという意味を「情報システム工学」という名称に込めている．

すなわち，本付録での「情報システム工学（ISE）」とは，企業でのマネジメントレベルとしての経営管理上の課題，及びオペレーションレベルとしての運用操作の効率化をサポートするためのビジネス系情報システム（すなわち，経営的課題及び日常の運用操作での問題に対してソリューションを提供するための情報システム）について，工学的手法（特にシステム工学的手法）を用いて構築するための知識体系である，として考察する．

---

[2] 本付録での「システム工学的取組み（アプローチ）」あるいは「システム工学的手法」とは，情報システム構築にあたって，情報処理対象を把握する際，言い換えると情報処理対象をモデル化する際，次のような観点から取り組む（アプローチする）ことを意味するものとする．
- 範囲を定め，そこに対する「入力」，「出力」，「入力から出力への変換（内部処理）」の3点で対象を把握する（全体の把握）．
- 範囲が大きくて，把握するのが困難な場合，その範囲をいくつかの要素に分割する（全体を部分に分割）．
- 全体としての視点を失わず，分割した要素間の関係を把握する（要素間の関係，全体における要素の動作の整合性）．
- 「入力から出力への変換の動作」，「要素間での資源の流れ」などに対し，できる限り，数理的手法を適用する．数理的な表現，つまり数式モデルでの表現が可能ならば，そのモデルの適用範囲が広がり，異なる状況についての予測性が高まるという大きな利点がある．すべての条件を言語で表現する場合（例：$x=1$ならば$y=2$，$x=2$ならば$y=4$，…）に比べ，数式表現（例：$y=2 \times x$）が可能なモデルならば，その適用範囲が広い（例：$x=3$ならば$y=6$と予測できる）ことは明らかであろう．

付録 2　情報システム工学と制御工学におけるモデル化の対比

付図 1 に比較の対象としての制御工学の領域（ドメイン），及び本付録で考察する情報システム工学の領域を対比して示す[2]．図で目的システムは，(a) では制御システムと制御対象を含み，(b) では情報システムと情報処理対象を含む（第 4 章の BS = BF + IS）．両者は，制御対象や情報処理対象に対し，①人間にとって都合の良い動作（振舞い）をさせるという点，②更にある評価指標を最大あるいは最小にする最適化の考えが適用できるという点では，ほとんど類似の領域である．

ここで，付図 1 (b) の情報システム工学の領域は，対象に対して何らかの情報処理を行うという広義の意味では，付図 1 (a) の制御工学の領域を含むものであるが，本付録での情報システム工学の領域は，情報処理対象をビジネスシステムに想定して，制御工学の領域は含まないものとしている．

付録 2.1　制御工学におけるモデル化

制御工学の領域では，制御対象は自然科学法則に支配される対象を取り扱うことが多く，図中の制御システムは制御対象を制御するためのシステムであり，この中に数式モデル（mathematical model）として制御対象はモデル化されている．自然科学系の対象は，社会科学系の対象に比べ，数式モデルで精度良くモデル化できる．

制御システムは，この数式モデルを制御するための制御操作（control operation）の数値を

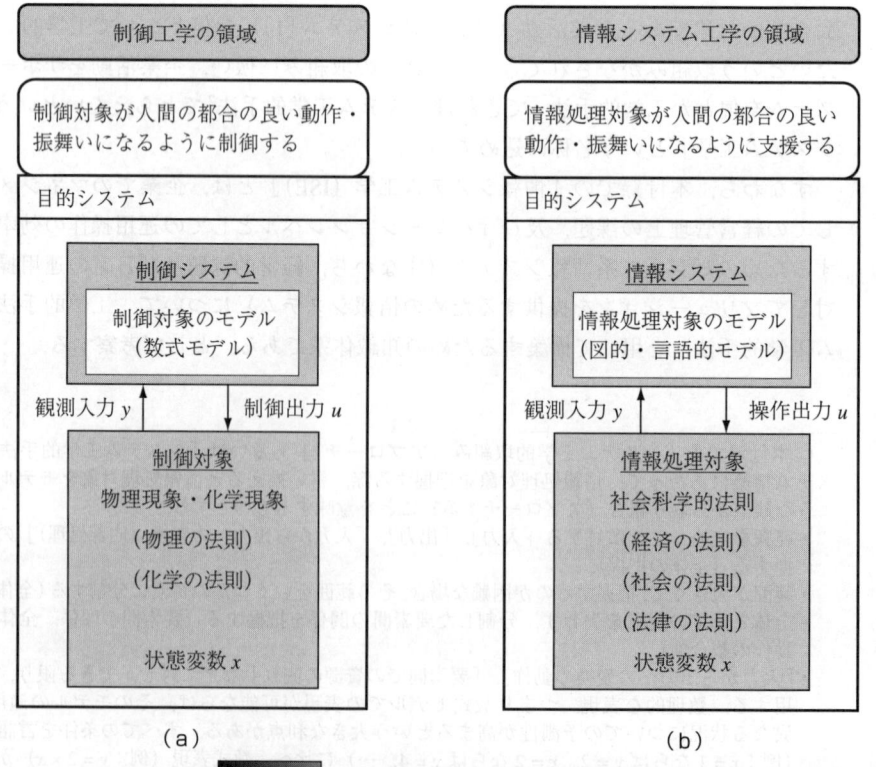

付図 1　制御工学と情報システム工学の対比

計算し，数式モデルに制御出力として適用するとともに，実際の制御対象へも制御出力を行っている．

モデル化とは一般的に，使用目的に合わせた本質的な側面を抽出することであり，何らかの単純化を伴うので，目的に応じて，不必要な特性を捨象し，必要な特性を残して抽象化することが本質である．したがってここでの数式モデルも目的に対して，必要十分な精度（抽象化のレベル，ベクトル変数の次数，微分方程式の階数など）でモデル化される．この分野では普遍的な方法であるが，微分した変数をベクトル変数の要素の一つに追加することにより，下記に示す簡単な微分方程式（一見，階数が1）で，高階数の微分方程式に対応することができる．

制御対象を線形動的システム（linear dynamic system）の数式モデルとして近似する場合の例を下記に示す．線形動的システムになじみの少ない読者は，下記の概略のみを把握されたい．

一般的に線形動的システムにおいては，制御対象の動的な振舞いは，制御対象の状態（state）についての次の線形微分方程式，更には，ディジタル処理のために離散時間でそれを近似した差分方程式で表現される．これらを状態方程式という．

連続時間 t の微分方程式：$dx(t)/dt = Ax(t) + Bu(t)$

離散時間 n の差分方程式：$x_n = Ax_{n-1} + Bu_n$

また制御対象からの観測（observation）は，次の式で表現される．

$y(t) = Cx(t)$

$y_n = Cx_n$

ただし，$x(t)$, $u(t)$, $y(t)$ はそれぞれ，時間 t での適切な次元の状態変数ベクトル，制御変数ベクトル，観測変数ベクトルであり，x_n, u_n, y_n はそれぞれ，離散時間 n での適切な次元の状態変数ベクトル，制御変数ベクトル，観測変数ベクトルであり，A（遷移行列），B（駆動行列），C（観測行列）は適切な次元の行列である．

観測変数 y_n を観測して，制御対象が，人間の望む動作・振舞いになるように制御操作 u_n を算出し，数式モデルと制御対象に制御操作の出力を行うことが，制御の問題であり，その制御操作を計算する部分が付図1中の制御システムの部分である．また，制御対象を含めて，付図1中の「目的システム」を指して広義で，制御系または制御システムと称されることもある．

制御対象の数式モデルを**付図2**に示す．制御対象を外部から見た場合，制御対象に対する制御操作出力 u_n が，制御対象から見ると入力であり，制御対象の観測が制御対象からの出力 y_n となっている．

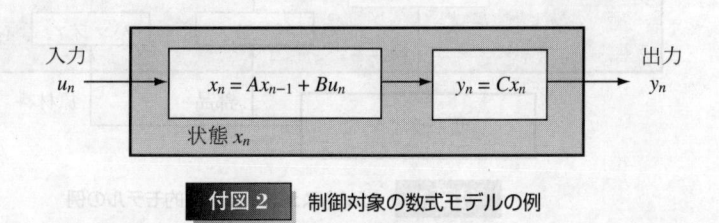

付図2 制御対象の数式モデルの例

注意されたいのは，自然科学法則に支配されている制御対象は一般的に，連続系（continuous system，離散系は discrete system）であるという点である．ここでの連続系とは，入力，出力，状態が連続的な値をとり，時間的な動作も連続している系を意味する（数学的には微分可能な系）．ディジタル処理を行う関係で，上記のように時間を離散化（サンプリング）し，入力，出力，状態の連続的な値を，ADC（アナログディジタル変換）によって離散化しているが，それは連続系を近似するために行っていることであり，基本的には制御対象は連続系である．

付録 2.2 情報システム工学におけるモデル化

情報システム工学の領域では，情報処理対象はビジネスシステム（企業活動の全体）であり，すなわち社会科学系であり，制御対象のように，数式で表現すること（数式モデル化）が難しく，図による表現（図的モデル）や自然言語による記述（言語的モデル）によって，特性を表現することになる．したがって，情報処理対象に人間の望む振舞いをさせたいという目的は制御工学の領域に同じであるが，数値計算によって制御操作を算出することは困難であり，やはり自然言語による論理的な記述の形式（例えば，「もし何々が何々ならば，何々に対して，何々の指示を与える」など）が主となる．

付図 3 に，ビジネスシステムの図的モデルの例を示す．付図 2 と異なり，ある特定業務の工程（ビジネスプロセス）について，数式ではなく，具体的に言語によって記述することになる．付図 3 では，製品の需要があり，それに追従するように生産するという簡単化したビジネスシステムを表している．この図は情報処理対象を主に表すが，内在する情報システムも明示的ではないが含んでいる．

ある複数種類の製品（自動車を想定）の需要があり，ある企業はその需要に追従して見込み生産を行い，市場に供給するものとする．この企業の生産業務のモデル化を考える．離散時間（例えば日単位）を n とする．需要を u_n，生産を y_n とする．付図 2 の状態 x_n に相当す

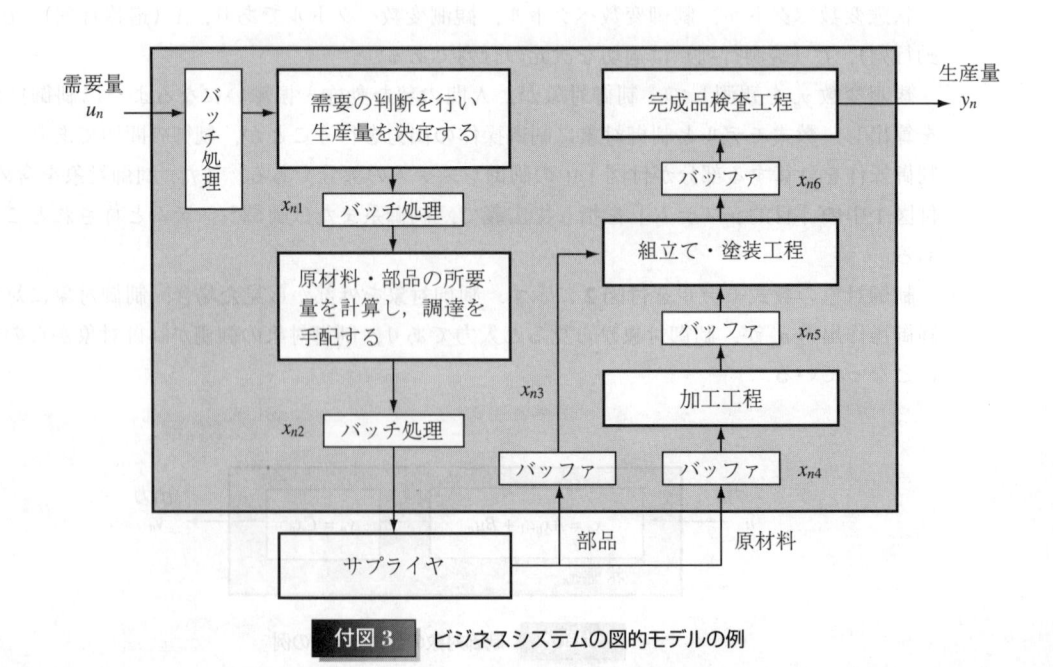

付図 3 ビジネスシステムの図的モデルの例

る状態変数（多変数，ベクトル）は，全体工程の中で多くの箇所に散在する．なお，付図3においてバッチ処理やバッファの前後で状態 x_n は異なるが，ここでは簡単化して区別せずに表している．

企業は，市場の観察から，当企業としての需要を判断する．判断に要する遅れ時間要素があるし，バッチ処理[3]による遅れ時間要素もある．判断後の需要に必要な原材料や部品の所要量を計算し，購買の手配を行う．この部分でも，原材料や部品が入着するまでのリードタイムの遅れ時間要素がある．入着した原材料はロットサイズとしてある数量まとめて，加工工程で，加工（プレス，切削，研磨，溶接など）され半製品となり，同じく入着した部品と合わせて，組立て工程で組み立てられ，塗装工程で塗装され，製品として完成するものとする．

図中のそれぞれの要素について言語によって記述する．例えば，「組立て工程は，加工工程の出力の半製品 x_{n5}（idと数量）と部品 x_{n3}（idと数量）を入力として，組み立て，出力 x_{n6}（idと数量）を30分で生産する」のように，自然言語で記述する．この内容を，数式モデルで表現することは難しい．

また，上記のようなビジネス系は制御系と異なり，通常は連続系ではない点にも注意されたい．例えば，工場の中の作業は，バッチ処理，及びある数量をまとめて処理するロット処理[4]の考えで行われるし，工程と工程の間で半製品（中間製品）は連続的に流れるのではなく，バッファされる．つまり工程間在庫が存在する．

実際には，生産工場は，更に多品種の生産を並行して行っているので，いっそう複雑となる．

上記から，情報処理対象のモデル化は，数式モデルは一部の数量計算業務に使われることはあっても，限定的であり，大部分は図的モデルとそれを補う言語的モデルを併用する．

付図3において，需要を入力 u_n とし，生産量を出力 y_n とし，内部の状態変数 $x_{n1}, \cdots, x_{n6}$ として，付図2に対応させて，状態方程式に表現できるだろうか．ビジネスシステムにおいて，数式化できる部分は，例えば，会計処理における仕訳処理や在庫管理における加減算や生産実績の計上などのように，ある処理時点における四則演算の範囲である．

ベクトル変数（多変量）である出力変数 y_n には，状態変数 $x_{n1}, \cdots, x_{n6}$ を含めることができ，y_n によって，出力だけではなく，このモデル内の状態を把握することはモデル上ではできるが，実際には，この情報処理対象内（工場内）の物品を自動的にトラッキング（追跡）することも難しい．

図中には明示していないが，仕入手配した部品や材料が整うまでのリードタイムや加工に要する時間，リードタイムや加工を行う人的作業時間のばらつき（変動），工作機械の劣化（切削用カッタ，研磨用グラインダなど），加工ロットサイズの選択など，変数としての要因が多数存在する．前述のシステム工学的手法で把握すべき入力と出力の関係は，図中（ビジネスシステム中）の随所に存在しているものの，個別に入出力の間の関係を定量的に表現することや，更には，全体を数式に表現すること，すなわち全体を動的システムとしてとらえることは難しい．

この手法の研究が進展して，例えば，付図3のような情報処理対象について，上記のよう

---

[3] 情報処理で即時に連続的に処理するのではなく，ある時間間隔でまとめて処理すること．例えば，生産計画の見直しはある日数まとめて，1週間単位とか1か月単位で行われる．

[4] 多種類の物品を加工などの取扱いを行う場合，到来する取扱い要求に応じて，個別に一つずつ扱うのではなく，種類ごとにある数量（ロットサイズ）まとめて取り扱うこと．加工工程などでは，取り扱う種類ごとに準備時間（段取り時間）が必要であり，種類をまとめる方が効率的である．それが，ロット処理を行う理由である．

な諸要因が数式表現され，それらの数式の全体で，解析的とまではいかなくとも，シミュレーションなどによって，（準）最適解を求めることができるようになり，更にモデルからソフトウェア実現への迅速実装技術が進歩すれば，この手法もビジネス実践の場面やビジネス系情報システム構築の場面で，現実的な解決力を提供できるようになると考えられる．特にビジネスシステムを人間の意に沿って動作させるという「制御」という面で，効果を発揮できるであろう．同様の研究として，システムダイナミックスの考えやビジネスシミュレーションソフトウェアの例もある．

上記のようにビジネスシステムを数式表現することは，情報システム工学の今後の課題と考え，今日の対応としては，図的モデル，言語的モデルによることになる．

付録3　経営における情報システムの役割

付録3では，まず今日の経営環境において，情報システムに求められている機能外要件として，高速化（迅速化）を説明する．次に，ビジネスモデルからソフトウェアモデルまでを本付録における用語の説明とそれらの相互関係を眺める．次に，付録3の主題である経営における情報システムの役割を述べる．最後にビジネスプロセスモデルの重要性と策定までのフローについて述べる．

付録3.1　情報システムの一般的要件

経営（management, business management）とは，社会環境の中でビジネス（business）を行うことであり[1]，社会情勢の変化や競合会社の事業戦略・活動といった外部要因，あるいは技術革新や，経営資源の変化といった内部要因によって，生き物のように常に変化している．

したがって常に，大本の企業理念や企業戦略に立ち戻って，現状の業績（パフォーマンス）をチェックし，必要に応じて，修正操作を行うことが求められる．この修正操作は，ビジネス活動のオペレーションレベルのもの（カイゼン活動，ZD活動，小集団活動など）から，マネジメントレベルのビジネスプロセスの見直し（ビジネスプロセス改革，Business Process Reengineering：BPR）や，トップレベルの理念，戦略，目標，ビジネスモデルなどの見直し（ビジネス改革）といったものまで含まれる．特に根本的な修正は，イノベーションとか改革と呼ばれている．

この数十年，特に数年，外部要因，内部要因の変化の速度が増加しつつある．外部要因の変化速度増加の原因としては，経済・金融のグローバル化など，本文4.1節に述べたとおりである．

一方，内部要因の変化速度増加の原因としては，下記要素の高速化が挙げられる．

① 外部要因である情報技術の進歩を，いち早く社内に取り入れることによるビジネスプロセスの変更，及びそれに対応する情報システムの変更サイクル．

② 国際分業に伴い社内に蓄積すべき技術種類の変化（例：ある工程を海外移転することにより，その工程の具体的技術を社内に蓄積することの重要性が低下する）．

これらの結果，ドッグイヤーといわれるように，あらゆる面で変化速度が増してきている．

このような高速化時代の経営をサポートする情報システムとしては，従来からの合目的性，機能性，信頼性，低コスト性といった要件に加えて，特に，

① 情報システム構築の迅速化.
② 情報システム変更の迅速化.

といった，構築及び変更の速度の向上がいっそう重要視されるようになってきた．言い換えると時間資源の重要性が増している．

前者は，情報システム構築の期間中に，大本の要件が，外部要因の影響で陳腐化してしまうおそれがあるからであり，後者については，外部要因が変化したことに，情報システムが追従できず，ビジネス実行の足かせとなるおそれがあるからである．本書全体で強調しているビジネスに同期化する情報システム構築技術，すなわちアラインメント技術の重要性のゆえんである．

付録 3.2　ビジネスモデルからソフトウェアモデル

本付録における用語について若干の整理をする．なお，主な用語については本書の用語集に整理されているが，本付録での説明の都合上，再定義し，記載している．

ビジネスシステム：本付録では，参考文献[1]に基づき，「ある企業が企業活動を行っている全体を指す」との意味で記述する．参考文献[1]では，「ビジネスシステム」は特別の定義がなされずに論じられているが，企業が何を顧客に提供するかだけでなく，どのような仕組みで実現するかという点に重点が置かれている．

ビジネスモデル：一般に，ある企業活動の収益構造の仕組み，すなわち，収入（利益）を得るため，何をどうする，という仕組みを意味して使われることが多い（第 2 章を参照されたい）．本付録でも，ほとんどその意味と同じであるが，これらの事項について「図，表，数式，言語などを使って，そのビジネスモデルの使用目的を意識してビジネスシステムを表現したもの」との意味で，記述する．すなわち，ビジネスシステムを詳細か簡略かは別として，モデル化したものがビジネスモデルである．

使用目的を意識する必要性は，一般にモデル化は，付録 2.1 で触れたように，モデル化対象のあらゆる面を取り上げるのではなく，目的に対応した本質を得るため，何らかの抽象化または簡略化を伴うものである．目的に対して不要な面（属性，特性，特質など）は，あえて捨象し，必要な面はもれなく取り上げる．したがってモデル化の目的を意識する必要がある．

ビジネスプロセス：参考文献[3]では，「一つ以上のことを入力（インプット）して，顧客に対して価値のある出力（アウトプット）を生み出す行動の集合」と定義されている．その意味では上記のビジネスシステムをあるまとまりの範囲やかたまりで分割し，具体的な業務の遂行手順，方法を示したもの，そしてそれらを集めたものであるといえる．ここで「入力」と「出力」はあらゆる種類の経営資源（人，物，金，情報，組織，時間，空間）を意味する．「出力を生み出す行動」は，入力から出力への変換を意味する．この部分が付加価値の源泉である．

例えば，ある工場全体でいえば，基本的には入力は原材料や他からの部品（物）であり，出力は出荷する製品（物）である．変換は加工であり，組立てであり，そのための設備（物）と作業する人材（人）が必要である．そして，それにかかわる資金（金），経営目標，生産目標，生産計画，生産方法，設計図，作業規則，作業指示，作業実績などの諸々の情報である（情報）．更に，これらの活動を効率良く整然と進めるための人的な仕組み（組織），そして，入力から出力を得るには，ある有限の時間と空間を必要とする（時間，空間）．

本付録では，ビジネスプロセスとは，ビジネスシステムを活動の観点で，ある範囲でまと

付録 情報システムの発展経緯

```
                    ①モデル化（As-Is）
  ┌─────────────┐  ────────────────→  ┌─────────────┐  ②モデル化
  │ビジネスシステム│         現実化         │ ビジネスモデル │  （To-Be）
  └─────────────┘  ←────────────────  └─────────────┘
        ↕ ⑦⑨ 実現の仕組み                   ↓ ② 実現の仕組み
  ┌─────────────┐  ③モデル化（As-Is）  ┌─────────────────┐  ④モデル化
  │ビジネスプロセス│  ────────────────→  │ビジネスプロセスモデル│  （To-Be）
  └─────────────┘  ←────────────────  └─────────────────┘
                     ④⑥ 現実化
        ↕ ⑥⑧ 情報の面での分担              ↓ ③⑤ 情報の面での分担と
                                              ソフトウェア設計
  ┌─────────────────┐ ⑩モデル化(As-Isの整理) ┌─────────────┐
  │情報システム・ソフトウェア│ ──────────────→ │ ソフトウェアモデル │
  └─────────────────┘ ←──────────────  └─────────────┘
                      ⑤⑦ 現実化（作成）

         現実の世界（現場）              モデル（抽象）の世界
```

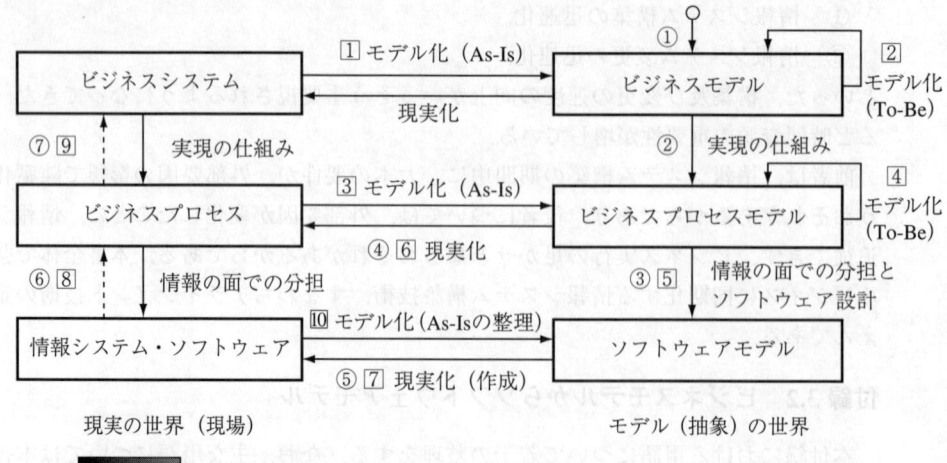

付図4 ビジネスプロセス，ビジネスプロセスモデル，ソフトウェアモデルの位置付け

めたもの，すなわち，従来から呼ばれている工程と同義であると考える．工程は，まとめ方によって疎密（粒度）があるので，階層構造になる．

ビジネスプロセスモデル：「ビジネスプロセスを図，数式，言語などを使って，使用目的を意識して表現したもの」とする．

ソフトウェアモデル：「ビジネスプロセスを運用するために必要な情報を提供するためのソフトウェアを図，数式，言語などを使って，使用目的を意識して表現したもの」とする．現存するソフトウェアをモデル化するというより，一般に，現存しない，これから作成しようとする（To-Be）ソフトウェアをモデル化する場合が多い．このモデルに正確さを求めるならば，ソフトウェアモデルはソフトウェア設計の結果といえる．もっとも，現存するソフトウェアを変更したり，更新したりするため，ドキュメント化（文書化）の意味で，As-Isソフトウェアモデルもあり得る．

これらをまとめると，**付図4**のような相互の関係になっている．

この図の見方の例を示す．下記で比喩的に，あるいは象徴的に「設計図」と表現しているものは，設計作業の結果としての図面，文書など設計情報全般を意味している．

（1）現実にビジネスシステムが存在しない場合（新規ビジネスの場合）①〜⑦

①から⑦の順番で作業を進める．①から⑦は付図4の中の番号と一致させている．またこれら①から⑦は作業を表し，有向線の先が作業結果としての出力（アウトプット）を表す．

①ビジネスモデルを構想，発案する，②その実現の仕組みとしてビジネスプロセスモデルを策定（設計）する，③そのビジネスプロセスモデルを実際に運用するために情報面をサポートするソフトウェアとして，ソフトウェアモデルを設計する，③と並行して，④ビジネスプロセスモデルを設計図として，現実世界（現場[5]）のビジネスプロセスを現実の世界において構築する，⑤ソフトウェアモデルを設計図として，ソフトウェアを作成する．⑥情報システム（ソフトウェア）が完成し，⑦ビジネスプロセスの現場も完成することにより，当初，構想，発案されたビジネスモデルを実現したことになる．

すなわち稼動可能なビジネスシステムが完成したことになる．図中の有向破線は，作業を

---

[5]「現場」については，付録3.3に述べるが，本付録では，ビジネスシステムのうち，情報システム以外の部分を指す．第4章の脚注1の「ビジネス現場」と同じ意味である．

伴わず，実質的にそのようなことになる，といったことを表す．

（2） 現実に存在するビジネスシステムを改革する場合（BPR）①～⑨

①から⑨の順番で作業を進める．①から⑨は付図4の中の番号と一致させている．またこれら①から⑨は作業を表し，有向線の先が作業結果としての出力（アウトプット）を表す．また，⑥，⑦はそれぞれモデルから現実化の作業であり，共通であるので有向線は，それぞれ④，⑤と表現上，一本化している．同様に③と⑤もビジネスプロセスモデルからソフトウェアモデルへの設計作業であり，共通であるので有向線は1本としている．⑥と⑧並びに⑦と⑨も同様である．

①現存するビジネスシステムを整理し，ビジネスモデルにモデル化（As-Is）し，②ビジネス改革像を明確にする（To-Be），③現存のビジネスプロセスをモデル化し，現存（As-Is）のビジネスプロセスモデルを作成する，④最新の情報技術の適用を前提として，あるべき（To-Be）ビジネスプロセスモデル（ビジネスプロセス改革像）を策定する，⑤そのビジネスプロセスモデルを実際に運用するために情報面をサポートするソフトウェアとして，ソフトウェアモデルを設計する，⑤と並行して，⑥ビジネスプロセスモデル（To-Be）を設計図として，現実世界のビジネスプロセスを再構築する，⑦ソフトウェアモデルを設計図として，ソフトウェアを作成する．⑧情報システム（ソフトウェア）が完成し，⑨ビジネスプロセスの現場も完成することにより，当初発想されたビジネス改革が実現したことになる．有向破線は，作業を伴わず，実質的にそのようなことになる，といったことを表す．

⑩の有向線は，現状の情報システムのソフトウェアをモデル化する，すなわち，現状のソフトウェアを図，数式，言語を使って表現することで，ドキュメント作成のことである．BPRというより，変更を繰り返し混乱してきたソフトウェアを一度ドキュメント作成して，整理するときに行われる作業である．BPRとしては，現状ソフトウェアにあまりとらわれずに行われるのが通常である．

付録3.3 経営における情報システム

典型的な製造業のブロック図を**付図5**に示す．なお，ブロック図とは全体を，複数の構成する要素部分に分けて，各部分をブロック（長方形）で表現し，ブロック間のつながりを表現した図であり，制御工学や電気回路の分野で多用される．付図1における目的システムが付図5のビジネスシステムであり，ビジネスシステムは付図1に示したように，「情報システム」と「情報処理対象（現場）」とに分割できる．「現場」という言葉に読者は若干の違和感をもたれるかもしれない．一般に現場とは，オフィス以外の機械工場の加工，組立ての現場などをイメージされるかもしれないが，本付録では，それらも含むが，単純に情報システム以外の企業活動の部分を指すこととする．

付図5において，情報システムの役割は，ビジネスシステムが様々なレベルの目標や計画である事業戦略，事業目標，事業計画などに整合して動作・振舞いをするように，各階層の人間（経営層，管理層，担当層）に対して，現場を運用・操作する際に，必要な情報を提供したり，蓄積したりして，情報の面でサポートすることである．

図中のPPMはプロダクトポートフォリオマネジメント（Product Portfolio Management）を意味し，ある事業分野でのプロダクトミックス（product mix，取り扱う製品構成）を検討する手法のことである．

付図5において，ビジネスシステムの実現の仕組みがビジネスプロセス（図中ではBPと

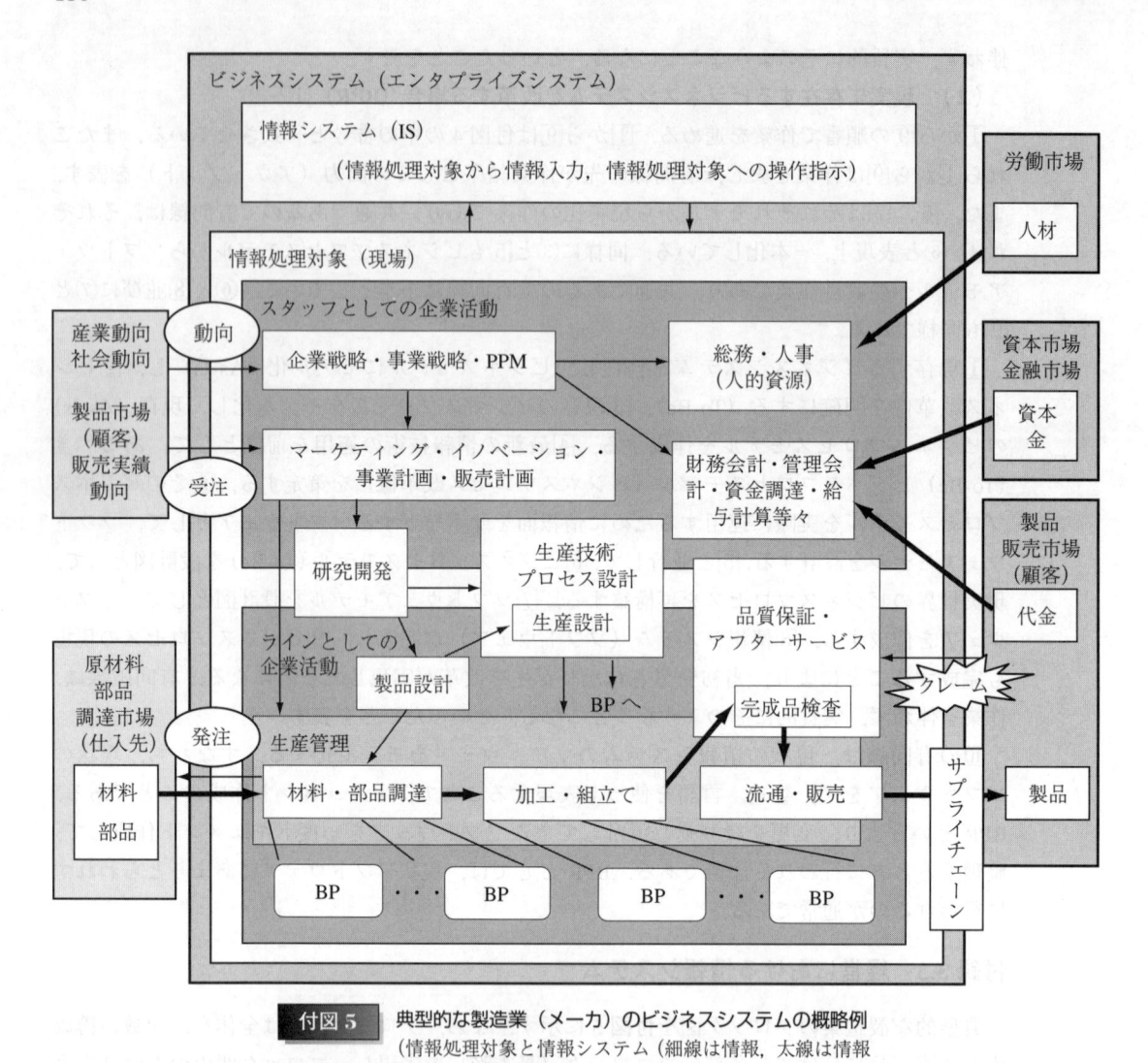

付図 5 典型的な製造業（メーカ）のビジネスシステムの概略例
（情報処理対象と情報システム（細線は情報，太線は情報以外の人，物，金の流れを示す））

略記，Business Process：BP）である[3]．付図 5 では，ライン（直接作業部門）としての企業活動（ライン業務）のみ BP を表現しているが，厳密にいえば，スタッフ（間接作業部門）としての企業活動（スタッフ業務）にも BP が存在するが図では省略している．

付録 1 で述べたように，システム工学的手法（アプローチ）とは，ある範囲について「入力」，「出力」，「内部処理」を把握することである．内部処理は，入力から出力への変換，及び必要ならば更にその範囲内を複数要素へ分解し，要素間の関連を明確にすることである．付図 5 に例示したように，全体についてはトップダウン的に，「入力」，「出力」，「内部処理」を展開する．また可能ならば，入力から出力への変換関係，つまり内部処理を数式で把握したい．変換関係が数式で表現可能（数式モデル）ならば，異なる条件についても計算可能となり，予測性などその効果は極めて大きい．

しかし，付録 2.2 で述べたように，ビジネスシステムを，一部ならともかく全体を数式で表現（モデル化）することは，現実の情報システム構築の場面では，ほとんど不可能である．

現時点では，図的モデル，言語的モデルを使用することになる．

上記のように，ビジネスシステムの数式によるモデル化は困難ではあるが，本書の第3章で述べられているように，情報処理の対象を何とか形式化（formalize）しようという努力も続けられている．本付録の筆者は，どちらかといえば，対象を連続系の動的システムとして把握し，微分（差分）方程式で表現し，対象の振舞いを時間軸上で把握し，できれば予測し，制御したいという従来からの電気工学，制御工学の立場が強いが，そもそも企業内活動の動作は離散的であり，連続系の手法ではなく，カラーペトリネットなどの離散的かつ代数的な手法で形式化するというアプローチに，数式モデル化の活路があるのかもしれない．その方面での実用的な成果も期待したい．

付録3.4　ビジネスプロセスモデルの意義

ビジネスシステムをモデル化すること，特にオペレーションレベルでモデル化すること，言い換えるとビジネスプロセスモデル（Business Process Model：BPM）を作成することは，下記のいくつかの視点から，重要である．

① BPRの視点

ビジネスプロセスの上位であるビジネスシステムのレベルで革新的なビジネスが創出されることもあるが，既存ビジネスシステムの多くの場合，主として最新の情報技術の発展を取り入れたビジネスプロセスの再構築によって革新的な業務[6]の実践方法が達成される．それがBPR，つまりビジネスプロセス改革である [2]．

現状（As-Is）のビジネスプロセスを分析・再設計するためには，業務の実践方法について詳細を把握する必要がある．現状がどのようなプロセスであるかを把握し，何が問題なのかを把握しなければ，改革はあり得ない．

② ビジネスプロセス間の連携動作の視点

M&A（Mergers and Acquisitions，企業合併，企業買収），合弁企業設立などの場合の企業内連携 EAI（Enterprise Application Integration），あるいは企業間連携などを行うため，ビジネスシステムの中で，実際に，どのような業務をどのように行っているかをある一定精度で定義する必要がある．特に当該ビジネスプロセスを外部から見たときのインタフェースと，機能について明確にする必要がある．

③ ビジネスプロセスを情報システムへ展開する視点

情報システムを構築するには，情報処理対象（この場合，ビジネスプロセス）を適切なレベルで理解する必要がある．業務オペレーションに役立つための情報システムであるためには，オペレーションレベルでビジネスを理解しておく必要がある．そのためには，多数の関係者が理解できるように，ビジネスプロセスをビジネスプロセスモデルによって可視化することが有効である．特に，情報システム構築の視点が従来のコンピュータの視点から脱却し，ビジネスプロセスの視点へパラダイムシフトするSOAにおいては，この可視化は必須作業といえるであろう（第6章を参照されたい）．

ビジネスプロセスの決定までの手順を**付図6**に示す．図に示すように，新規ビジネスの場

---

[6]「業務」は「ビジネスプロセス」に同義として記述しているが，「業務の仕方」，「業務オペレーション」などのように，日本語として自然になるように使い分けている．また「業務」は「ビジネス」を意味する場合もある．例：「業務プロセス」はビジネスプロセスを意味するし，「業務ノウハウ」はビジネスノウハウ，ビジネスプロセスノウハウの両者を意味する．また定着している「業務フロー」はビジネスプロセスフローを意味するが，そのまま使用する．

付録　情報システムの発展経緯

付図6　ビジネスプロセスの決定まで

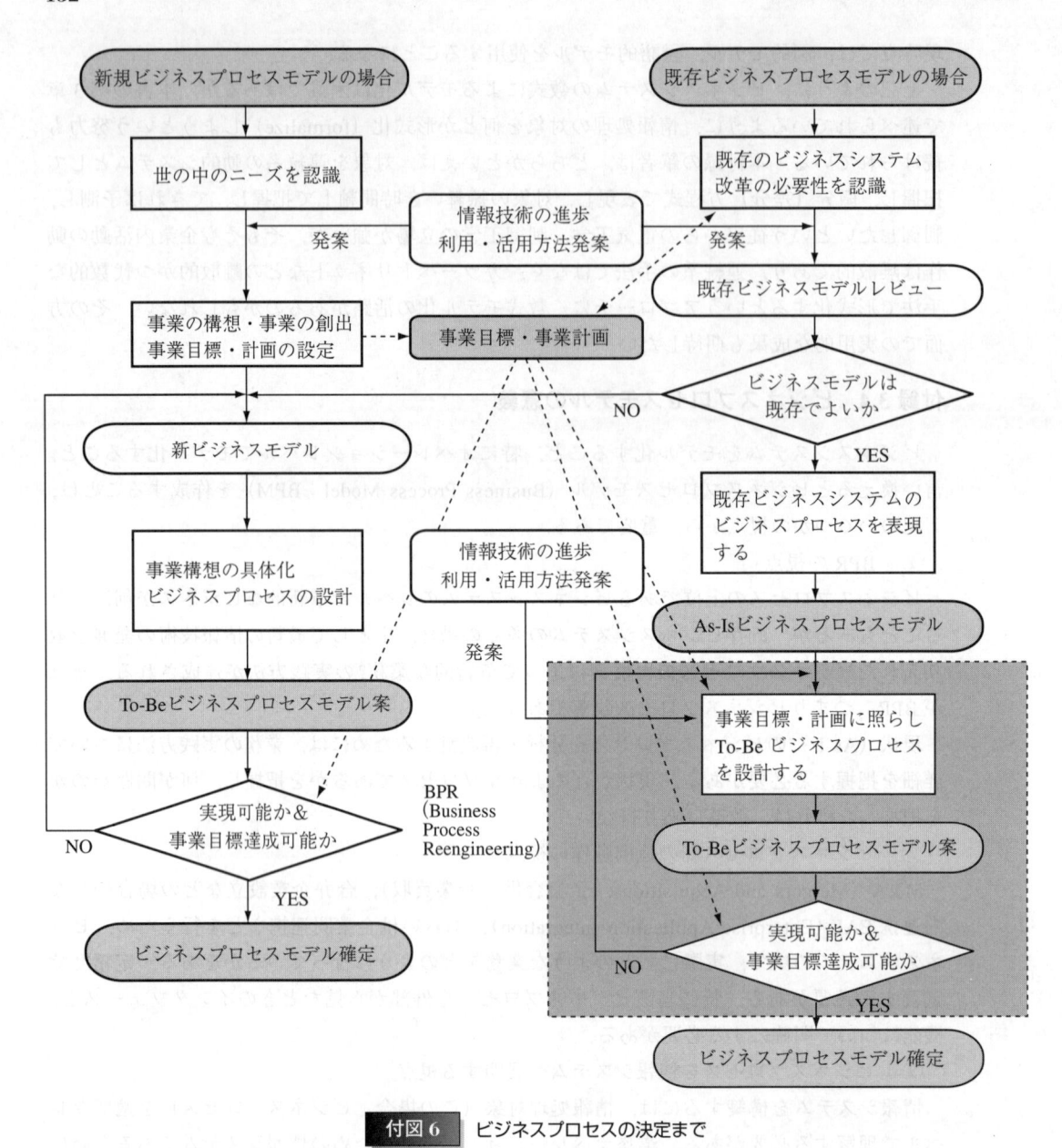

合には，構想，発案したビジネスモデルを実現するための具体的な業務として明確にする．一方，既存ビジネスの場合には，現状の業務についてAs-Isのビジネスプロセスとして表現し，事業戦略，事業目標，事業計画などと照らし合わせ，ビジネスプロセス改革（業務改革）を行い，あるべきTo-Beのビジネスプロセスを描く．このようにして決定されたビジネスプロセスモデルが，情報システム構築の出発点となる．

　ビジネスプロセスの表現記法については，本文4.2節を参照されたい．

付録 4　情報システム構築技法の過去から現在まで

付録4では，情報システム工学がいかに経営に対して，各時代の要請にこたえてきたかをふりかえる．しかし，情報システム工学はまだ十分な問題解決力をもつに至らず，進歩中のものであることも付録3までに示した．

企業経営に限らず，古来より戦争をはじめ，他者と競争をするときには，情報は不可欠であった．半世紀以上前にコンピュータが発明され，機械によって情報を扱うことが可能となった．

更にこの10年から20年くらいの間，コンピュータの小型化・低価格化，コンピュータ単独使用から分散システム化，分散システムを極めて強力にサポートするインターネットの普及，及びオブジェクト指向をはじめとするソフトウェア開発技術といった情報技術（IT, ICT）の進歩が目覚ましい．

前述のように，めまぐるしい経営環境の変化に対応するには，この情報技術の有効利用が不可欠であることが，繁栄している企業の多くの事例によって示されている．

本節では，時代の変遷とともに，情報システム構築技法がどのように変遷したか，また経営の観点からどのような情報システムが求められたかを述べたい．

付録 4.1　ソフトウェア工学の誕生と構造化技法

ディジタルコンピュータは古くは，計算する機械（計算機）として，歯車を使用した機械方式のタイプや，リレー（継電器）を用いた電気方式のタイプがあった．また対象となる現象を電気回路によってアナログ的に模擬して計算するアナログコンピュータという方式もあった．更にはディジタルコンピュータとアナログコンピュータの組合せによるハイブリッドコンピュータという方式もあったが，今では2方式とも消滅している．今日のディジタル電子式のものは，1941年のABCマシン（アタナソフ（John V. Atanasoff）ベリー（Clifford E. Berry）コンピュータ），及び1946年のENIAC（18,000本の真空管を使用したコンピュータで，弾道計算に用いられ，結線を変更してプログラムする方式であった）が，通説では，最初とされている．計算の順序と内容すなわち手続き（procedure）を定義するのがプログラムであり，これを内蔵できるノイマンアーキテクチャ方式のものは，通説では，1949年のEDSACが最初とされている．

一方，第二次大戦直前から戦中にかけて，ドイツのツーゼ（Konrad Zuse）によって電気機械式のZ1（1938），リレー（継電器）式のZ2（1940），ディジタル電子式のZ3（1941）が試作され，大戦後，Z4（1950）が世界初の商用コンピュータとしてチューリッヒ大学に納入された．

プログラムは，1台のマシン（コンピュータのハードウェアを機械とかマシンという言い方がある）を様々な計算用途に利用できるという，当時としては従来にあまりない便利さを提供した．当時では，曲の取換え可能なオルゴールや音楽レコードが類似していたが，利用者が任意にプログラムを作成できるという点で，コンピュータは画期的なジャンルの機械であった．マシンに計算手順（プログラム）を指示することに関しては，金物（ハードウェア，hardware）を変更せずに，多用途に柔軟に利用できるという意味で，ソフトウェア（software）と称されるようになった．

ソフトウェア工学（Software Engineering）の誕生から構造化分析設計技法（以下，構造化技法と総称する）の確立まで，更には下記に述べる，オブジェクト指向分析設計技法（以下，オブジェクト指向技法と総称する）として発展してきていることは第4章で眺めた[4]～[6]．第4章 図4.2に，ソフトウェア工学の誕生から現在までを示した．

構造化技法は，自由奔放に作成できるプログラムに一定のルールに基づく枠組みを与えることにより，大規模ソフトウェアを管理可能な形にし，設計と実装とを分離し，ソフトウェア製作の工業化というねらいをひとまず達成した．しかし，第4章で述べた理由で，ソフトウェア技法のメインストリームは下記のオブジェクト指向技法に向かっている．

付録4.2　オブジェクト指向技法

オブジェクト指向の考え方は，早くも1960年代に発祥しているが，コンピュータの性能向上により，ようやく普及の時代を迎えている．今日のUML2.1までの経緯は，本文4.3.1項に眺めた．オブジェクト指向技法の表記法としては，UMLによって，ほぼ確立されたといえよう[7]～[10]．

ソフトウェア工学史約40年を顧みて，従来は，アプリケーション分野とソフトウェア技術（特にコンピュータ科学あるいはソフトウェア科学）とは，さほど近接していなかったように思える．アプリケーション技術者とコンピュータ科学者のすみ分けは明確であった．

しかし，対象把握の優れた方法であるオブジェクト指向がソフトウェア技術の主役になりつつある現在，オブジェクト指向の本質として，対象のモデル化が不可欠であり，かつ重要な役割を果たしている．その結果として，情報システム構築に携わる技術者のほとんどは情報処理対象を極めて強く意識せざるを得ないこととなり，アプリケーション分野とソフトウェア技術が今日最も接近した時代を迎えているといえる．

今後は対象把握の範囲が広くなり，構築者の観点から利用者の観点に近づく，例えば「サービス」というとらえ方になることが予想されている（第6章のSOAを参照されたい）．SOAもこのオブジェクト指向の延長線上にあると考えられ，対象をモデル化することの重要性は更に強まる傾向にあると予想される．

一方，構造化の考えは消滅したかと問われると，「否」である．構造化技法からオブジェクト指向技法へのメインストリームとしては，データベース概念設計時のエンティティやリレーションシップが，属性に操作を追加することにより，オブジェクト指向でのクラスになったとも解釈できるし，構造化設計でのモジュールがデータベースと合流してクラスになったとも解釈できるので，構造化の考えが発展してオブジェクト指向の考えになったとも考えることができる．

ただし，全く連続的に発展してきたかと問われると，これも「否」である．構造化技法では発展の歴史上結果的にではあったが，業務プロセスは業務プロセス，情報処理機能は情報処理機能，と対象業務と情報処理機能を分離し，業務の実行に必要な情報面でのサポートを情報処理機能（情報システム）が行うという基本姿勢であった．オブジェクト指向技法では，業務プロセスそのものを，できる限りそのまま情報の世界に取り込む（モデル化する）という基本姿勢である．この点に構造化からオブジェクト指向への不連続な発展を感じることができる．

また，業務プロセスをモデル化するという大げさなことをしないですむ情報処理もある．そちらには，簡易的な構造化の考え方で，必要な情報を提供するという姿勢でのプログラム

を作成する方が効率的である．以上の事情が，まだまだ業界全体がオブジェクト指向一色になっていかない理由でもあろう．

付録 4.3　企業情報システムから見た変遷（企業情報化のコンセプト）

当初は軍事用や学術・研究用に使用されたコンピュータ（当時は電子計算機，または略して電算機と呼ばれる方がコンピュータと呼ばれるより一般的であった）であったが，製品として安定してくると，民間企業でも用いるようになった．

まずは事務用途として，1960年代 EDP（Electronic Data Processing）の呼び名で，給与計算などの機械計算業務（従来，ソロバンなどで行っていた計算業務を電子計算機という機械で行うとの意味）から始まり，経理会計業務全体，受注管理，生産管理などの定型業務に適用され始めた．このようなソフトウェアは基幹系，または勘定系といわれる．これが今日のビジネス系情報システムの起源となっている．

一方 1960 年代から 1970 年代にかけて，我が国の高度経済成長工業化に伴い，事務用途以外にも鉄鋼，化学，電力，ガス，水道などのプラント制御，電力系統制御，鉄道交通制御，NC 工作機，生産工場制御などにコンピュータは適用された．プロセスコントロールコンピュータ，略してプロコン（プロセス制御用コンピュータ，多くはミニコンピュータ，略してミニコンが基本となっていたが，専用に設計されたものもあった）や工業用コンピュータシステム（Industrial Computer System：ICS）の呼び名で幅広く適用され始め，制御系として発展してきた．プロコンから対象を直接制御する方式は DDC（Direct Digital Control）といわれた．

この制御系の流れでは，コンピュータが小型化するに伴い，各種の制御装置に MPU（Micro Processor Unit）及びソフトウェアが組み込まれるようになった．工業用には，FA（Factory Automation）機器（シーケンス制御装置，シーケンサ）及びプラント制御機器（PID 制御（Proportional, Integral, and Differential control））として，現在の産業界で多く使われている．

また一般民生用として，家庭用ゲーム機や携帯電話や家電製品にも MPU 及びソフトウェアは組み込まれている．このように，装置と情報システムが一体となった高度な製品が世の中に出現するようになった．そのような製品に組み込まれるソフトウェアは組込み系ソフトウェアといわれ，現在，特に我が国において，産業政策として取り組まれ目覚ましく発展しつつある．

事務用途としては EDP の後，コンピュータハードウェアメーカから，時代とともに各種の情報化コンセプトが打ち出されることが盛んになった．1970 年代には，MIS（Management Information System）のコンセプトで，定型業務ではなく，経営管理を情報面からサポートする考えが打ち出された．これは基幹系に対して，情報系といわれる．しかし当時の情報技術（コンピュータ能力）では実用的な情報システムを提供することができなかった．

その後，1970 年代から 1980 年代にかけて DSS（Decision Support System）のコンセプトで，情報系であるが，経営者の意思決定をサポートする情報システムが提唱されたが，これも大きく拡大することはなかった．

続いて，1980 年代には，SIS（Strategic Information System）のコンセプトで，経営戦略と情報システムとの結び付きを強める動きがあったが，これもまた大きく拡大することはなかった．

1990 年代には，ERP（Enterprise Resource Planning）のコンセプトで，企業内の統合情報

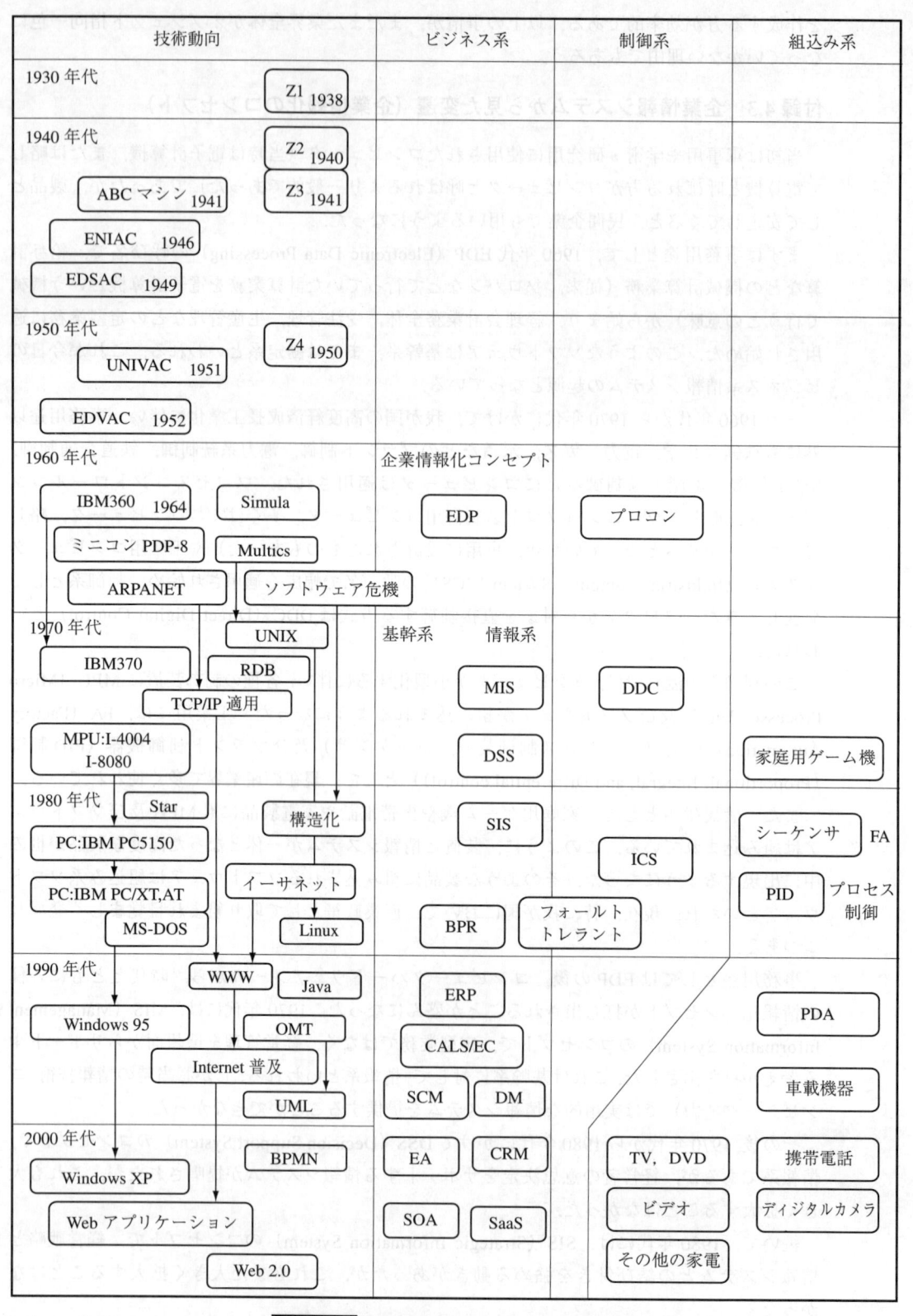

	技術動向	ビジネス系	制御系	組込み系
1930年代	Z1 1938			
1940年代	Z2 1940 / ABCマシン 1941 / Z3 1941 / ENIAC 1946 / EDSAC 1949			
1950年代	UNIVAC 1951 / Z4 1950 / EDVAC 1952			
1960年代	IBM360 1964 / Simula / ミニコン PDP-8 / Multics / ARPANET / ソフトウェア危機	企業情報化コンセプト / EDP	プロコン	
1970年代	IBM370 / UNIX / RDB / TCP/IP 適用 / MPU:I-4004 I-8080	基幹系 情報系 / MIS / DSS	DDC	家庭用ゲーム機
1980年代	Star / PC:IBM PC5150 / 構造化 / PC:IBM PC/XT,AT / イーサネット / MS-DOS / Linux	SIS / BPR / フォールトトレラント	ICS	シーケンサ FA / PID プロセス制御
1990年代	WWW / Java / Windows 95 / OMT / Internet 普及 / UML	ERP / CALS/EC / SCM / DM		PDA / 車載機器
2000年代	BPMN / Windows XP / Web アプリケーション / Web 2.0	EA / CRM / SOA / SaaS	TV, DVD / ビデオ / その他の家電	携帯電話 / ディジタルカメラ

付図 7　企業情報化のコンセプトと周辺技術

システムが提唱され，これは情報技術（PC，ネットワーク，データベース，オブジェクト指向）の発展を追い風にして，かなりの普及を見ている．従来の情報化コンセプトの多くはコンピュータハードウェアメーカが打ち出すことが多かったが，ERPコンセプト以降は，ソフトウェア専業メーカが打ち出すことも多くなっている．また1990年代提唱されたBPRとも関連しERPは，企業目標や業務プロセスとのかかわりがいっそう深まってきた．

1990年代中ごろから2000年代にかけて，インターネットが驚異的に普及した．インターネット上のWWW（World Wide Web，略してWeb）は当初，学術図書の閲覧などに使用されていたが，世界中のコンピュータを通信相手にできるなど非常に便利なため，これをビジネス用途に使わない手はない，というすさまじい勢いで，ビジネスの世界にも普及してきた．従来，主に専用回線を使用していた取引データ交換システムのEDI（Electronic Data Interchange）に代わって，Webをベースとするeビジネス（electronic business），CALS（Continuous Acquisition and Life Cycle Support），EC（Electronic Commerce）が登場してきた．当事者が少なく比較的単純なBtoB（Business to Business, B2B），BtoC（Business to Consumer, B2C），EOS（Electronic Ordering System）だけではなく，材料の供給から市場での流通まで，情報技術を駆使して多くの企業間を連携するSCM（Supply Chain Management）も実現されている．また，重要顧客の識別や囲い込みをねらったCRM（Customer Relationship Management）や非常に多数のデータから隠れた規則性を見出すことをねらったデータマイニング（Data Mining：DM）システムも実現されている．

上記の概略の年代対応の推移を，周辺の技術の推移とともに**付図7**に示す．

付録4.4　ソフトウェア工学と情報システム工学との関係

付録4.1，付録4.2でソフトウェア工学の誕生からオブジェクト指向に至るシーズの観点から，ソフトウェア工学を概観した．関連して付録4.3では，ニーズの観点から，企業情報化コンセプトの変遷を概観した．

ソフトウェア工学は，ソフトウェアを工学的観点と手法で取り組む（分析，設計，実装などのシステム構築）ための知識体系である．それに倣い，情報システムを工学的観点と手法で取り組むための知識体系を，情報システム工学と位置づけた（前述のように情報システム工学という言葉は存在しているが，まだあまり広がりをもっていない）．

したがって，ソフトウェア工学と情報システム工学では大部分が共通であるが，対象がソフトウェア直接ではなく，業務を強く意識した情報システムである点が異なる．すなわち，よりいっそう，実際の業務とのかかわりが深まり，業務プロセスのモデル化が重要となる．言い換えると，「ソフトウェア工学が対象としているソフトウェア」に業務（ビジネスアプリケーション，ビジネスでの使われ方，ビジネスプロセス）というアプリケーションソフトウェアの外殻がかぶさっているのが「情報システム」であるとのイメージである．それを対象とするのが「情報システム工学」と考える．

付録4.5　情報通信技術の進歩

通信技術は，約2世紀前に，有線通信が発明され，約1世紀前に無線通信が発明された．情報処理技術は，前述のように諸説あるが，60〜70年前に最初のコンピュータが発明され，現在まで目覚ましく発展してきた．コンピュータから通信への技術的な影響は，ディジタル通信技術となり今日の情報通信技術として発展し続けている．

通信からコンピュータへの影響は，LANやインターネットなどの通信を用いたアプリケーションの発展である．今日，ビジネス用途のコンピュータで，ネットワークに接続していないものはまれである．

コンピュータは年々，低価格化，小型化，高速化がなされ，特にこの20年くらいで急速な発展を遂げた．1970年代にはMPU（インテル4004, 8008, 8080など）やパーソナルコンピュータ（Personal Computer：PC），略してパソコン（Altair 8800）が出現し，1980年代には，その後の事実上標準になっていくパソコン（IBM PC/XT, ATなど）やGUI（Graphical User Interface）の考えも芽生えた（Xerox Star）．1990年代には，パソコンでGUIが実用になり，（Macintosh, Windows 3.1, Windows 95）パソコンの普及に拍車がかかった．最新の動向としては，携帯電話と結び付いたスマートフォンや，各種機器に組み込まれた隠れたコンピュータの存在である．

コンピュータ通信ではISO国際標準のOSI（Open System Interconnection）の普及が一時期試みられたが，近年，コンピュータ通信プロトコルといえばTCP/IPといわれるくらいTCP/IPが普及している．TCP/IPの起源はインターネットである（最初はTCP/IPではなかったが，ごく初期の段階でTCP/IPになっている）．インターネットは1969年のARPANETにさかのぼることができるが，爆発的な普及は1990年代以降である．

民生使用可能とした米政府の政策，Webの出現，GUIで動作するWebブラウザNetscapeの出現，パソコンOS WindowsにバンドルされたInternet Explorer，携帯電話でのWebブラウザなどがインターネットの普及を後押しした．Webは当初，静的なドキュメントを閲覧するだけの単純な機能であったが，スクリプト言語が利用可能になることによって，ヒューマンインタフェース機能をもつ画面も作成でき，データベースとの連携も可能となり，ビジネス用途の情報システムの構築も一般的となっている．それがWebアプリケーションと呼ばれるシステム形態である．

更に通信技術は光ファイバの利用など，広帯域高速通信が普及し，動画などを含むマルチメディア通信が普及している．

ビジネス用途の通信で，最近の話題はRFID（Radio Frequency Identification）である．これは，ICチップやICタグとして既に多数のシステムで利用が普及しつつある．典型的な例では，SUICA，PASMOであり，また，流通業界でのICタグによる検品などである．付録2.2で述べた工場や倉庫での物品のトラッキングにも用途が広がるなど今後の更なる適用範囲の拡大が予想される．

付録5 まとめ

本付録ではまず，ソフトウェア工学の基本的取組み方である「ソフトウェア分野に工学的手法を導入する」にならい，ビジネスシステムを対象とする情報システムへの取組み方として，工学的方法論の中でも，より数理的，あるいはよりシステム工学的な取組みをしていきたいという意図で，「情報システム工学」という考えを設定した．しかしながら，ビジネス系情報システムにおいては，まだ十分な解決力をもつに至っていないことを眺めた．

次に，経営と情報システムとの関係を眺め，今日の経営環境から，情報システム構築・変更の高速化が求められていることを指摘した．そして，そうした環境下では，まずビジネス側にも改革が求められており，その実施には，ビジネスプロセスについての観点が不可欠で

あることを述べた．

次に，情報技術のシーズ面から，ソフトウェア技術発展の経緯として，構造化技法からオブジェクト指向技法への歴史的発展経緯を眺めた．ソフトウェアの実現方法については，第4章を参照されたい．

一方，経営のニーズ面から各種の情報化キーワードのもとに，進められた情報化の歴史的発展経緯を眺めた．そしてそれらをサポートするソフトウェア以外の情報通信技術について最近の動向を眺めた．

これらを踏まえ，今後，更にビジネス系情報システムの構築方法の進歩が予想されるが，いずれにしても，ビジネスプロセスやそのモデルの重要性がいっそう強まると予想される．その一方では，ソフトウェアの構築方法として，サービスとして提供されている部品を組み合わせ，それにユーザ固有の機能を追加して，ユーザが所望するアプリケーションを構築するという考え方と実装方法が普及することが予想される．

参 考 文 献

経営学全般について：
［1］ 伊丹敬之，加護野忠男，ゼミナール経営学入門 第3版，日本経済新聞社，2003.

制御工学と情報システムの対比について：
［2］ 宮西洋太郎，"情報システム構築におけるモデリングについての一考察，"信学技報，SWIM-2004-15, Feb. 2005.
［3］ 宮西洋太郎，"ビジネス系情報システム構築におけるモデリングについての一考察，"FIT2005，情報技術レターズ，vol. 4, pp. 343–346, Sept. 2005.

ビジネスプロセスリエンジニアリング（BPR）について：
［4］ M. Hummer, J. Champy（著），野中郁次郎（監訳），リエンジニアリング革命，日本経済新聞社，1993.

構造化設計について：
［5］ G. J. Myers（著），久保未沙，国友義久（訳），高信頼性ソフトウェア―複合設計，近代科学社，1976.

SADT について：
IDEF（米空軍ICAMプロジェクトのDEFinitionから転じてIntegration DEFinition, IDEF0, IDEF1Xが著名）のもととなった構造化分析設計 SADT（Structured Analysis and Design Technique）
［6］ D. T. Ross, "Structured Analysis (SA) A language for Communicating Ideas," in Tutorial on Software Design Techniques second edition, pp. 149–167, IEEE Computer Society, 1977, Reprinted from IEEE Trans. on Software Engineering, Jan. 1977.

構造化分析，DFD について：
［7］ T. DeMarco（著），高梨智弘，黒田純一郎（監訳），構造化分析とシステム仕様，日経マグロウヒル社，1986.

リレーショナルデータベースについて：
［8］ 増永良文，リレーショナルデータベース入門（新訂版），サイエンス社，2003.

オブジェクト指向について：
［9］ J. Rumbaugh, M. Blaha, W. Premerlni, F. Eddy, W. Lorensen, 羽生田栄一（監訳），オブジェクト指向方法論 OMT, トッパン，1992.

UML について：
［10］ 加藤正和（監修），かんたんUML 増補改訂版，翔泳社，2003.

UML2.0 について：
［11］ テクノロジックアート，独習UML 第3版，翔泳社，2005.

用 語 集

[注] 用語集の前半「API」から「XMLスキーマ」までをアルファベット順, 後半の「アクティビティ図」から「リーン開発」までを五十音順という順番で列挙している.

用語（読み）	英語	略語	解説
API	Application Programming Interface	API	アプリケーション（適用業務）プログラムを開発する目的で使用されるマクロや関数の集合を指し，その使用時の引数の渡し方やフォーマットを意味する．その集合はプラットホーム（OSやミドルウェア）で提供されたり，コンパイラやインタプリタのライブラリとして提供される． 　APIの例には，文字列操作や入出力のプログラミングを容易化するマクロや関数の集合（標準Cライブラリに含まれる）がある．別の例にはMPRG（画像圧縮方式の国際標準）仕様の画像情報の編集操作用のAPIがある（MPEG API）．
BPEL（ビーペル）	Business Process Execution Language	BPEL	モデル化されたビジネスプロセスを記述するBPMN言語から実行水準へ自動的に変換された言語を指す．BPELはサービスの呼出し方やその結果メッセージの扱い方などを記述できる．XML関連の標準化団体であるOASIS（Organization for the Advancement of Structured Information Standards）が標準化を進めている．
BPMN	Business Process Modeling Notation	BPMN	ビジネスプロセスの要素を視覚的に表現した表記法であり，ビジネスプロセスのうちワークフローにフォーカスをあててモデル化されるので，ビジネスの実務家にとって容易に理解できる．OMG（Object Management Group）により標準化されている．
CIO	Chief Information Officer	CIO	情報統括役員のことを指す．CIOは，情報システム（IS）を経営ダイナミズムの中に正しく位置づけ，経営執行の支えとなるようにISの具体像を示し具現と稼動のすべての責務を負う．
DOM（ドム）	Document Object Model	DOM	HTML文書やXML文書を，アプリケーションから利用するためのAPIである．これらの文書内の要素のタグを指定することにより，要素の出現順序とは無関係にアクセスできる．
EA	Enterprise Architecture	EA	エンタプライズにおける組織の構造と機能をITと対比して示した情報化推進の指針であり，①ビジネス，②データ，③アプリケーション，④技術の4階層で構成されている．米国連邦政府機関のIT調達プロジェクトの改革に適用され，日本では経済産業省を中心に導入並びに普及が進められている．
ERP	Enterprise Resource Planning	ERP	経営資源を有効活用するという観点から統合的にエンタプライズ全体を管理し，経営効率化を図るための手法・概念のことであり，「企業資源計画」と翻訳されることも多い．一般的には，経理業務，営業活動，生産管理，在庫管理業務などエンタプライズ内の統合情報システムを指すが，統合業務パッケージ（ERPパッケージ）の意味で使われることも多い．

用語（読み）	英語	略語	解説
ESB	Enterprise Service Bus	ESB	SOAにおいてはサービス間の仲介の役割を果たすバスをこう呼ぶ．すなわち，ESBは，サービス提供者と再利用者を柔軟にとり結ぶ．仲介の役割のほかに伝達，転送，変換などメッセージハブ製品が有していた機能も受け継いでいる．（本文図6.5参照）
ICT（情報通信技術），IT（情報技術）	Information and Communication Technology, Information Technology	ICT, IT	コンピュータを利用した情報の蓄積，検索，加工を行う情報処理技術は，アナログからディジタルへと通信技術に影響を及ぼした．一方，通信技術はLAN（Local Area Network）やインターネットを利用した情報利活用の高度化を促した．すなわち，情報技術と通信技術の融合によって，ユビキタス社会やWebサービス時代が切りひらかれ，必要なときに必要な場所で必要な情報を，利活用できるようになった．
IDEF（アイデフ）	Integration Definition	IDEF	ビジネスプロセスや業務のフローの表記に使う標準のモデル化手法であり，IDEF0，IDEF1X等の手法が標準化されており，IDEF14まである．IDEF0は事業の活動に着目したアクティビティモデル化の手法であり，現状分析に使用される．IDEF1Xはそれらの活動で必要とされる情報やデータを統合化するためのER図に基づくデータモデル化の手法であり，データベース分析，設計に使用される．
IEEE（アイトリプルイー）	Institute of Electric and Electronics Engineers	IEEE	電子情報通信関係の世界最大の学会組織である．本書のテーマである，現実世界の課題と情報システムの溝を埋める技術を研究テーマに掲げ，TCSVC（Technical Committee on SVC）を2003年に設立し研究を促進している．
JavaScript	JavaScript	—	スクリプト言語（簡易的なプログラミング言語）の一つであり，Webブラウザ上で動作し，HTMLの動的書換えや入力フォームの自動補完など，Webページの使用感向上を目的として使用される．また，マッシュアップでは，他のWebサイトのサービスの連携に利用される．JavaScriptは，プログラミング言語のJavaとは別物であり，Javaとの互換性はない．
REST（レスト）	REpresentational State Transfer	REST	URI（Uniform Resource Identifier）が示すリソースを，HTTP（Hyper Text Transfer Protocol）を使って操作する方法である．WebサイトのJavaScriptの作成のみで，サーバ上のプログラムを仲介する必要がない．この方法を利用することにより，マッシュアップの作成が容易になった．
SaaS（サース）	Software as a Service	SaaS	従来のようにソフトウェアを販売し収入を得るのではなく，ソフトウェア機能をインターネットを通じて「サービス」として提供し，利用料収入を得るビジネスモデルである．利用者は，ソフトウェアを許可を得て利用はするが，作成も配布も保守もせず，ソフトウェア資産としても保有しない． 代表的なSaaSベンダーとしては，Salesforce.comがあり，最近ではSaaSベンダーにプラットホームをサービスとして提供するPaaS（Platform as a Service）というビジネスも展開されている．
SLA	Service Level Agreement	SLA	サービスの提供者と再利用者の二者間における，サービス品質についての正式合意のことである．可用性，サービス性，性能，運用性，料金，約束違反時の罰則などの水準を定めるものである．優先権，責任，ワランティ条項を含む．

用語（読み）	英語	略語	解説
SOA	Service-oriented Architecture	SOA	Web 上に公開されているサービスを呼び出して，再利用して，別のサービスと連携させて，ソフトウェアシステムを構築する基本構造のことである．これはすなわち，あるソフトウェアの機能を別のソフトウェアに提供することを可能にしており，ソフトウェアをサービスという単位でとらえるという考え方に基づいている．［用語「サービス」参照］ 　SOA 技術の特徴は，①ビジネスプロセス（BP）にアライン（align）した IS を短時間に用意して実行できたり，変更できたりすること，②サービスコンポーネントの保守や再利用が一元化され容易になること，の 2 点である． 　SOA の考え方に基づいて，ビジネスプロセスを記述するには，BPMN と BPEL を，記述したビジネスプロセスを解釈して実行するには，ESB が使用できる．更にサービスを作成するには，WSDL や SOAP 等のインターネット技術を活用できる．
SOAP（ソープ）	Simple Object Access Protocol	SOAP	XML 形式のデータを HTTP（Hypertext Transfer Protocol）を用いて送受信する方式で，Web サービスで利用される代表的なプロトコルの一つである．RPC（Remote Procedure Call），すなわち，ソフトウェア同士がメッセージ交換を行うことを可能にする．異なるプラットホーム同士をインターネット経由でつなぐ場合には最適な方式である．
SVC	Service Computing	SVC	IT の外の世界と内の世界をつなぐための「素（もと）」をサービスという．SVC とは，その「素」で情報化する技術体系であり，Web サービスと経営の融合技術である．具体的には，SOA は SVC 実現の基本構造の一つである．
UDDI	Universal Description, Discodery and Integration	UDDI	ネットワーク上の Web サービスを効果的に利用するために，登録，公開，検索を行う標準的仕様である．この仕様は XML をベースに入出力を実現しているため，コンピュータによる問合せやその結果の自動分析が容易という特長がある．UDDI レジストリというデータベースが設けられていて，そこに Web サービス提供者の企業名，連絡先，提供サービス内容などの情報を登録しておく．
URI	Uniform Resource Identifier	URI	http: や ftp: や mailto: などの URL（Uniform Resource Locator）が Web 上のリソースの所在地を示すのに対し，URN（Uniform Resouce Name）はスキーム「urn:」（RFC 2141 で規定）を用いて，Web 上のリソースの名前を永続的に特定する．URI は，URL と URN を総称するものである．
Web API	Web Application Programming Interface	—	他の Web サイトのサービスを利用する際に，そのサービスを呼び出すための，公開されたインタフェースを指す．例えば，グーグルやアマゾンドットコムが提供している Web API を使えば，Web 検索機能を簡単に自分のプログラムに組み込むことができる．
Web サービス	Web Service ［注］Web Services と複数形で表記する場合もある．	—	インターネット技術を使って Web サイト上に提供されているサービスを指す．SOA における Web サービスとは，特定の標準群に準拠したサービスを意味し，その記述言語として WSDL がある．例えば，Web サーバとパソコンの間を標準的な XML 形式のデータで授受させることにより，電子辞書や地図検索のような Web サービスをプラットホームに依存せず実行させることもできる．すなわち，従来のソフトウェアの実行環境を，パソコンからインターネットに置き換え，サービス機能を Web ブラウザを通して提供することにより，インストール作業の省略化やマルチプラットホーム対応などが可能となる．
WSDL	Web Services Description Language	WSDL	Web サービスを記述するための言語であり，サービスの提供されている場所，メッセージのフォーマットやプロトコルが記述される．W3C（World Wide Web Consortium）が標準化を進めている．

用語（読み）	英語	略語	解説
XML	eXtensible Markup Language	XML	データの記述と交換のための一般的記法であり，読みやすく理解しやすいので，今日広く使用されている．Webサービスの中核となる技術の一つであり，異機種間のデータ連携やデータ表現書式のデファクト標準となっている．特定のXMLのフォーマットは，XMLスキーマで定義され検証される．
XMLスキーマ	XML Schema	—	XML文書が違反してはならないルール集を定めた言語であり，データの基本的な型を含む．XMLで文書を作成する際の，その文書の構造を定義している．W3Cが開発，標準化を行っている．
アクティビティ図	Activity Diagram	—	UMLの表記法の一つで，業務の流れを描くのに用いる．業務の順番，分岐，合流などが表現できる．フローチャートに類似しており，実務家にも比較的分かりやすいものといわれている．
アラインメント技術	Alignment Technology	—	ITと経営の間で同時に起きている革新を乗り切り，生存権を確保するために，「経営課題を遅滞なく正鵠に情報化する」技術が，アラインメント技術である．すなわち，経営の要請に対して情報システムを意味的にも時宜的にも一体化させるものである．本書で述べる「Webサービス時代の経営情報技術」は，その回答である． 企業におけるビジネス改革と密接に関連し合って，ソフトウェアを実現するための技術ということもできる．ビジネス改革に伴ってビジネスモデルが変更されても，迅速にソフトウェア実現が可能なように工夫されていることが重要である． サービスコンピューティング（SVC）の進歩の中で，SOA（Service-oriented Architecture）やマッシュアップ（Mashup）などの技術が現実のものとなってきており，経営の考え方を直ちにシミュレートしてみせる即応型のアラインメント技術が可能となってきている．
ウォーターフォールモデル	Waterfall Model	—	情報システムの開発における工程管理モデルの一つで，上流工程から下流工程に向かって滝の水が流れるように作業を進めていく．工程ごとに不合格が生じた場合には先の工程に進ませないことで，システムの品質を確保するねらいがある．
エンタプライズ	Enterprise	—	営利，非営利を問わず，企業や民間団体，官庁，地方公共団体などの組織，及びその業務全体を含む．
オーケストレーション	Orchestration	—	サービスを集めてビジネスプロセスを作る一つのやり方であり，コレオグラフィと違って，あたかもオーケストラの指揮者がプロセス全体を中央制御するような形態の新サービスを作成する．BPMNのあるプール（エンタプライズあるいは組織）の中のビジネスプロセスをWebサービスに対応させて制御する．オーケストレーションは組織内，コレオグラフィは組織間といった違いがある． BPELはオーケストレーション言語であり，Web上に分散している再利用可能なサービスを，シナリオに従って統合し，ビジネスプロセスをモデル化することができる．
価値交換モデル	Value Exchange Model	—	企業が，顧客，企業，従業員，資金提供者，及び仕入れ先などの取引先との間で，どのような価値を提供しあう（交換する）かを示したモデルである．交換される価値には，やりがい，事業への関与者であることの誇り，はるか将来に見返りがくる教育，環境保全への貢献など，非経済的な価値も含む．

用語（読み）	英語	略語	解説
基幹系	Mission Critical System	—	エンタプライズにおいて，顧客に対して主たるサービスを遂行するために必須の業務であり，そのためのISも指す．銀行システムにおける勘定系業務や，販売管理，在庫管理，生産管理，財務・会計などの定型的な業務を指す．
コミットメントネットワークモデル	Commitment Network Model	CMN	1992年，Medina-Moraらが提唱したコミュニケーションモデルである． ビジネスプロセスには，業務の依頼者と実行者が存在し，依頼者はある条件のもとで，実行者に業務を依頼する．この依頼者と実行者の会話により，依頼者の状態が準備，交渉，実行，合意の順に推移するものとしている．
コレオグラフィ	Choreography	—	コレオグラフィとは，プロセス全体を分散制御する形態を指す．オーケストレーションとは異なり，振り付けられた（choreographed）ダンスにおいて，ダンサーがペアの振舞いに応じて反応するように，各自が自律的に反応するモデルである．BPMNのプール（エンタプライズあるいは組織）の境界を越えていくつかのプロセスを，中央制御式ではなく協働させる形態のビジネスプロセスの作り方を意味する．コレオグラフィは組織間のビジネスプロセスを示し，オーケストレーションは組織内のビジネスプロセスを示すといった違いがある． WSDLはコレオグラフィ言語であり，複数のWebサービス間のメッセージ交換とメッセージの流れにより，Webサービス全体のビジネスプロセスの流れを定義することができる．
コンポーネント	Component	—	ソフトウェアの動作から発想した機能を具現化したもので，ソフトウェアの分割単位である．
サービス	Service	—	ある自己完結的なビジネス機能をITで実現したものであり，世間一般で使用されているサービスの意味とは違う．ITの外の世界と内の世界をつなぐための「素（もと）」をサービスといい，技術的にいえば，サービスは提供者と再利用者の間でデータ交換するためにメッセージを送受信するオペレーションを記述したものである．Webサイト上にある再利用可能なソフトウェアの機能をユーザが利用するためのインタフェースが定義されており，データ交換やメッセージ授受のオペレーションが明確に記述されている．
再利用	Reuse	—	既開発のソフトウェアを，開発時点での想定とは異なる文脈のもとで別のシステム開発に利用することである．ソフトウェアを繰り返し使用することは再利用とは全く別概念である．
支援系	—	—	エンタプライズの基幹系業務を支援する業務であり，時には，そのためのISを指すこともある．
事業目標モデル	—	—	事業の究極の目標を，その目標の実現のために設定された副次的目標まで，ブレークダウンし整理したものである．
情報系	Data Warehouse System	—	エンタプライズの活動に必要なデータを内外から収集し，内部に蓄積し，経営戦略や製品戦略，販売戦略などのため，分析や計画を行う業務であり，そのためのISも指している．
ステークホルダ	Stakeholder	—	エンタプライズにおける顧客，取引先，株主，社員，地域住民などの事業の利害関係者を指す．
ソフトウェアモデル	Software Model	—	ビジネスプロセスを運用するために必要なソフトウェアを，図，数式，言語などを使って，使用目的を意識してモデル化したものである．

用語（読み）	英語	略語	解説
代替弾力性	Alternative Substitution	—	経営資源（資本，労働，技術，ノウハウ等）の代替の容易さや困難さを図るものであり，二つの財の相対価格（価格の比率）の変化に対して，財の需要量の比が変化する割合である．例えば鉄とプラスチックを使って自動車を生産する場合，鉄とプラスチックが代替的である．同様に労働と工作機械も代替的である．労働コストと工作機械のどちらが安いという比較ができる．また，とうもろこし等の穀物が，飼料からエコ燃料へ用途が広がることは，燃料（石油）と，穀物の間の代替弾力性が高まったといえる．
トヨタ生産方式	Toyota Production System	TPS	トヨタ自動車工業（現トヨタ自動車）の大野耐一（元）副社長が，約30年前から開発，普及してきた生産方式である．最終工程がある時点で必要な量だけを前工程に納入させ，これを全段階において行う生産方式である．無駄な在庫品や中間製品を生産することがなく，多品種少量生産や同一ラインで複数車種を作ることも可能となる．「かんばん」を利用して必要な品物を必要な量だけ納入させる「ジャストインタイム（just-in-time）」と，生産機械に人間の知恵を付ける「自働化（automation with a human touch）」（自動化ではない！）によって実現する．
バランススコアカード	Balanced Score Card	BSC	業績改善の管理手法で，従来の財務的指標中心の手法の欠点を克服しようとするものである．四つの視点（財務の視点，顧客の視点，業務プロセスの視点，学習と成長の視点）で戦略を整理し，業績評価の指標を設定する．
ビジネス改革	—	—	組織やビジネスルールや手順を根本的に見直し，ビジネスプロセスに視点を置き，組織，職務，業務フロー，管理機構，情報システム（IS）を再設計し，最終的な顧客に対する価値を生み出す一連の改革をいう．企業合併や買収による企業の支配権の変更を伴う非連続的なビジネス改革と，トヨタ自動車のいわゆる「カイゼン」活動のように会社が自律的かつ継続的に続けていく連続的なビジネス改革がある．
ビジネス改革像	—	—	ビジネスをどのように改革すべきか，できる限りの具体的な姿を表したものである．
ビジネスシステム	Business System	BS	ある企業が行っている企業活動の全体を指している．企業のビジネスプロセスを支援する情報システム（IS）をICTを利用して構築することと，ISを活用して企業のビジネスプロセスを実際に遂行することにより，ビジネスシステムは実現される．
ビジネスプロセス	Business Process	BP	特定のビジネス目的のために，一つ以上のことを入力して，目的に沿った価値のある出力を生み出す行動の集合であり，ビジネスのルール，アクティビティ，エンティティも含む．ビジネスプロセスは，①経営管理プロセス（Management Process），②業務遂行プロセス（Operational Process），③業務支援プロセス（Supporting Process）に分けられる． ① 経営管理プロセス：企業統治，経営戦略，組織管理などのプロセス ② 業務遂行プロセス：企業のコアコンピタンスとなる製品やサービスのマーケティング，購買，製造，販売などのプロセス ③ 業務支援プロセス：上記の業務遂行プロセスを横断的に支援する財務，人事などのプロセス

用語（読み）	英語	略語	解説
ビジネスプロセス管理	Business Process Management	BPM	人間，組織，アプリケーション，文書といった知識に関するビジネスプロセスを，設計，制定，制御，分析するためのITを利用した管理技法である．1回限りの革命的な変化ではなく，継続的なビジネスプロセスの発展を目指している．
ビジネスプロセスモデル	Business Process Model	BPM	ビジネス活動の連鎖であるビジネスプロセスを，図，数式，言語などを使って，使用目的を意識して明確にしたものである．具体的には，対象となる業務を作業レベルまでブレークダウンし，業務遂行方法を明示したものである．
ビジネスプロセスモデル化	Business Process Modeling	BPM	企業のビジネスプロセスの現状（As-Is）を整理し，枝葉末節は取捨選択して本質を見極めることにより，将来像（To-Be）を描き明確化することである．実行可能なビジネスプロセスモデリング言語としてBPELがある．また，ビジネスプロセスを描画するグラフィカルな標準記法としてBPMNがある．
ビジネスプロセスリエンジニアリング	Business Process Reengineering	BPR	組織やビジネスルールや手順を根本的に見直し，ビジネスプロセスに視点を置き，組織，職務，業務フロー，管理機構，情報システムを再設計し，最終的な顧客に対する価値を生み出す一連の改革をいう．
ビジネスモデル	Business Model	BM	ビジネスを成り立たせる基本的な要素を洗い出し，要素間の関係をモデル化したものである．すなわち，①どのような顧客に，②どのような価値（製品やサービス）を，③どのように提供し，④そのために必要な経営資源をどのように投入し，⑤提供した価値に対してどのような収益モデルで対価を得て，⑥利益を出すのか，という仕組みを発案し，ビジネスの全体概念を明確にする．複数の企業にまたがるSCM（Supply Chain Management）はビジネスモデルの一例である．
プル生産方式	Pull Production System	―	トヨタ生産方式において，「最終工程がある時点で必要な量だけを前工程に納入させ，これを全段階において行う」点を指して命名された生産方式で，「後工程引取り方式」ともいう．これに対して，従来の「需要予測と手持ち在庫量から計画生産量を求め，前工程から順次生産する」方式をプッシュ生産方式という．
フロント系	―	―	エンタプライズにおいて，顧客と直接対面する業務であり，典型的なものとして，顧客（企業の取引先や自治体の住民等）とのインタフェースとしてのコールセンター業務等がある．
ベストプラクティス	Best Practice	―	プラクティス（実体験）のうち，最良のものを指す．ビジネスにおいては，現場のベストプラクティスを発見し，その良さを見習うことでビジネスを改善できるといわれる．
マッシュアップ	Mashup	―	Web上の複数のサイトのサービスを組み合わせ，あたかも一つのサイトのサービスのように利用可能とする技術であり，サービスのインタフェースはWeb API（Web Application Programming Interface）で提供される．すべての機能を自前で開発するよりも，少ない工数で短期間に開発できるというメリットがある反面，自分のサービスに必要な機能を他者の公開サービスに依存するために，そのサービスが非公開になったりすると必要な機能が突然利用不可となる危惧がある．

用語（読み）	英語	略語	解説
モデル検証	—	—	ビジネスプロセスやソフトウェアのモデル化において，正しいモデルが作成されたかどうかは，その後のソフトウェア開発の成否にかかわる重要な問題であり，ビジネスモデルやソフトウェアモデルの正しさを評価することをモデル検証と位置づけている．本書ではUMLにより記述されたモデルの正しさ（正当性）をどのように定義し評価するかに焦点を当てている．
ユースケース	Use Case	—	システムに対する機能要件を把握するための技法の一つである．企業のビジネス目的に関するシナリオにおいて，アクター（actor）と呼ばれるユーザとシステムのやり取りを，エンドユーザやそのビジネスの専門家に分かりやすく表現したものである．ユースケースのアクターはエンドユーザの場合もあるし，別のシステムの場合もある．
ユースケース図	Use Case Diagram	—	ユースケースを視覚化にモデル化する技法であり，イヴァー・ヤコブソンの発案ののち，UMLの一部となった表記法である．システムの機能要件を表現するのに使われる．
要求モデル	—	—	情報システムにおいて，何をシステムとして実現するかということを，まとめたものである．事業体において関係者の合意をとり，明示することが求められる．
リーン開発	Lean Development	—	「リーン」とは，「希薄な」あるいは「筋肉質の」を意味する形容詞で，リーン開発とは，無駄なものを一切作らない開発方式を意味する．トヨタ生産方式やプル生産方式は，無駄な在庫や中間製品を一切作らない方式であり，リーン生産方式の代表例である．これをソフトウェア開発の分野に応用したのがリーンソフトウェア開発であり，アジャイル開発とも呼ばれる．リーン開発においては，機能ごとに小規模な開発を短期間で繰り返し行い順次リリースしていくため，最終工程の前に機能や品質の確認ができ，開発の手戻りや無駄な作業を削減できると考えられる．

索　引

あ

アーク　27
アーク関数　28
アクセス品質　125, 126
アクティビティ図　20, 64, 130-132, 163
アクティビティモデル　20
アジャイル開発　133, 136
アスペクト指向　68
アラインメント技術　2, 163
あるべき姿（To-Be）　130
暗合的強度　60
安定品質　125, 126
アンドロイド　74
一体化　4, 63
意味的正当性　26
インスタンス　63
インタフェース　134
インタプライズ　7
ウォーターフォールモデル　52, 163
運用テスト　62, 68
エージェント指向　68
エンタプライズ　78, 163
エンタプライズサービス　110
エンタプライズサービスバス（Enterprise Service Bus：ESB）　134, 135
エンティティ　56
オーケストレーション　101, 163
オブジェクト　63
オブジェクト指向　49
オブジェクト指向分析設計技法　50
オフショア　133

か

ガード関数　28
概念スキーマ　59
外部結合　60
外部サービス　80, 136
外部スキーマ　59
外部設計　57
外部調達　47
外部的正当性　25
価値交換モデル　10, 11, 15, 163
ガバナンス　121
カラーペトリネット　28
環境整備　105
関　係　63
勘定系　155
観測合同　32
関　連　63
機械計算業務　155
基幹系　83, 86, 155, 164
技術体系（Technical Architecture）　130
機能情報関連図（Data Flow Diagram：DFD）　127, 128, 130
機能的強度　60
機能的モデル　64
基本サービス　110
強双模倣　32
共通結合　60
共同コールセンター　125, 126
共同利用　137, 139
組込み系ソフトウェア　155
クラウドコンピューティング　71
クラス図　130, 132, 133
クリエイティブ・コモンズ　93
経営資源　141
継　承　63
結合テスト　62, 68
言語的モデル　144
現状（As-Is）　130
公共 iDC（internet Data Center）　127
構造化分析設計技法　49
工程間在庫　145
構文的正当性　26
コミットメントネットワークモデル　21, 164
コラボレーション図　64
コレオグラフィ　101, 164
コンシューマ　134, 135

索 引

コンポーネント　113, 164
コンポーネント化　135, 136, 139
コンポーネントベース開発　99

さ

サービス　99, 102, 110, 134-139, 164
サービスインタフェース　104
サービス開発　107
サービス開発技術　105, 109
サービスコンピューティング　4, 99
サービス指向アーキテクチャ　101
サービス指向ビジネス　102
サービスの粒度　112
サービスレベルアグリーメント　101
再利用　100, 164
ザックマンフレームワーク　130
シーケンス図　64, 130
支援活動　80
支援系　83, 164
事業目標モデル　10, 11, 12, 15, 164
システム外部設計書　58
システム基本仕様書　56
システム仕様書　58
システム設計　57
システム内部設計書　61
システム分析　53
システム要求仕様書　56
弱双模倣　32
住民基本台帳　127-129, 131-133, 137
住民情報システム（基幹システム）　123, 125, 126, 137
集　約　63
主活動　80
出張 JAWS　73, 78, 82, 83
状　態　143
状態方程式　143
情報隠ぺい　63
情報化　2
情報革命　1
情報系　83, 86, 164
情報システム　2
情報システム工学　141
情報処理対象　142
情報統括役員　6
数式モデル　142
スキーマ　56
スキーマ変換　116
スタンプ結合　60
ステークホルダ　164
ステートチャート図　64
図的モデル　144
スパイラル開発モデル　53

スパゲッティプログラム　48
スマートホン　158
制御対象　142
政策・業務体系（Business Architecture）　130
静的正当性　26
静的モデル　64
正当性　24
セキュリティ品質　125, 126
線形時相論理　34
線形動的システム　143
先導型　6
総合テスト　62, 68
操　作　63
双模倣（Bi-simulation）　31
即応型　6
属　性　63
疎結合　120
ソフトウェア危機　48
ソフトウェア工学　48
ソフトウェア仕様書　61
ソフトウェア設計　59
ソフトウェアの実現　43
ソフトウェア部品　135
ソフトウェアモデル　45, 148, 165

た

代替弾力性　8, 165
第二次産業革命　1
多重度　56
多態性　64
単体テスト　61, 66
仲　介　115
提案要求書　53
ディジタルコンピュータ　153
データ結合　60
データ体系（Data Architecture）　130
データ中心アプローチ　52
データディクショナリ　54
データフロー図　54
データベース概念設計　56
データベースの正規化　58
データベース論理設計　58
適用処理体系（Application Architecture）　130
電子自治体のシステム構築のあり方に関する検討会　127-129
伝達と転送　115
伝達品質　125, 126
動的正当性　26
動的モデル　64
トークン　27
特　化　63

トヨタ生産方式（Toyota Production System：TPS）
　　135, 138, 139, 165
トランジション　27
トレーサビリティ　79

な

内製　47
内部結合　60
内部サービス　80, 136
内部情報システム　123, 125, 126
内部スキーマ　59
内部設計　65
内部的正当性　25

は

配置図　130
配布　113
バス形式　114
発火　28
発火系列　28
バックエンド　110
バックマン線図　57
パッケージソフトウェア　69
バッチ処理　145
ハブアンドスポーク形式　114
バランススコアカード　14, 165
汎化　63
ビジネス改革　44, 146, 165
ビジネス改革像　165
ビジネス現場　43
ビジネスシステム　147, 165
ビジネスプロセス　1, 104, 147, 165
ビジネスプロセスリエンジニアリング　166
ビジネスプロセス改革　44, 146
ビジネスプロセス管理　107, 166
ビジネスプロセス図　103
ビジネスプロセスモデル　15, 45, 148, 166
ビジネスプロセスモデル化　166
ビジネスモデル　1, 147, 166
複合サービス　110
プッシュ生産　135
プル生産　135, 138
プレース　27
フローチャート　48
プロキシコード　105, 114, 134
プログラミング　61, 66
プログラミング設計　61
プログラム設計書　62
プロジェクト計画工程　53
プロジェクト計画書　53
プロセスサービス　110

プロセス代数　31
プロセス中心アプローチ　52
プロセス動作式　31
プロトタイプ開発モデル　53
プロバイダ　134
フロント系　83, 85, 166
ベストプラクティス　16, 166
ペトリネット　27
変換　115

ま

マッシュアップ　4, 71, 74, 166
マルチプロトコルサポート　115
ミニ仕様書　54
メソッド　63
モジュール強度　59
モジュール結合度　60
モデル間正当性　26
モデル駆動型アーキテクチャ（Model-Driven Architecture：MDA）
　　130
モデル駆動型開発　69
モデル検査　33
モデル検証　167
モデル内正当性　26
モデルベース開発　69

や

ユースケース図　64, 130, 132, 167
ユースケースモデル　18
誘導可能性　57
要求定義　53, 64

ら

楽天のトラベル　91
ラピッドプロトタイピング開発　53
リアーデンコマースサービス　84
リーン生産　138
粒度　107
リレーショナルデータベース　50
リレーションシップ　56
連携機能　87
連携プラットホーム　126, 127
連続系　144
ロギングと監査　115, 116
ロット処理　145

索　引

API　160
ARPANET　158
ASP（Application Service Provider）　71, 136

B to B　157
B to C　157
BP　104
BP 管理技術　105
BPEL　69, 105, 107, 160
BPEL エンジン　105
BPEL 記述　118
BPMN　20, 69, 101, 160
BPMN 言語　118
BPR　17

CALS　157
CBSD　104
CCS（Calculus of Communicating Systems）　31
CIO　6, 160
CRM　157

DFD　54, 129
DM　157
DOM　76, 160
DSS　155

e ビジネス　157
EA（Enterprise Architecture）　51, 123, 127, 130, 160
EC　157
EDI　157
EDP　155
EDSAC　153
ER 図　50
ERP　155, 160
ESB　104, 109, 114, 161

Gmail　88
Google Maps　75, 90, 92

has-a 関係　63
HIPO　59

ICT　1, 161
IDEF0　54, 161
IDL（Interface Definition Language）コンパイラ　134
IEEE　161
is-a 関係　63
IT　105, 161

JavaScript　161
JSON　77
JSONP　77

LTL　34

Mash up Award　77, 78
MIS　155
MVC　65

NGN（Next Generation Network）　138

O/R マッピング　68
OODB　68

part-of 関係　63
Promela　34

REST　76, 161
RFID　158
RMI-IIOP　111

SaaS　71, 88, 161
Salesforce.com　88
SCM　157
SIS　155
SLA　96, 101, 161
SOA（Service-oriented Architecture）　4, 71, 99, 123, 132-135, 137, 138, 162
SOAP　77, 111, 162
SPIN　34
STS 分割法　59
SVC　4, 99, 100, 162

TCP/IP　158
TR 分割法　59

UDDI レジストリ　104
UML 2.0　130, 132, 135
UML（Unified Modeling Language）　123, 127, 130, 132, 133
UMR　50
URI　76, 116, 162
using API　89

Web API Compare-and-Matching　90
Web Application Programming Interface　75, 89, 162
Web アプリケーションシステム　52
Web サービス　3, 99, 110, 120, 162
Web サービス記述言語　105, 108
WSDL　105, 108, 118, 162
WWW　157

XML　103, 163
XML コンソーシアム　96
XML スキーマ　103, 163
XP　68

Yahoo!　90

略　歴

■ 編集委員長・編著者

松本　正雄（まつもと　まさお）

1963年早稲田大学理工学部数学科卒業，九州大学大学院工学研究科情報工学専攻学位取得．現在，九州産業大学情報科学部・情報科学研究科大学院教授，工博，IEEE ソフトウェア再利用技術委員会論文委員，ICEIS エンタプライズ情報システム国際学会上級論文委員，BIS ビジネス情報システム国際学会論文委員．専攻：ソリューション工学，e ビジネスモデリング．職歴：NEC 技術部門にて OS, DBMS, ERP, CASE の開発，NEC 中研にてソフトウェア生産技術研究所研究部長，国際連合 New York 本部にて統計データベース情報システム開発，独国にてドルトムント大学情報科学部教授，筑波大学大学院ビジネス科学研究科教授．主著：『21世紀へのソフトウェア品質保証技術』（日科技連），『ソフトウェアのモデル化と再利用』（共立出版），『ソフトウェア開発・検証技法』（電子情報通信学会），『パーソナルソフトウェアプロセス』（共立出版）．

■ 編集副委員長

小林　允（こばやし　まこと）

1963年大阪大学理学部数学科卒業．現在，愛知学泉大学非常勤講師，日本プロジェクトマネジメント協会（PMAJ）ジャーナル編集委員，ソフトウェア技術者協会（SEA）幹事．専攻：情報システム論，情報管理論，システム開発管理論．職歴：日本ユニシス(株)（旧 日本ユニバック(株)）基本ソフトウェア関連部門にて OS, 通信ソフトウェア，ヒューマンインタフェースの開発．同社，基本ソフトウェア部門本部長，IT 関連商品企画本部長，証券，電力，製造システムの開発参画．主著：「共立総合コンピュータ辞典，オペレーティングシステム章」（共立出版）．

■ 編集委員

安藤　秀樹（あんどう　ひでき）

1985年京都大学工学部数理工学科卒業．日本アイ・ビー・エム(株)大和研究所入社．現在，日本アイ・ビー・エム・サービス(株)出向中，プロジェクトマネージャ，日本システムアナリスト協会　会長，技術士（情報工学），中小企業診断士，PMP，情報処理技術者（一種，特種，システムアナリスト，システム監査技術者，プロジェクトマネージャ）．職歴：ソフトウェア開発環境構築からソフトウェア部品化・再利用を含むソフトウェア工学に従事し，SI プロジェクトリーダとして活動．主に製造業の技術情報管理システム構築のシステムアーキテクト並びにプロジェクトマネジメントを経験．主著：『21世紀へのソフトウェア品質保証技術』（日科技連）共著，『ソフトウェアのモデル化と再利用』（共立出版）共著，『図解でわかるソフトウェア開発のすべて』（日本実業出版社）共著，『図解でわかるソフトウェア開発の実践』（日本実業出版社）共著，『図解でわかる IT コーディネータのすべて』（日刊工業新聞社）監修．

堀米　明（ほりまい　あきら）

1971年早稲田大学理工学部電気工学科卒業，1973年早稲田大学大学院理工学研究科修士課程修了．現在，NTT コミュニケーションズ(株)経営企画部担当部長，兼チャネル営業本部ビジネスパートナー営業部担当部長，新ビジネス開発及びサービス戦略の企画，そのコンサルティング営業を担当，情報処理技術者（特種，システム監査技術者）．職歴：(株)日立製作所 SE 部門にて主に銀行システムの開発及びコンサルティングに従事，日立製作所ビジネスソリューション事業部第一コンサルティング部長，NTT コミュニケーションズ ソリューション事業部担当部長．主著：『はじめての貿易金融 EDI』（東洋経済新報社）共著，『インターネットコマース』（共立出版）共著．

■ 執筆者

坪井　公載（つぼい　きみこと）
　1971年横浜市立大学文理学部卒業．現在，（株）GKTでシステムエンジニアとして勤務．職歴：（株）内田洋行にてシステムエンジニアとして中堅企業の基幹業務システム構築，（株）ウチダ人材開発センター開発部長としてビジネスオブジェクトの開発，（株）内田洋行にてユビキタス時代のビジネス開発と商品開発に従事．論文：「ビジネスモデリングの基礎とビジネスプロセスモデリングについて」（電子情報通信学会），「現実のビジネスをコンピュータにマッピングする方法」（創造的ソフトウェア育成事業）．

新川　芳行（しんかわ　よしゆき）
　1974年大阪大学基礎工学部電気工学科卒業，筑波大学大学院経営システム科学専攻学位取得．現在，龍谷大学理工学部・理工学研究科大学院教授・博士（システムズマネジメント）．専攻：ソフトウェア工学，企業モデリング．職歴：日本アイ・ビー・エム（株）にてシステムズエンジニアとして流通・製造業における企業情報システム開発，同社システム研究所にてワークフロー及びビジネスプロセスに関する研究・技術支援．主著：『New Frontiers in Artificial Intelligence』（Springer），『Software Reuse: Advances in Software Reusability』（Springer），『Enterprise Information Systems III』（Springer）．

宮西洋太郎（みやにし　ようたろう）
　1966年神戸大学工学部電気工学科卒業，1968年神戸大学大学院工学研究科電気工学専攻（修士課程）修了，1997年静岡大学大学院電子科学研究科応用電子工学専攻（博士課程）修了．現在，宮城大学事業構想学部教授，工博．専攻：情報システム工学，ビジネスプロセスモデリング．職歴：三菱電機（株）SE部門SEとして，水系制御，自動分析，化学工業，鉄道，電力系統，画像応用など各種産業用高信頼リアルタイムシステムの設計・製作，三菱電機本社官公システム部長として，政府向け各種システムの提案・設計，三菱電機SE部門主幹技師長として，航空通信システム，CALS/ECの研究に従事，公立はこだて未来大学システム情報学部教授．主著：『CALSの実践』（共立出版社）共著，『ITテキスト基礎情報リテラシ』（共立出版）共著，『分散システム 原理とパラダイム（翻訳）』（ピアソン・エデュケーション）共著．

片岡　信弘（かたおか　のぶひろ）
　1966年大阪大学工学部電子工学科卒業，1968年大阪大学大学院工学研究科電子工学専攻（修士課程）修了，2000年東北大学大学院情報科学研究科情報基礎専攻（博士課程）修了．現在，東海大学情報通信学部教授，博士（情報科学），技術士（情報工学）．専攻：ビジネスプロセスモデリング，ネットコラボレーション．職歴：三菱電機（株）技術部門にてOS，OLTPパッケージ，DBMSの開発，三菱電機SE部門で地方自治体向け住民情報システムパッケージ開発，三菱電機本社情報システム技術部長としてERPパッケージの全社導入を推進．主著：『リエンジニアリングで会社を集合天才に変える本』（オーム社），『SAP R/3で挑む経営システム革新』（リックテレコム），『ネットワークコンピューティングで会社を集合天才に変える本』（オーム社）．

家田　信吾（いえだ　しんご）
　1980年名古屋大学工学部 電気・電子工学科卒業，1982年名古屋大学大学院工学研究科修了（電気・電子工学専攻）．現在，西日本電信電話（株）法人営業本部自治体ビジネス推進部長，岐阜県戦略的アウトソーシング事業及び岐阜県各務原市，愛知県半田市，福井市などの市町村向けの包括的アウトソーシング事業を担当．職歴：日本電信電話公社にて，衛星通信システムの開発に従事，NTTアメリカ国際調達部長，NTT法人営業本部グローバル担当部長，NTTコミュニケーションズ（株）中部支店長．

Webサービス時代の経営情報技術
Enterprise Information Technology in Web Service Era

平成 21 年 2 月 25 日　初版第 1 刷発行	編　　　者	（社）電子情報通信学会
	発　行　者	木　暮　賢　司
	印　刷　者	山　岡　景　仁
	印　刷　所	三美印刷株式会社
		〒116-0013 東京都荒川区西日暮里 5-9-8
	制　　　作	（有）編集室なるにあ
		〒113-0033 東京都文京区本郷 3-3-11

© 社団法人 電子情報通信学会　2009

発行所　社団法人　電子情報通信学会
〒105-0011　東京都港区芝公園 3 丁目 5 番 8 号　機械振興会館内
電話 03-3433-6691（代）　振替口座 00120-0-35300
ホームページ　http://www.ieice.org/

取次販売所　株式会社コロナ社
〒112-0011　東京都文京区千石 4 丁目 46 番 10 号
電話 03-3941-3131（代）　振替口座 00140-8-14844
ホームページ　http://www.coronasha.co.jp

ISBN 978-4-88552-235-2 C3055　　　　　　　　　　　　　　Printed in Japan

無断複写・転載を禁ずる